¡Estás hecho para

Algo Más!

Shakire
Santa tereza de Escaz
Ultima parada de lotes.

Dios me hizo para más

Promesas que son ciertas

Soy obra maestra del Señor, creado para un propósito y un destino.
Estoy hecho para más que sobrevivir. Prosperaré en la vida.
Dios está obrando en mí, y perfeccionará todo lo
que tiene que ver conmigo.
Tengo un futuro bueno y brillante.
El Señor está convirtiendo mis cicatrices en estrellas.
Soy fuerte, me supero, y me alzo por sobre cada obstáculo.
Dios puede llevarme y me llevará a un final floreciente.
El Señor está haciendo que mis sueños se lleven a
cabo en su momento perfecto.
Soy audaz y valiente para actuar en contra del temor.
Estoy seguro en las manos de mi Padre.
Estoy dejando atrás el pasado y avanzando de la mano de Dios.
Decido usar los calificativos del Señor: ESCOGIDO, ÚNICO,
BENDITO, MUY FAVORECIDO, y TRIUNFADOR.
Soy un vencedor: designado, ungido y aprobado por Dios.
Nunca me daré por vencido porque el Señor me tiene
reservada la victoria.

¡Estás hecho para
Algo Más!

LISA OSTEEN COMES

New York Boston Nashville

¡Estás hecho para algo más!
Título en inglés: You Are Made for More!
© 2011 por Lisa Osteen Comes
Publicado por FaithWords
Hachette Book Group
237 Park Avenue
New York, NY 10017
Copyright © 2011, Lisa Osteen Comes

Todos los derechos reservados. Con excepción de lo permitido en conformidad con la Ley de Registro de Derechos de Autor de 1976 de EE.UU., este libro o cualquiera de sus partes no podrán ser reproducidos ni distribuidos o transmitidos en ninguna forma o por ningún medio, o archivados en una base de datos o sistemas recuperables, sin el permiso previo y por escrito de la editorial.

A menos que se indique lo contrario, todas las citas de la Escritura han sido tomadas de la Santa Biblia, Nueva Versión Internacional, NVI® © 1999 por la Sociedad Bíblica Internacional. Usadas con permiso. Todos los derechos reservados.

Las citas de las Escrituras marcadas como RVR1960 pertenecen a Reina-Valera 1960®. Copyright © 1960, American Bible Society. Usadas con permiso. Todos los derechos reservados.

Las citas de las Escrituras marcadas como NTV pertenecen a Nueva Traducción Viviente®. Copyright © 2010, Tyndale House Foundation. Usadas con permiso. Todos los derechos reservados.

Las citas de las Escrituras marcadas como DHH pertenecen a la BIBLIA DIOS HABLA HOY, 3ra edición. Copyright © Sociedades Bíblicas Unidas, 1996. Usadas con permiso. Todos los derechos reservados.

Las citas de las Escrituras marcadas como TLA pertenecen a la Traducción en lenguaje actual. Copyright © Sociedades Bíblicas Unidas, 2000. Usadas con permiso. Todos los derechos reservados.

FaithWords es una división de Hachette Book Group, Inc.
El nombre y el logo de FaithWords son una marca registrada de Hachette Book Group, Inc.

La casa publicadora no es responsable por sitios Web, o su contenido, que no sean propiedad de dicha casa publicadora.

ISBN: 978-1-4555-0434-3   **3 1223 10373 7566**

Visite nuestro sitio Web en www.faithwords.com

Impreso en Estados Unidos de América

Primera edición: Enero 2012
10 9 8 7 6 5 4 3 2 1

Al amor de mi vida, Kevin,
y nuestros hermosos hijos: Catherine, Caroline y Christopher

Índice

Prólogo   ix
Introducción: Hecho para algo más   xi

1. Cómo hallar más cuando la situación explota
   Puesto que estás hecho para la esperanza   1

2. Cómo hallar más cuando te sientes defectuoso
   Porque fuiste creado como obra de arte   19

3. Cómo hallar más cuando las personas te fallan
   Puesto que estás hecho para ser amado   43

4. Cómo hallar más cuando estás distraído
   Ya que fuiste formado para alcanzar tu destino   65

5. Cómo hallar más cuando estás destrozado
   Puesto que fuiste hecho para vivir tus sueños   87

6. Cómo hallar más cuando estás asustado
   Puesto que estás hecho para vivir audazmente   111

7. Cómo hallar más cuando estás desilusionado
   Puesto que estás hecho para tener realización,
   no para fracasar   133

8. Cómo hallar más cuando no puedes renunciar a las cosas
   *Puesto que estás hecho para seguir adelante…
   y mover montes*   157

9. Cómo hallar más cuando te han etiquetado
   *Puesto que estás hecho para levantarte por sobre las
   expectativas de los demás*   179

10. Cómo hallar más cuando fracasas
    Puesto que estás hecho para triunfar y fomentar el éxito   203

11. Cómo hallar más cuando te sientes incapaz
    Puesto que estás totalmente equipado para hacer y ser más 221

12. Cómo hallar más cuando estás listo a renunciar
    Puesto que estás hecho para seguir avanzando… y ganar   243

A medida que Dios te hace más: Una oración para ti   263

Notas   265

Reconocimientos   275

*Cómo hallarte tú mismo en este libro: Dios me está
   haciendo más*   277

Guía de discusión para grupos de lectores   287

Acerca de Lisa Osteen Comes   289

Prólogo

Ella es más que mi hermana

Lisa Osteen Comes es una sorprendente mujer de fe, gozo e integridad. No solo es mi hermana sino también una heroína para mí en muchas maneras. Aunque así como yo, nació en una maravillosa familia llena de fe, no es ajena a las dificultades que la vida puede lanzar a nuestro camino. A lo largo de los años Lisa ha enfrentado muchos sufrimientos que le han probado la fe y el gozo. Desde enfermedades potencialmente mortales hasta la pérdida de seres queridos, su historia es la que muchos tenemos en común.

En este libro Lisa te hará pasar a través de sus muchas experiencias en formas tales que te intrigará, te entretendrá y te inspirará. Su estilo de escritura es hermoso y descriptivo, y una vez que empieces a leer te resultará difícil dejar de hacerlo. Al voltear estas páginas descubrirás que por fuerte que sea tu fe, o por cuánto desees hacer lo correcto, aún podrías ser probado. Verás que esto no es una señal de debilidad, sino una indicación de que eres humano. Sin embargo, por sobre todo descubrirás lo que significa vencer y emerger más fuerte que nunca.

Lisa me inspira, y también te inspirará. Toma en serio todas las lecciones que ella ha aprendido, por medio de las cuales aprenderás a recuperar el gozo, a renovar la fe, y a reaccionar con integridad ante cada prueba.

Contar con mi hermana me ha hecho mejor persona, y prometo

que si tú aplicas las lecciones que ella enseña, también lograrás resultados que nunca creíste posibles. Te insto a abrir el corazón y la mente, y a dejar que Lisa te comparta la sabiduría y los consejos que siempre me ha compartido.

— Joel Osteen

Introducción
Hecho para algo más

«Te has confrontado con tantas luchas que solo puedo pensar en que Dios debe tener grandes planes para ti».

Mi padre me dijo esto después de que sufrí la conmoción inicial de recibir por correo los documentos de divorcio. Mi primer reto de vida fue sobrevivir a un defecto de nacimiento similar a la parálisis cerebral. A pesar de mis muchos sufrimientos, desilusiones, desánimos y traumas, mi padre creía que yo estaba hecha para algo más: para más bien, más realización, más significado y propósito. Para muchas más cosas buenas como estas.

Papá sabía que no por haber conocido la tragedia, yo era un personaje trágico; que no por haber tenido un matrimonio fracasado, yo era un fracaso; y que aunque había sufrido pérdida, yo no era una perdedora. Él sabía que lo que me pasaba no me definía por duro, horrible, desilusionador y desesperante que fuera. No, él sabía que yo era más que todo eso y, en todo caso, mi padre sabía que mis circunstancias hacían más clara mi resistencia y tenacidad, mi promesa y esperanza… todo aquello para lo que fui hecha y en lo que me estoy convirtiendo.

Mi Padre celestial también sabe eso respecto de ti.

Sin importar lo que estés atravesando, el Señor ve mucho más allá de las circunstancias. Ve que estás hecho para más bondad y esperanza; para una promesa de ser más de lo que ahora eres, o de los límites que otros te ponen. Porque él te ha hecho para algo más: para el placer y el bien de él mismo. Dios no solamente te ha hecho para ser más, sino para encontrar más: para más seguridad por sobre las crecientes facturas y las cuentas bancarias vacías; para mayor propósito y significado por sobre la pérdida de empleo, o por sobre un trabajo que parece aburrido y poco apreciado; te ha hecho para más amistad de la que experimentas si alguien amado no está cerca cuando más lo necesitas. El Señor te ha hecho para más amor que la traición, el afecto no correspondido o el dolor y la desilusión que podrías estar viviendo. Él espera amarte como nadie más y darte un amor que es seguro, eterno, y más fuerte incluso que la muerte;[1] porque él tiene que ver con más, y también te diseñó para ser más.

Por supuesto, si eres como yo, quizás ahora mismo no veas eso. Tal vez necesites alguna señal, algún gran rayo de luz o un mensaje en el cielo que te muestre que hay más, que no estar satisfecho con lo suficiente no solo está bien sino que es bueno. Podrías estar esperando algún mensaje oculto que te tranquilice.

Yo he pasado por eso. He estado agobiada y he padecido bastante desaliento y desesperación, pero comprendí que el Señor no espera que me quede en ese estado porque fui hecha para algo más que eso.

Fui hecha para triunfar.

Y tú también.

1

Cómo hallar más cuando la situación explota

Puesto que estás hecho para la esperanza

Hay algunos días que son inolvidables, aunque podrían comenzar de manera muy típica. Uno de ellos fue para mí el 30 de enero de 1990. Mientras me alistaba para ir al trabajo me entraron dudas acerca de la falda y la blusa de algodón que había decidido ponerme. Eso era bastante extraño. Soy de las personas a las que les gusta escoger la vestimenta desde la noche anterior. Me gusta estar preparada. Así que hasta hoy día no sé por qué cambié de opinión. Pero ese impulso de volver al clóset y ponerme falda y chaqueta de cuero negro marcaría la diferencia para el resto de mi vida.

Una vez en la oficina comencé a revisar lo que parecía la pila habitual de correo. Esta era una de mis responsabilidades en 1990 como directora de ministerios en la iglesia de mis padres, Lakewood. He estado trabajando para mis padres desde 1983 y siempre les abrí su correo personal. A veces la gente se desahogaba en cartas dirigidas a papá y mamá, pidiéndoles oración. Muchas personas enviaban cartas alentadoras, agradeciéndoles por su ministerio. A menudo algunos presos escribían solicitando biblias y otras ayudas. No era fuera de lo común que mis padres recibieran invitaciones a dar charlas, y también regalos como libros y cintas de sermones.

Esa mañana me llamó la atención un paquetito más pequeño que una caja de zapatos. No era raro recibir paquetes, y yo estaba acostumbrada a abrirlos. Pero la dirección se destacaba un poco, transcrita como con una antigua máquina de escribir. Decía: «Para J. O.»

Ah, pensé. *Un regalo para papá.* Mi padre, el pastor John Osteen, con frecuencia recibía obsequios. Él era amado. De ahí que yo no pudiera resistir, porque es más divertido abrir una caja que una carta. Levanté el paquete, que era pesado, como si estuviera lleno de piedras, y lo sacudí como una niña tratando imaginar qué había adentro.

Repiqueteo, repiqueteo, repiqueteo.

«Hm» —me dije—. «Tal vez sean algunas cintas de audio de algún predicador o cantante queriendo que papá las escuche y les dé visto bueno».

Entonces titubeé. Bajé la cajita. No disponía de mucho tiempo, porque me estaba alistando para reunirme con uno de nuestros líderes voluntarios.

Sin embargo, unos momentos después volví a levantar el paquete.

Luego lo bajé.

Entonces lo volví a levantar.

Tres veces esa mañana el paquete estuvo en mis manos y fuera de ellas. La caja me parecía interesante debido a su peso. Pero había personas esperándome, tenía cosas por hacer y asuntos que atender y finiquitar. El reloj seguía marcando.

No obstante, yo era como el típico gato, curioso, y seguí dando vueltas alrededor del escritorio, regresando una vez más al paquete. Finalmente le di una sacudida, y sin poder resistir rompí el papel café del envoltorio.

Lo último que recuerdo fue haber jalado un pedacito de cinta que sostenía la aleta de la tapa…

Un día nada común

Cuando arranqué ese último pedazo de cinta se apagaron todas las luces, al menos las mías. Lo que parecía el inicio de un día ordinario en el trabajo, de manera repentina y dramática resultó mal.

En un instante me hallaba sentada en el escritorio, abriendo en mi regazo lo que parecía un regalo. Al siguiente estaba despertando de un entumecimiento, y luego todo el espacio como a dos metros a través de mi escritorio se chamuscó y se oscureció. No recuerdo haber salido de mi silla, pero me hallaba tendida contra la pared.

El cuerpo me temblaba violentamente de pies a cabeza. Pensé: *¿Me han electrocutado? Señor, ¿me estoy muriendo?* De pronto volví en mí y comprendí que estaba más que viva. Humo negro salía de mi ropa, como si me estuviera incendiando. Un olor químico me inundó las fosas nasales, y el sabor metálico a sangre me revestía el interior de la boca.

Lanzada de espaldas en una oficina del pasillo, con la puerta aún cerrada, ese día me sentía muy lejos de todos en la iglesia.

En realidad sí que lo estaba. Mis compañeros de trabajo oyeron un estruendo pero no lograron identificar qué lo originaba. No era de admirar. Nuestro edificio era grande, con oficinas alrededor del perímetro. En el vestíbulo, como a diez metros de mi oficina, Lois nuestra recepcionista estaba contestando teléfonos y ayudando a media docena de personas que esperaban hablar con diferentes miembros del personal. Ella había oído la explosión y pensó: *¿Cómo obtuvo alguien aquí una pistola?* Sin embargo, más tarde contaría a los investigadores que de algún modo sabía que el ruidoso estallido no era de un arma de fuego.

Otros miembros del personal sintieron la misma confusión. También oyeron una explosión pero no se imaginaron qué la pudo haber ocasionado, ni aun de qué lugar del edificio había venido. Renee, la asistente ejecutiva de mi padre, recuerda haber oído lo que pareció un camión con remolque chocando contra el costado del edificio de nuestras oficinas a más de cien kilómetros por hora. Pero no había ningún camión, ni escena del choque de un vehículo. Al sentir que algo no estaba bien, aunque sin saber de qué se trataba, los miembros del personal comenzaron a registrar las oficinas y el santuario.

Lois salió corriendo por el largo vestíbulo desde la recepción hacia donde había oído el ruido. Pero para cuando llegó a mi oficina, yo ya estaba al otro lado del pasillo, como a cinco metros de distancia, en la oficina de nuestra contadora, Phyllis.

Lo primero que hice al entrar fue gritar.

—¡Una bomba! ¡Una bomba!

Mi vecina de oficina me miró. Nunca olvidaré la expresión de su rostro. Se quedó inmóvil con la boca abierta, casi catatónica.

Recuerdo haber pensado: *Está bien, veré a alguien más.* Desde entonces hemos bromeado con eso, pues ella no dijo una sola palabra ni levantó un dedo para ayudarme, y yo era todo un espectáculo que ver. (Más tarde ambas nos dimos cuenta que ella se había quedado en total conmoción.)

En aquel entonces nadie creyó que el ruido que habían oído fuera una broma. Lois trató frenéticamente de guiarse a través del humo que entraba al pasillo. Me encontró de pie con pedazos de papel ardiéndome en el cabello, y a Phyllis sacudiéndome la chaqueta y la falda de cuero, las mismas que me había cambiado esa mañana como segunda opción. Diminutas pavesas cubrían la falda, amenazando encenderse en llamas. De haber estado usando la vestimenta de algodón que me había puesto primero esa mañana, seguramente al instante me habría incendiado.

—¡Es una bomba! ¡Explotó una bomba en mi regazo! —recuerdo haber estado gritando—. ¿Se me prendió algo en la cara?

Esta es una pregunta que cualquier mujer haría. Hoy día río pensando: *Sí, las cosas podrían estar volviéndose humo y nosotras aún querríamos estar seguras de que lucimos bien.*

PARA AYUDARTE MÁS

Desarrolla un espíritu fuerte

Estoy muy agradecida de no haber entrado en pánico cuando ese paquete bomba me explotó en el regazo. Mantuve la calma durante la explosión y después de ella. ¿Cómo ocurrió eso?

Creo que a lo largo de los años, al obrar en mi espíritu, Dios derramó su fortaleza sobre mí para mi época de necesidad. La Biblia nos dice que un ánimo sano supera la adversidad (Proverbios 18.14), y nos ayuda a levantar nuestros espíritus a fin de que podamos estar fuertes en medio del sufrimiento. Proverbios 4.20-23 nos guía de estas tres maneras:

- **Cuida lo que oyes.** Sofoca las voces negativas en tu vida. Escucha las enseñanzas de la Palabra de Dios; medita en los pensamientos que el Señor tiene acerca de ti, piensa en lo que significan para tu existencia. Llena tu ambiente con música inspiradora.
- **Cuida lo que ves.** Saca tiempo a diario para leer una porción de la Biblia, lo cual marcará el ritmo de tu día. Mientras lees recibirás ánimo, fortaleza y sabiduría… todo lo cual siempre estará allí para ti.
- **Cuida tu corazón.** Así lo dice el proverbio: «Todo lo que hacemos fluye de nuestro espíritu». Lo que introduces a tu espíritu, mente y vida es lo que saldrá en momentos de adversidad. Pregúntate: «¿Estoy permitiendo que entre negatividad a mi vida?» Reemplaza todo pensamiento negativo con algo positivo. Asegúrate de pasar tiempo con personas que van tras lo mejor. Busca una buena iglesia

local donde puedas crecer espiritualmente. Si puedes salir a caminar, hazlo, incluso alrededor de la cuadra o por el pasillo; cosecharás los vigorizantes beneficios de las endorfinas. Ponte en contacto con la naturaleza y presencia la obra de Dios… experimentarás lo que el aire fresco y la belleza de la creación harán por tus ideas y tu sentido de gratitud.

La salud de tu espíritu afecta directamente tu mente, tus emociones y tu cuerpo físico. Dar a diario uno de estos pasos prácticos fortalecerá cada aspecto de tu vida y te ayudará a superar momentos de adversidad.

Phyllis me ayudó a tenderme en el suelo, luego intentó calmarme y quizás también calmarse.

—Vas a estar bien —indicó—. Vamos a cuidar de ti.

Entre promesas tranquilizadoras le dijo a alguno de los empleados que llamara al 911 y a mis padres. Todo parecía un sueño, una pesadilla, a medida que aparecían rostros y se alejaban por el humo que aún flotaba en las oficinas.

—Lisa está bien, pero ha estado en una explosión —logré escuchar que alguien decía a mis padres, aunque los oídos me zumbaban debido al ensordecedor sonido que describiera Renee—. Tiene algunas heridas en las piernas y el abdomen.

Milagrosamente, en medio de todo el caos el único dolor que recuerdo fue en el dedo pulgar izquierdo, chamuscado, palpitante y ensangrentado por una cortada de casi tres centímetros. Con todas las demás heridas, la única que realmente sentí fue la del pulgar.

Acontecimientos nada comunes

Mientras tanto, la conmoción seguía. Estaban evacuando el edificio. La gente salía corriendo a toda prisa del inmueble. Aproximadamente sesenta miembros del personal, y diversos visitantes, salían de la Iglesia Lakewood mientras irrumpían grupos de otras personas: Policía y bomberos de Houston, equipos médicos de emergencia, e inclusive inspectores postales. Una ambulancia llegó a los diez minutos, pero el caos se me representaba como en cámara lenta. Los minutos casi parecían horas.

Los paramédicos me pusieron en una camilla y me subieron a una ambulancia, y uno de ellos se acercó.

—Lisa, tan pronto como cerremos la puerta oraré por ti —señaló.

Dios sabía exactamente a quién y qué necesitaba yo. Este hombre y sus oraciones produjeron mucha paz y serenidad en mí. Creo en las citas divinas, y sin duda esta era una de ellas.

El paramédico y yo oramos juntos, y seguí orando el resto del camino hasta el Hospital Memorial Hermann. Oré en silencio todo el trayecto aunque me hallaba en estado de shock y el vehículo corría a vertiginosa velocidad, dando tumbos.

En el hospital me sacaron de la ambulancia, me pusieron sobre una camilla con ruedas y me llevaron a Emergencia. Segundos después enfermeras y médicos se agruparon alrededor de mí, cortaron la ropa que me quedaba, me hicieron toda clase de preguntas, y derramaron líquidos helados sobre mis heridas. Me pulsaron y pincharon por todas partes.

—Las heridas no son tan malas como describieron los paramédicos —oí que decía un hombre; me tenían cubierta con una sábana cuando añadió—. Ella podría irse de aquí hoy mismo.

El paramédico que había orado por mí en la ambulancia estaba cerca cuando momentáneamente una enfermera retiró la sábana. El hombre jadeó y miró a su compañero médico; ellos fueron los primeros en atender mis heridas en la oficina de Phyllis, y luego en enumerar mis lesiones.

Un cambio había ocurrido cuando oramos juntos durante ese viaje de veinte minutos hasta el hospital. Mis heridas (terribles y graves desgarraduras y quemadas en mi abdomen y piernas) ya habían comenzado a sanar.

Sin embargo, los médicos no querían correr riesgos. Dispusieron que me transportaran con un equipo al Hospital Metodista para un tratamiento. Para este momento solo estaba permitido que me viera mi familia, y Kevin, quien ahora es mi esposo y con quien estaba de novia en esa época. Yo no lo sabía, pero periodistas habían comenzado a invadir y arremolinarse en el hospital, al cual custodiaron rápida y fuertemente.

Debido a su tremenda determinación, mi amiga íntima Debra logró entrar aunque con mucha dificultad. El guardia de seguridad le impedía la entrada, pero ella insistía, hasta que una de las enfermeras se acercó.

—Ella actúa como una Osteen —declaró—. ¡Déjela entrar!

Kevin, quien había escuchado reportes radiales que ya se transmitían para cuando me hallaba en camino al hospital, estaba conmocionado al verme en la sala de emergencia. Nunca olvidaré cómo se alejó y lloró.

De vuelta sobre una camilla, y en camino hacia otra ambulancia, yo podía ver grupos de personas, periodistas y presentadores de televisión, reunidos para hacerme preguntas mientras me transportaban al segundo hospital ese día. Reporteros de *Houston Chronicle*, de radio, incluso de CNN, estaban allí para lo que sería su reportaje principal, en todo el país y el mundo, durante los próximos días: BOMBA HIERE A HIJA DE PASTOR. IGLESIA LAKEWOOD BLANCO DE EXPLOSIVO.

Una calma nada común

Al repasar los hechos, estoy agradecida de no haber entrado en pánico sino que por el contrario me mantuve tranquila durante todo el caos. Te podrías preguntar: *¿Cómo sucedió eso? ¿Cómo puede alguien recibir el susto de su vida y permanecer tranquilo en medio del caos?*

La Biblia dice que el espíritu del hombre es lo que lo sostiene en la tribulación.[1] Esta es una de las promesas de Dios: fortalecerte cuando te sientes débil. Ahora mismo podrías estar en medio de algo que haya explotado o implosionado en tu vida. Pero incluso en una circunstancia como esa puedes permanecer sereno, claro en tu entendimiento y estable a pesar de las circunstancias.

Dios te ayudará a atravesar lugares bajos, tenebrosos y difíciles, lo cual te lo dice uno de los más hermosos salmos en la Biblia.

El Salmo 23 siempre me ha producido un gran consuelo; sus palabras me ayudaron de manera especial durante la explosión de la bomba en mi regazo y el tiempo que siguió. Esas palabras me consolaron en ese verdadero valle de sombra de muerte porque reconocen cinco promesas de parte de Dios.

1. *No hay por qué temer, porque el Señor está contigo*

Te podría parecer que atraviesas un valle de muerte, pero solo se trata de una sombra. Dios está caminando a tu lado, guiando tus pasos hacia la salida del valle. Mantente detrás de él, y él te llevará a la cima de una montaña, donde otra vez podrás ver belleza y respirar libremente.

2. *La vara y el cayado de Dios te infundirán aliento*

No se trata de simples metáforas el hecho de que Salmos 23 mencione una vara y un cayado. Una vara es símbolo de autoridad, y un cayado es un instrumento de apoyo. Dios te ofrece ambas cosas. Él tiene autoridad sobre ti, y eso significa que nadie, nada, ni ninguna situación puede arrebatarte de manos del Señor.[2] Él te ayudará y te mantendrá firme en medio del valle.

3. *Dios hace que obtengas victoria*

¿Sabes que puedes tener una actitud triunfante en el valle? Puedes tenerla porque el valle es temporal y Dios está obrando a tu favor, preparándote incluso una mesa en la presencia de tus enemigos. Qué maravilloso es eso: ¡Darle un festín a tu espíritu en los lugares de hambre espiritual!

4. Dios te da fuerzas para obtener la victoria

El Señor te unge la cabeza con aceite. Eso significa que él decide estar contigo y en ti, llenándote con su fortaleza. El aceite representa al Espíritu Santo: la presencia de Dios en ti. El Espíritu es tu consolador, quien te permite atravesar el valle y llegar a la cima de la montaña. No tienes que caminar solo, ni hacer todo en tus propias fuerzas, lo cual de todos modos es limitado. Puedes descansar en el poder ilimitado del Señor obrando en ti y a tu favor.

5. El bien y la misericordia te seguirán

Por difícil que sea lo que enfrentas hoy, no puedes alejarte de la gran bondad y misericordia de Dios. Podrías hallarte en un valle tenebroso, pero las bendiciones del Señor te seguirán adondequiera que vayas. Tal vez te cueste creer eso. Por ejemplo, podrías necesitar un nuevo trabajo, y oras pidiendo el favor de Dios cuando te entrevisten, pero aun así no consigues el empleo. En este caso el Señor pudo haberte salvado de algo menor a lo que tiene diseñado para ti. Cree en la bondad de Dios y confía en su gracia, porque él siempre está a favor de ti. Él es el pastor que cuida y ama a sus ovejas a través de todo valle, incluso cuando todo lo que te rodea se convierte en humareda.

PARA AYUDARTE MÁS

Estás seguro con el Pastor

Cuando las cosas alrededor de mí se pusieron patas arriba me costaba entender lo que estaba pasando o por qué Jesús, el buen pastor, me sacó del caos y me llevó a un lugar de paz. De igual manera, él está ahí para ayudarte a superar cualquier cosa que se te esté viniendo abajo en la vida. Él andará contigo a través de todo valle tenebroso.

El Salmo 23 muestra que siempre puedes contar con que Dios...

- **te cuida**. El Señor irá en busca del más pequeño corderito y cuidará todo el rebaño. Me gusta cómo la Biblia describe que él reúne los corderos y los acerca a su corazón (Isaías 40.11), no permite que el rebaño haga lo que le dé la gana, y así es como observa de cerca tu vida.

- **te lleva a donde debes estar**. Él va delante de ti para encontrar los verdes pastos. Si te hallas en un lugar de confusión o caos, mira al pastor para que te guíe al sitio correcto en el momento preciso.

- **te procura paz**. El pastor sabe que debe encontrar estanques de aguas tranquilas porque las ovejas no beben de un río torrentoso. Temen demasiado al agua. Si caen al río, la lana absorbería el agua y el caudal las arrastraría como una esponja y las ahogaría. Jesús promete: «Vengan a mí todos ustedes que están cansados y agobiados, y yo les daré descanso» (Mateo 11.28). Él quiere darte una vida equilibrada y pacífica, no una empapada de premura, ni frenética o llena de temor.

- **te sosiega el alma**. El pastor está siempre alerta debido a los lobos que te merodean y a las tormentas que te amenazan. Él promete permanecer contigo cuando los unos y las otras te acosen; se compromete a sostenerte con su fuerte mano. Él guardará tu alma.

- **te mantiene limpio y sano**. A veces el pastor debe aplicar a sus ovejas ungüentos y otras medicinas para protegerlas de parásitos y pestes voladoras. Jesús, tu pastor, unge tu cabeza con aceite (su aceite sanador) dondequiera que te duela: mente, cuerpo o espíritu.

- **no te deja**. Jesús nunca te abandonará. Él promete morar contigo para siempre. El pastor nunca abandona su rebaño. Él nunca te dejará.

- **te llama por tu nombre.** Eres una oveja de Jesús y reconoces su voz, así como él reconoce la tuya. Él te escucha y te habla (Juan 10.1-20). Él te reconoce. ¿No es impactante eso? Para muchas personas, las ovejas son simplemente ovejas. Pero el Buen Pastor sabe lo que distingue a cada una, lo que la hace especial. Conoce cada detalle de tu vida, cuándo te levantas y cuándo duermes, qué te gusta y qué te disgusta. El pastor sabe dónde están tus manchas o suciedades, cuándo tienes una oreja desgarrada, y si has perdido algo de lana. Él anhela tu compañía y quiere darte la suya para llevarte al lugar que te tiene preparado.

Consecuencias nada comunes

A medida que más y más periodistas buscaban insistentemente informes de los acontecimientos del paquete bomba, me otorgaron un cuarto privado en un piso seguro en el hospital. Nuestros voluntarios de seguridad de la Iglesia Lakewood comenzaron a turnarse para vigilar mi puerta. Me protegieron de la tormenta de los medios de comunicación y de extraños, según lo hizo mi hermano Joel, quien intervino para coordinar todas las preguntas y las solicitudes de entrevistas de parte de los medios.

No pudieron detener las llamadas, cartas y flores de todas partes del mundo que empezaron a inundar mi pieza de hospital. La ciudad de Houston y las iglesias locales se extendieron en una forma amorosa. Nunca olvidaré las amables palabras y oraciones de personas a quienes ni siquiera llegaría a conocer. Incluso el presidente George H. W. Bush llamó por teléfono. Su oficina hizo arreglos con Joel para que el gobernante hablara con mis padres en el hospital. El líder del mundo libre llamó para ofrecer sus condolencias, expresar preocupación, y asegurarnos que los investigadores harían todo lo posible por encontrar a quien cometiera el crimen en Lakewood. Hubo mucha emoción con motivo de la llamada del presidente, y allí estuvo la prensa para averiguar la historia y hacer los titulares del día siguiente. Siempre me he preguntado por qué no fui yo quien hablara directamente con el mandatario, ¡ya que fui quien resultó herida!

Mientras tanto, una serie de médicos comenzaron a explicar la intensidad de mis heridas. Yo necesitaba cirugía para reparar tres hoyos en el abdomen y uno más grande en la pierna derecha que me destruyó una porción de tejido muscular. Debía permanecer hospitalizada algunas semanas.

Funcionarios de los departamentos de control de alcohol, tabaco y armas de fuego, además del FBI se presentaron en mi habitación muy temprano la mañana después del incidente. La gravedad del crimen comenzó a hacerse evidente. Me preguntaron sobre la explosión en sí, la naturaleza del paquete, y hasta de sospechosos potenciales. La policía guardó la ropa que yo había usado ese día, aunque quemada y rota, y hoy por hoy permanece en custodia del FBI.

Interrogaron a cada miembro de mi familia, así como a la gente de nuestra iglesia. Locutores y periodistas buscaron algunos detalles novedosos para informar. La atención se sentía impertinente en todas las formas equivocadas, respecto de mi salud personal y de cosas tontas como cuestiones de oficina.

Durante los trece días siguientes me sometieron a cirugía y recuperación posterior. La rapidez de mi curación para tan graves heridas sorprendió hasta a los médicos. Sin embargo, siempre tendré recordatorios: una cicatriz de veinticinco centímetros parecida a la vara de un pastor me atraviesa el estómago, y otra de doce centímetros y una leve concavidad en la pierna derecha.

Los investigadores opinaron que fue un milagro que yo sobreviviera solo con dos cicatrices, y que de milagro no resulté muerta. El paquete bomba en realidad no funcionó correctamente. En vez de estallar en todo mi cuerpo como era la intención, explotaron ambos extremos. Ese repiqueteo que yo había oído cuando sacudí el paquetito café al menos tres veces esa mañana era el roce de metralla contra clavos de veinticinco centímetros… metales que después de la explosión se incrustaron en el escritorio de mi oficina, abriendo un gran agujero en un cajón, y dejando marcas en las paredes con cortes, rayones y huecos.

Una de las autoridades en la escena manifestó textualmente: «Fue como si alguien estuviera parado entre Lisa y la bomba».

Supe exactamente de quién se trataba.

Un Dios nada común

Tuve la oportunidad de contar la experiencia a alguien, comenzando con un día en particular. Exactamente después de mi operación, Victoria, la esposa de Joel, fue a visitarme al hospital. Sacó un poco de maquillaje y comenzó a alborotarme el cabello.

Pensé que yo debía lucir muy mal mientras ella se ponía en acción, cepillando y peinando. Después de todo, durante días no me había lavado el cabello, el cual era largo y ensortijado (grande, como nos gusta decir a las chicas tejanas), pero también estaba lleno de diminutas partículas de escombros y materiales de la explosión. Con mucho cuidado y paciencia, Victoria extrajo los pedazos de esas cosas raras, me arregló, y me hizo sentir mimada y amada.

Finalmente terminó.

—Ta-ta-tá —anunció ella.

Me sentí mejor, y fue algo bueno, porque en ese instante entró Joel con una cámara de video.

—Lisa, las personas de la iglesia y la ciudad quieren saber que estás bien —comunicó.

Oh, Dios mío —pensé—. *¡Qué astuto!* Pero inteligente también. Joel sabía que yo no habría aceptado una entrevista filmada sin enviar primero a Victoria. Aún me hallaba conmovida por todo lo sucedido.

Pero no había tiempo para eso. Joel y Victoria me llevaron en silla de ruedas a una pequeña conferencia de prensa en el hospital.

Me pregunté qué iría a decir. Mi padre estaba allí dispuesto a ayudar. Al instante sentí alivio cuando él se levantó para hablar, aunque fue mi foto la que apareció la mañana siguiente en la primera página del *Houston Chronicle*. (¡Gracias a Dios por las habilidades de Victoria!)

Esa conferencia de prensa fue solo una de muchas posteriores, y una gran cantidad de personas persistían en provocar pesimismo y fatalidad de la explosión de la bomba. Se hizo mucha especulación sobre que debí haber muerto por los sucesos de ese día, que no debí haber sobrevivido.

—Su hija tiene mucha suerte de estar viva —decía a mi padre un periodista tras otro.

—No —rebatía papá—. Ella es bendecida porque servimos a un buen Dios.

Así es.

Dios tiene en mente más bondad para nosotros de la que podemos imaginar. Nos diseñó a cada uno de nosotros con un gran plan. Nos formó para hacer el bien y vivir de manera grandiosa. Él recoge los fragmentos de nuestras vidas; agarra lo que haya resultado destrozado y vuelve a juntar las piezas de manera amorosa y paciente. Dios nos lleva a delicados pastos, cerca de aguas de reposo, porque tiene en mente grandes cosas para nosotros… más que momentos de caos, más que traumas.

Yo sabía esto antes de la explosión. Había leído muchas veces la promesa de que el Señor toma hasta las peores situaciones y las transforma para nuestro bien y el bien de otros.[3]

Dios tiene en mente más bondad para nosotros de la que podemos imaginar.

Después de la explosión pude contar muchas formas en que Dios hizo esto por mí: ¿Fue coincidencia que yo sintiera el impulso de cambiarme de ropa esa fatídica mañana de la bomba, de una vestimenta de algodón a una de cuero? ¿O que la bomba no funcionara bien, causando heridas menores de las que pudieron haber resultado? ¿O que el paramédico a mi lado en la ambulancia ofreciera orar por mí? ¿O que en lugar de pasar semanas en el hospital, mi curación superara las expectativas de los médicos y me dieran de alta en trece días?

No.

Nada de eso fue coincidencia. Estos son ejemplos de cómo Dios estuvo allí cuando todo explotó en mi vida. Son recordatorios personales, exactamente como la cicatriz que me quedó en forma de vara de pastor, que por cada acción sorprendente que el hombre podría intentar para nuestro mal tenemos un Dios extraordinario listo y a nuestro lado. Él está listo para recoger los pedazos. Él redime lo que se ha roto. Él renueva todas las cosas porque tiene un plan, un propósito. El Señor es el pastor con más en mente para sus ovejas que los valles tenebrosos.

Dios observa tu vida y nunca duerme ni permanece inactivo.[4] ¡Eso significa que trabaja hasta en el turno de la noche! No importa qué cosas estallen en tu vida, Dios estará allí. Te abrirá un camino entre los escombros, así como hizo conmigo. Eso significa que te sostendrá en medio de la oscuridad, aunque no sepas que él está allí.

Nuestro viejo amigo de la familia, Gerald Hilley, me recuerda esto. Hace muchos años le hicieron una cirugía de corazón, y me contó que durante la recuperación había tenido un sueño inolvidable.

En total desesperación clamó angustiado a Dios: «Señor, ¿dónde estás?»

En respuesta a su pregunta apareció un personaje gigantesco que cargaba a alguien. Gerald se acercó para ver de quién se trataba. Cuando lo hizo reconoció que la diminuta figura en el regazo de este personaje gigante era él mismo siendo sostenido por Dios. Gerald oyó entonces una voz: *Hijo, lo que importa no es dónde estoy yo, sino dónde estás* tú.

Estamos en el abrazo del Señor. Él siempre nos sujeta con fuerza.

Estoy sujetada por mi creador.

Así que muchas cosas en esta vida amenazarán con confundirnos, pero cuando todo parezca estar en tremendo desorden recordemos que también allí el Señor nos abraza.

Eso no significa que nunca habrá otro conflicto, que no habrá más luchas, o que no explotarán o implotarán cosas en nuestro regazo. Batallé después del estallido de la bomba por volver a una programación y a un estilo de vida normales. Aunque mi recuperación física asombró incluso a los médicos, tardé un poco en volver a sentirme totalmente segura otra vez en mi propia oficina. Por un tiempo también temí que quien en un principio deseó dañar a mi familia aún estuviera allá afuera, preparándose para volvernos a hacer daño.

Esa fue una de las razones de que me alegrara cuando me contactaron del programa de televisión *Misterios sin resolver*. Me pidieron que recreara el crimen para una audiencia masiva, y esperé que hacer eso ayudaría a los investigadores a encontrar pistas para localizar al terrorista. El programa usaba un formato estilo documental para relatar misterios de la vida real y crímenes no solucionados, y durante quince años fue presentado por el apuesto Robert Stack. La voz ronca e inequívoca de Stack se volvió sinónimo del programa y lo hacía más escalofriante. Se invitaba a los espectadores a llamar o escribir un correo electrónico para dar cualquier información que pudiera ayudar a resolver los crímenes.

Aunque 47% de los casos del programa relacionados con fugitivos resultaban en arresto y misterios resueltos, eso no ocurrió con mi episodio. El debut de mi corta actuación condujo a más de quinientas respuestas con claves y pistas, y el episodio sobre la explosión se transmitió muchas veces en los años siguientes, pero el crimen permanece sin resolver hasta el día de hoy.

¿Significa eso que Dios no tiene el control?

No. Él me ha abierto la puerta para más incluso a través del caos y el trauma. Mi buen Dios está desarrollando un plan para mí, igual que para ti, a pesar de los horribles sucesos que experimentes y los valles tenebrosos que atravieses. Es más, allí es cuando él se muestra más que nunca; el Señor siempre está presente, cuidando de ti en todo momento.[5]

Cuando esa bomba amenazó con sacudir mi fe en la bondad de la gente, Dios me trajo los buenos deseos y las oraciones de personas a quienes yo nunca había conocido. Cuando mis esperanzas de hacer un buen trabajo en el ministerio amenazaron con esfumarse ese día, el Señor utilizó las secuelas a fin de darme una audiencia mayor y una plataforma más grande para hablar de su amor.

Exactamente seis semanas después de que me dieran de alta en el hospital yo ya estaba hablando en Lakewood. Escogí centrarme en el salmo 23: «Aun si voy por valles tenebrosos, no temo peligro alguno».

Yo había caminado por ese valle, y Dios caminó conmigo. Nuestro extraordinario Señor estaba allí. Dondequiera que vayamos, él está allí.[6] Dios tiene su mano sobre nosotros, debajo de nosotros, y hacia nosotros. No solamente recoge los fragmentos de nuestra vida cuando esta se rompe en pedazos a nuestro alrededor.

También nos levanta.

Cuando hoy día digo: «La bomba pudo haber destruido mi vida, de no ser por la gracia de Dios», agrego jocosamente: «Yo soy la bomba».

Y tú también lo eres.

Mi padre tenía razón. No tenemos suerte de estar vivos. Somos bendecidos por servir a un buen Dios.

2

Cómo hallar más cuando te sientes defectuoso

Porque fuiste creado como obra de arte

Cuando digo que «eres la bomba» (es decir, espectacular), ¿puedes creerlo? ¿Ves lo especial que eres, es decir notable y predestinado para ser y hacer grandes cosas, para impactar este mundo en una manera significativa?

Demasiadas personas no creen esto. Profesan ser gente ordinaria. No ven su propósito ni tienen un claro sentido de estar hechas con el fin de hacer algo grande para Dios. Se resignan a ser menos... con menor realización, menos logros y menos significado.

Pude haber pasado por la vida sin ver que fui creada siendo única y preciosa para Dios, hecha a propósito y para un propósito. Después de la explosión del paquete bomba habría podido quedar atorada por muchas cosas. Me hallaba en una encrucijada. ¿Dejaría que el miedo me paralizara, o creería que Dios tenía un plan mayor para mi vida? En realidad, me imaginaba cayendo en espiral por un profundo y tenebroso túnel de temor. No quería esa vida, pues eso significaría alejarme de todo lo grande que el Señor había planeado para mí.

¿Te has sentido atascado alguna vez? ¿Impotente? ¿Atrapado

con circunstancias, enojo, heridas, o adicciones? ¿Te estás alejando de los sueños y anhelos que tienes en el corazón?

En ocasiones otras personas nos dicen lo que no somos, lo que no es posible; nos dicen que simplemente debemos aceptar las cosas del modo que son y seguir con nuestras vidas. Generalmente somos así de críticos, sin permitirnos creer en más. Vemos a otros en un lugar destacado, al frente de una empresa, por ejemplo, o como quienes tienen influencia, y pensamos: *Vaya, esa persona tiene un destino, pero yo no soy tan importante. Solo soy enfermera. Soy tan solo un vendedor. O solo soy mesero; solo una mamá; simplemente un amigo.*

El mundo trató de decirles lo contrario a mis padres.

El mundo siempre dirá que somos menos

Cuando mis padres llevaron del hospital a casa a la bebita que era yo, creyeron que todo sería fabuloso. Eso cambió solo unas semanas después. Yo no podía chupar ni tragar, por lo que no comía bien ni aumentaba de peso. Cuando me ponían boca abajo no tenía fuerzas para levantar de la cama mi diminuta cabeza. Cuando me ponían de espaldas no podía levantar mis pequeños brazos.

Algo andaba mal. ¿Por qué mis músculos no funcionaban adecuadamente?

Preocupados, me llevaron otra vez al hospital. Mi hermano Paul podría haber creído que me irían a cambiar o a devolver. Sin embargo, no, mi madre y mi padre deseaban llegar al fondo del asunto. Solo después del chequeo los médicos se dieron cuenta que el cordón umbilical, esa línea de vida entre madre e hija, se me había enredado alrededor del cuello durante el parto. Esto me restringió el suministro de oxígeno al cerebro e hizo que tanto este órgano como todo el cuerpo se desarrollaran anormalmente. Los médicos les dijeron a mis padres que mis síntomas eran parecidos a los de una niña con parálisis cerebral.

—No esperen que Lisa llegue alguna vez a caminar o hablar ormalmente —advirtió uno de los doctores.

—Prepárense para cuidar de ella por el resto de sus vidas –añadió otro.

Cualquier padre primerizo quedaría devastado por noticias omo esa. Algunos se resignarían ante todo lo que los médicos redijeran. Otros optarían por rechazar toda base médica en una ucha por conseguir ayuda y obtener respuestas.

Creyendo en un destino dado por Dios y no por hombres, mis adres se volvieron a su fe. Esto ue notable porque papá había ido enseñado que los milagros eran cosas del pasado. Pero a medida que su fe y su relación con el Señor se intensificaban más, papá comenzó a escuchar

> *Dios nos dice que nos creó a propósito y para un propósito, no solo para existir sino para ser su obra maestra.*

tanto a su corazón como a Dios,[1] y no solamente a lo que le habían enseñado.

El corazón de mi padre le pidió que orara. Así que él y mamá pidieron un milagro. Decidieron creer que yo tenía un destino más allá del que los médicos esperaban. En lugar de resignarse a lo que todos a su alrededor declaraban como una realidad («Simplemente acéptenlo». «Lo único que tienen que hacer es tratar con eso»), mis padres se enfocaron en las posibilidades. Buscaron la intervención divina del Señor y oraron por lo que nuestro Hacedor, no solamente la medicina, podría hacer. Tenían la total seguridad que había algo más para mí de lo que todos los demás deseaban creer.

Y nada sucedía.

Así que oraron más… y sin embargo no había destellos de luz. Ni retumbaban truenos. Ni llegaban voces del cielo.

Al contrario, hubo momentos difíciles. Mamá debía alimentarme a la fuerza porque yo aún no podía tragar bien. Debían

sostenerme y hacerme mover físicamente porque yo era como u
peso muerto sin movimiento por mí misma.

No obstante, mis padres continuaron orando por mí, dí
tras día después de que me obligaban a comer. Y una mañana
levanté la cabeza de la cama. Nunca antes lo había hecho. Otro dí
comencé a mover los miembros. También esta fue la primera vez
Sorprendentemente, en otra ocasión me senté sin ayuda, como s
eso fuera para mí lo más natural.

Todo esto aconteció en mi mes séptimo de vida.

Eufóricos, mis padres programaron otra visita a mi pediatra.

La Dra. Molly Stevens confirmó mi progreso, apodándome
incluso como la Niña Milagro, aunque ella y los demás médico
no tenían explicación para aquel cambio radical. Mis padres nc
necesitaban explicación. Ellos tomaron mi transformación y m
desarrollo normal de crecimiento como una respuesta muy directa
a sus oraciones. (Por supuesto, mis hermanos Joel y Paul cuestio-
narían si yo era normal o no. ¡Hermanos! Es necesario amarlos.)

Para mis padres y yo, mi recuperación fue un suceso alta-
mente impactante. Mi transformación milagrosa inspiró a papá
a cambiar el curso de su ministerio y su vida. Debido a la sólida
creencia de él y mamá en el poder de los milagros decidieron
empezar Lakewood, una iglesia que creía en milagros.

¡De ahí que me guste creer que como la Niña Milagro, fui la
miembro fundadora de Lakewood! En realidad, solo fui el primero
de muchos milagros que habrían de venir. Hoy día Lakewood es la
iglesia más grande de Estados Unidos, donde me siento honrada
de servir como pastora asociada de una congregación dirigida por
mi hermano Joel y su esposa Victoria.

Ah, y la familia de nuestra iglesia podría dar fe que cuandc
estoy en el escenario camino y hablo completamente bien.

Dios siempre dirá que eres más

La verdad es que no necesitamos ser perfectos o notables desde l momento de nacer. No es necesario ser el centro de atención, star en un cargo presidencial o en un ministerio para ser alguien on destino. Se puede ser una persona común y corriente o un brastero, alguien imperfecto y fracasado, probado o cansado. No mporta en qué condición estemos, cómo empecemos, o dónde os hallemos. Dios usará a cualquier persona y de cualquier estilo le vida para cumplir sus planes y propósitos. En realidad, es abido que el Señor escoge a quien los demás considerarían fraca-ado o desdichado, bueno para nada o un don nadie.

Toda persona es alguien especial para el Señor. Cada una es su reación. Él nos dice que nos creó a propósito y para un propó-ito, y no solo para existir sino para ser su obra maestra. Todo un apítulo de Salmos[2] describe cómo antes de que fuéramos forma-los en el vientre materno ya estaban escritos en el libro de Dios odos los días de nuestra vida.

PARA AYUDARTE MÁS

No puedes alejarte de tu destino

Siendo de veinte años de edad, Kevin trabajaba duro todos los días y los fines de semana parrandeaba con amigos. Creía en la bondad y la decencia. Vivía a plenitud. O eso es lo que él creía.

Faltaba algo, pero Kevin no estaba seguro de qué se trataba. Solo sabía que no deseaba permanecer en el mismo ciclo de «trabajo, trabajo, trabajo y diversión los fines de semana». Algo en su ser interior le decía que él estaba hecho para algo más que eso.

Kevin no había asistido mucho a la iglesia durante su vida, pero un amigo le habló de Dios por primera vez, y Kevin quiso saber más. Compró una Biblia y comenzó a dormir con ella bajo la almohada. Tener el libro cerca le daba consuelo, aun-que no podía explicar la razón. A veces se quedaba dormido con esa Biblia apretada al pecho. Durante este tiempo comenzó a asistir a la única iglesia que él conocía, pero rápidamente se dio cuenta que no podía relacionarse con nada de lo que allí se decía o hacía.

Más tarde algunos amigos le indicaron que podía conocer a Dios como un amigo, y que el Señor tenía un plan asombroso para la vida de cada persona. Esto era lo que Kevin andaba buscando, no rituales ni religión sino una relación con quien lo creó, con quien lo hizo para que cumpliera un propósito.

Si alguien me hubiera dicho que agarrar una Biblia y dormir con ella podría llevar a una apasionada relación con Dios, tal vez no lo habría creído. Pero el Señor obra en maneras asombrosas para llevarnos a nuestros destinos. Él puede usar una Biblia debajo de la almohada exactamente como puede usar a un amigo o a ese anhelo por algo más que yace dentro de cada uno de nosotros.

Hoy día Kevin sirve en la Iglesia Lakewood.

Cuando él cuenta su historia aún me asombro porque veo cómo Dios preparó a mi esposo para mí. Kevin es el marido por el que yo oraba desde jovencita, el esposo que no solo querría vivir para sí mismo sino que sería una bendición para otras personas.

¿No es eso asombroso?

Dios ya te conocía antes de que nacieras.

Dios entrelaza tu destino de igual modo que une tus huesos.

Tu estructura genética y tu personalidad, tus talentos, y la familia en que naciste llegaron a producirse por la mano de Dios, no por casualidad. El Señor realmente te diseñó para tu destino. Te creó con los dones y llamados exactos que irías a necesitar y te puso en la familia correcta. Determinó cada detalle acerca de tu ser y también de todos tus días. Él ha escrito todo esto en su fabuloso libro.

Así es. Dios, el autor más vendido de todos los tiempos, el creador del universo, tiene una historia solo para ti y una solo para mí. Nos llama su obra. Al crearte declaró que eras su obra maestra, significativa e importante para él. Te puso su sello de aprobación y te envió para que te lucieras aquí en el mundo. *Mira* —dice el Señor—, *creé esta hermosura. Esta creación es buena, diseñada para buenas obras que he preparado por anticipado. Mi firma está en toda esta obra, la que hice con mis manos, y envié al mundo solo para mí.*[3] Imagino que Dios piensa: *¡Vaya! ¡Qué gran trabajo hice! ¿No es ella maravillosa? ¿No es él asombroso? ¡Vean mi obra maestra!* A Dios le emociona que tú hagas todo aquello para lo que te creó, y que llegues a ser todo aquello que diseñó que tú fueras. Eso significa que eres importante porque Dios te tiene una tarea exclusiva, y alguien necesita lo que solo tú posees. Eres importante porque tu vida tiene un impacto eterno en el mundo que te rodea.

Creo que olvidamos lo extraordinario que es esto. Somos su obra maestra. *La obra maestra de Dios.*

¿Por qué tantos de nosotros tenemos problemas en creer eso?

Porque Dios te hizo de gran valor

Demasiados de nosotros comentamos cómo cuando Dios creó los cielos y la tierra, al final de cada día daba un paso atrás para maravillarse de lo que había hecho, y decía: «Esto es bueno».[4] La tierra y las aguas, los peces y las aves, las bestias, la flora y la fauna, el sol y las estrellas, la noche y el día, las estrellas... todo es bueno, como Dios lo decretara.

Por qué no creer en lo más profundo de nuestro ser que cuando el Señor nos creó también dio un paso atrás y se maravilló de la misma forma: «Esto es bueno». *Él es grandioso. Ella es increíble.*

Si lo creyéramos, ¿no sería nuestro primer pensamiento al despertar en la mañana acerca de nuestro destino y de lo que haríamos para Dios con el regalo de otro día? Pensaríamos: *Dios, dirige hoy mis pasos para que pueda cumplir el propósito que tienes para mí.*

En lugar de eso muchos tememos nuestros días; nos acosta-mos y nos levantamos con toda clase de pensamientos negativos y de ansiedad. No creemos en la excelencia de nuestras propias vidas.

Pero cada vida, incluyendo tu valiosísima vida, es una obra maestra a pesar de todo.[5]

Piensa hoy día en obras maestras. Una de las pinturas más valiosas y famosas del mundo es la *Mona Lisa* de Leonardo da Vinci. El original, valorado en más de $713 millones (en 2010) se expone en el Museo Louvre de París. Aunque vemos copias de esta pintura, en ocasiones más grandes, la original es más bien pequeña con un tamaño de 77 x 53 centímetros.

Al observar la *Mona Lisa* vemos que la pintura es hermosa, pero ¿la mujer? En realidad ella no lo es en absoluto. Se podría pasar todo un día en el salón de belleza. Es decir, ¡sinceramente alguien se tendría que ocupar de ese cabello!

Aunque podemos reír al respecto, no es chiste el hecho de que cualquier cosa que creamos con relación a la apariencia de la mujer en la pintura no afecta para nada su valor. Ella es la pintura original del famoso artista Leonardo da Vinci.

Pienso en mi gran amiga Bebe, quien es bella por dentro y por fuera. El cabello siempre le luce fabuloso y la ropa le sienta muy bien. Pero eso no es lo que la hace valiosa, sino que es una obra maestra original creada por Dios mismo: auténtica, única, imposi-ble de duplicar, y creada para cumplir su destino. Eso es lo que la hace de gran valor tanto en la tierra como en el cielo.

Pero toda pieza maestra es una obra en proceso de desarrollo. Hasta la *Mona Lisa* fue hecha a lo largo del tiempo y con capas de pintura y trabajo, es decir la manipulación de pigmentos claros y oscuros. Tú también estás en proceso de desarrollo, y tu Hacedor está trabajando ahora mismo en tu destino. ¿Estás abriéndote a la mezcla que hará de tu vida algo más, algo invaluable y extraordinario?

Activemos nuestro destino

¿Cómo abrirte al proceso divino de desarrollo? ¿Qué significa activar esa sensación de destino en la vida diaria?

1. Reconoce que no estás atascado

Podrías estar en un sitio en que te sientes atorado. Podrías estar hundiéndote en el desaliento y la desesperación, aceptando que las cosas nunca van a cambiar o a mejorar. Definitivamente te puedo comprender. No logras ver la salida, ni alguna luz al final del túnel. Pero quiero que sepas que el hecho de que no logres ver la salida, o que aparentemente no puedes hacer nada acerca de tu situación, no quiere decir que estés atascado.

Lo que nosotros no podemos hacer, Dios sí puede.

El primer paso es reconocer esta mismísima verdad: cuando termina tu habilidad, empieza la del Señor, cuya gracia es suficiente para ayudarte a despegar. ¿No es eso un alivio? En este preciso momento puedes respirar profundamente y expresar: «¡No estoy atascado porque Dios me está ayudando!»

La Biblia dice: «Ustedes no han sufrido ninguna tentación que no sea común al género humano. Pero Dios es fiel, y no permitirá que ustedes sean tentados más allá de lo que puedan aguantar. Más bien, cuando llegue la tentación, él les dará también una salida a fin de que puedan resistir».[6] La Nueva Biblia Latinoamericana de Hoy dice que Dios «proveerá también la vía de escape».

No te conformes con menos. Al contrario, intenta alcanzar más de Dios. Espera que él te ayude. En Proverbios 2.7, el Señor nos recuerda que él nos reserva su ayuda.

El plan divino incluye éxito, realización y propósito, además de victoria sobre cualquier obstáculo y adversidad que puedas enfrentar. Absolutamente nada que se te oponga es demasiado difícil para él.

2. Busca a Dios y su plan para ti

El Señor no te recoge un día y simplemente te pone en tu destino. Debes dar pasos hacia ese destino y saber que Dios dirigirá esos pasos.[7] Él te enseñará a contar tus días a fin de que tu corazón adquiera sabiduría.[8] El Señor promete darte discernimiento y visión para que sepas exactamente qué te ha llamado a hacer.[9] Comienza a pedir a Dios que te ayude ahora mismo dondequiera que estés. El Señor te invita a acudir a él: «Si a alguno de ustedes le falta sabiduría, pídasela a Dios, y él se la dará, pues Dios da a todos generosamente sin menospreciar a nadie».[10] El anhelo del Señor es ayudarte.

Conseguir la ayuda de Dios puede ser tan simple como decir: «Padre, estoy a tu disposición. Más que cualquier otra cosa, deseo hacer tu voluntad. Quiero tu sabiduría y dirección en mi vida». Oraciones como esta mantendrán el sentido de destino a la vanguardia de tu pensamiento, y mantendrán tu corazón en posición de recibir todo lo mejor que Dios tiene para ti.

PARA AYUDARTE MÁS

Ocho promesas acerca de tu destino

1. Salmo 16.11: Dios te hará conocer tu sendero de vida.
2. Salmo 31.14-15: Tus tiempos están en sus manos (RVR60).
3. Salmo 25.12: El Señor te instruirá en los caminos que ha escogido para ti.
4. Salmo 57.2: Él cumplirá su propósito para ti (NTV).
5. Salmo 121.7-8: El Señor vigila tu vida.
6. Salmo 145.18-19: Él cumplirá tus deseos.
7. Salmo 37.23-24: Dios afirmará tus pasos.
8. Isaías 48.17: El Señor te guiará por el camino que debes andar.

3. *Ten por seguro que Dios te preparará*

Moisés fue elegido para su destino, aunque al principio no logró verlo. Dios lo llamó para que regresara a Egipto y sacara del cautiverio a los israelitas. Pero Moisés no se sintió listo o capaz para realizar esto, y por tanto expresó: «¿Y cómo va a hacerme caso el faraón, si ni siquiera los israelitas me creen?»[11] Entonces le dio al Señor toda excusa que pudo encontrar acerca de por qué no podría ir: tenía un impedimento del habla; no era perfecto; había matado a un hombre en un intento por defender a un esclavo hebreo.

A Dios no le preocupaba ninguna debilidad de Moisés, por tanto le dijo: *Simplemente diles quién te envía. No se trata de ti, Moisés, sino de mí. Lo que importa es quién soy yo, no quién eres tú.*

Hoy día el Señor nos está diciendo lo mismo: *No te preocupes por lo que no tienes, ni por lo que no eres. Yo soy todo lo que necesitas. Soy tu fortaleza y amparo, tu sabiduría y provisión. Estoy contigo dondequiera que vayas.*

A Dios se le conoce por pedir a las personas que actúen más allá de lo que parece ser la habilidad natural que ellas tienen. Observa por ejemplo a David en la Biblia, un muchacho pastor que derrotó a un gigante, el enemigo de su pueblo, y que luego se convirtió en rey. Mira a Pedro, un pescador impulsivo y sin instrucción, quien llegó a ser un apóstol respetado en la Iglesia.

Es fácil sentirte incompetente o agobiado, aunque sepas en tu corazón qué es aquello que estás llamado a hacer. Pero ese sentimiento de ineptitud es bueno, pues significa que estás consciente de que necesitas a Dios y que sin él no puedes cumplir tu destino.

El Señor no se enfoca en tus faltas o debilidades sino en la capacidad de obrar a través de ti. Él invierte en ti, te moldea y te prepara usando toda experiencia que tengas, y redimiendo todo para algo bueno. Eso significa que hay un propósito para cada temporada de tu vida, la cual es terreno de capacitación. Aunque no logres verlo, Dios está obrando, acrecentándote y formándote así es como creces en fe y te dispones a dar el paso siguiente.

David no podía llegar a ser rey sin entender que las ovejas necesitaban un pastor.

Pedro no podía ser un cimiento para la Iglesia si no hubiera sido un hombre algo áspero, rudo e inamovible; y terminantemente en cuanto a la fe, como una roca.

Moisés no podía dirigir al pueblo sin presenciar los horrores de la esclavitud, y Dios redimió su mala acción de matar a un guardia al permitirle guiar a una multitud hacia una nueva vida.

4. *Comprender tus deseos se relaciona con tu destino*

Cuando rememoro mi vida veo claramente que Dios puso deseos dentro de mi corazón. Siendo adolescente deseaba estudiar la Biblia. Como adulta joven comencé a pensar en predicar y anhelaba servir a otros contándoles las buenas nuevas de Dios. Estos deseos no se produjeron al azar. Provenían del Señor. Sin duda el anhelo de predicar tenía que ser de Dios, ¡porque alguna vez fui muy nerviosa para hablar frente a otras personas!

Sin embargo, no siempre reconocí la senda de destino que el Señor había preparado ante mí. Muy a menudo es fácil pensar: *No sé qué es lo que Dios desea que yo haga.* Pero si buscas en tu corazón qué es lo que te gusta hacer, verás que el Señor ha puesto deseos en tu interior. ¿Te gusta ayudar a los necesitados? ¿Disfrutas animando a otros? Quizás te guste ayudar a organizar actividades diversas para las personas, proveer para ellas o servirles. Cualquiera que sea tu vocación, Dios desea que te involucres usando tus dones a fin de ayudar a otros e influir en tu mundo. Deseos como estos son parte del destino que él te tiene preparado. La realidad es que como embajador del Señor eres sus manos y sus pies, adondequiera que vayas. Dios te está llamando a hacer grandes cosas para él.

Te animo a que en una hoja de papel registres todos los deseos de tu corazón. Observa la lista. Habla con Dios al respecto. Escucha lo que te dice. Sigue algunos de esos deseos. ¡Mira lo que sucede!

5. *Tener confianza en el hecho de que nada ni nadie puede alejarte de tu destino, a menos que lo permitas*

Qué fácil es volvernos impacientes. Tendemos a querer todo al instante, pero Dios tiene un tiempo correcto para nosotros, el cual a veces podría ser más tarde de lo que quisiéramos. En primer lugar puede haber obstáculos, persecución y oposición que debamos vencer. No obstante el Señor promete en la Biblia: «El corazón humano genera muchos proyectos, pero al final prevalecen los designios del SEÑOR».[12]

Esto significa que algo puede salirte mal. Por ejemplo, podrías perder un examen de admisión la primera vez. Podrías perder una fortuna y tener que luchar para ganarte la vida. Podrías padecer desafíos de salud.

Sin embargo, eso no significa que no puedas cumplir tu destino.

Nada ni nadie puede impedir que Dios cumpla tu destino.

Tú eres el único con el poder para detenerte y desistir.

¿No es eso liberador? El Señor es superior a cualquier equivocación o revés, es superior a toda oposición.

Sin importar lo que haya ocurrido en tu pasado, recuerda que no has perdido tu destino. Ninguna persona o suceso negativo puede impedir que cumplas tu propósito, pero de ti depende que sigas adelante.

La Biblia alienta: «Ustedes estaban corriendo bien. ¿Quién los estorbó para que dejaran de obedecer a la verdad?»[13] No permitas que alguien o alguna circunstancia estorbe la búsqueda de tu destino o te impida seguir con tu carrera. Cada vez que te sientas tentado a darte por vencido, recuerda: «No voy a dejar que nad[...] ni nadie me detenga. Tengo un destino que cumplir. Este contra[...] tiempo solo es temporal. Soy una obra maestra de Dios, y él m[...] llevará a esa meta final».

Eso es lo que el Señor desea que veamos. Él tiene un destin[...] para nosotros, y solo tenemos que estirar la mano y agarrarlo[...] Incluso mi hijo menor me mostró la verdad de todo eso.

Vivir con expectativa

Hace poco mi hijo menor, Christopher, me llamó por teléfono [...] la iglesia.

—Mamá, ¿cuándo vas a estar en casa? —preguntó emo[...] cionado.

—Ahora mismo estoy en camino —le contesté.

—¿En cuánto tiempo llegas? —presionó.

—Pronto —respondí.

—No —persistió Christopher—. ¿En cuántos minutos?

—Aproximadamente en dos minutos.

—Mamá, voy a estar mirando por fuera de la ventana para verte[...]

—Está bien —concordé—. Nos vemos…

—Espera mamá —añadió antes de que yo pudiera colgar—[...] ¿Por qué lado de la calle vas a venir, izquierda o derecha?

Mi hijo hablaba en serio. Quería verme conduciendo por l[...] calle para salir a recibirme. No quería solo esperarme. Me estab[...] buscando con expectativa, con gran expectativa.

¡Existe una diferencia!

¿Estás viviendo con esa clase de expectativa, de la que se mir[...] por la ventana para ver de qué lado viene hacia ti la bondad divina[...]

Creer y esperar son las claves para cumplir y vivir tu destino[...] Además, Dios ha prometido que así será: *Te instruiré en el mejo[...] de los caminos.*[14] Jeremías 29.11-14, uno de mis pasajes favo[...] ritos, afirma: «Sé muy bien los planes que tengo para ustede[...] —afirma el SEÑOR—, planes de bienestar y no de calamidad, [...]

in de darles un futuro y una esperanza. Entonces ustedes me
invocarán, y vendrán a suplicarme, y yo los escucharé. Me bus-
carán y me encontrarán, cuando me busquen de todo corazón.
Me dejaré encontrar».

Por tanto, ¿cómo extenderte ahora mismo hacia tu destino?
Podrías decir, por ejemplo, que has orado y aparentemente nada
ha sucedido. Aún no estás viendo tu senda, ni estás hallando tu
propósito, ni realizando tu sueño.

PARA AYUDARTE MÁS

Dios está obrando en ti… para perfeccionarte

En 2008 tuve el privilegio de acompañar a Joel y Victoria, junto
con otros miembros de la familia, a visitar a Billy Graham en
su casa. Tal vez igual que tú, y que mucha gente de todo
el mundo, me crié viendo el alcance y la profundidad del
ministerio de este gran hombre.

Billy Graham había predicado personalmente en más de
185 países y a más de 215 millones de personas durante más
de setenta años de ministerio. A sus noventa años, cuando
nos reunimos con él, había orado con todo presidente estadounidense desde Harry S. Truman hasta George W. Busch.
Yo había visto las reuniones de este hombre con líderes mun-
diales captadas en titulares noticiosos y en televisión. Había
observado las reuniones de sus cruzadas llenando estadios
de fútbol donde la gente corría al frente después de las prédi-
cas de Billy y mientras se escuchaba la conocida canción «Tal
como soy», con los corazones estimulados por querer saber
y vivir más para Dios. Billy había sido una gran inspiración
para nuestra familia cuando lo veíamos tocando el corazón
de las personas, un gran mensaje a la vez.

De ahí que al hallarme junto con mi familia alrededor de

Billy en la sala de su casa, yo estaba inspirada. El Reverendo Graham no era el hombre joven y lleno de energía que yo había visto en televisión. Sin embargo, era fuerte, amable y lleno de compasión. Su voz, que una vez fuera vigorosa, ahora era suave y titubeante. Nunca olvidaré haber estado en la presencia de este buen hombre. Antes de salir, mi hermano Paul y yo le pedimos al Reverendo Graham que firmara nuestras biblias. Al más puro estilo Billy, las palabras que plasmó para cada uno de nosotros no eran las suyas, sino las poderosas, fuertes y eternas palabras del Señor.

Con vacilante mano, en la portada de mi Biblia asentó: *Filipenses 1.6*, que era uno de mis versículos favoritos: «Estoy convencido de esto: el que comenzó tan buena obra en ustedes la irá perfeccionando hasta el día de Cristo Jesús».

El que comenzó una buena obra en ti la perfeccionará.

¡Cómo creo esas palabras! Supe debido a varios temores, desilusiones, distracciones, angustias y pérdidas en mi propia vida, que Dios tiene un propósito y un plan aunque no lo veamos.

El gran Dios que le dio un gran propósito a Billy Graham también tiene en mente un gran propósito y un plan para ti. Lee hoy mismo Filipenses y empieza a buscar en la Biblia lo que proclamarías como un versículo de vida, algo que te hable y esté dirigido precisamente a ti en cuanto a los deseos y al llamado que sientes de parte de Dios.

Escribe este versículo en una tarjeta y llévala contigo o en tu Biblia, y piensa todo el día en él. La Palabra de Dios es él mismo hablándote directamente. El Señor ha comenzado una buena obra en ti y la perfeccionará.

Es demasiado fácil caer en desilusión o desesperación, en u

surco de rutina, o en circunstancias que permitan que nuestro enfoque se aleje de lo que Dios puede tener para nosotros. Es demasiado fácil dejar que alguien más (jefes, amistades o familiares) digan: «No esperes demasiado de esta vida. Prepárate para todo lo malo. Prepárate para que nada bueno venga de adentro o de afuera».

En lugar de eso debemos hacer el esfuerzo consciente de extraer lo que sabemos en nuestro interior que es la verdad. Que somos hechos para más, que Dios tiene algo más grande y mejor para nosotros. Que una vida de fastidio y desesperación no es lo que él quiso para su obra maestra. El Señor quiere que no solo sobrevivamos en esta vida sino que prosperemos. Eso significa por sobre todo que debemos pensar en estos tres aspectos:

1. Mírate como una persona de destino

Cambia la manera en que piensas de ti mismo. Muchas veces proyectamos nuestras inseguridades acerca de Dios. *¡Él me puede usar muy poco! ¿Qué tengo yo para ofrecer a alguien?*

El Señor nos dice: *No pongas tu confianza en esfuerzos humanos.*[15] Lo que él quiere decir es: *No confíes en tus pensamientos ni en los de otra persona, ni en tu propio poder. Confía en mí, el Dios todopoderoso.*

Empieza a verte de manera distinta. Mira la vida como un regalo que Dios te ha dado para llevar a cabo. Tienes tareas que solo tú puedes cumplir en la tierra.

El Señor nos dice: *Te he escogido y predestinado según mi plan y mi propósito.*[16] *Eres hechura mía, creado en Cristo Jesús para buenas obras, las cuales preparé de antemano para que las pongas en práctica.*[17] Cuando él te creó, ¡lo hizo de modo correcto! ¡Eres alguien exclusivo en el mundo! Eres único y apto para cumplir tu destino. Cuando él te formó en el vientre de tu madre y te creó, expresó: *¡Esta obra mía es buena!*

2. Haz algo ahora para cumplir tu destino

¿Qué estás esperando... que la economía mejore? ¿Ganar la lotería? ¿Conseguir una gran oportunidad?

Quizás debas hacer una jugada. Si no haces nada, entonces no obtendrás resultados. Sin embargo, si das un paso de fe, Dios irá contigo... y en una manera poderosa.

Una maravillosa historia de cuatro leprosos nos muestra esto.[18] Sus enemigos habían sitiado la ciudad de Samaria, razón por la cual experimentaban una gran hambre. La situación era tan mala que los habitantes perdieron toda esperanza. Pero estos cuatro hombres decidieron hacer una jugada. Decidieron hacer algo.

Los cuatro se pudieron haber resignado a sus circunstancias y haber dicho: *¡Ay de nosotros! Estamos enfermos. Nos consideran inmundos. ¿Qué podríamos hacer en cuanto a esta situación?* Sin embargo, pensaron: *¿Por qué debemos sentarnos aquí hasta que muramos? Al menos hagamos algo en lugar de no hacer nada.*

Entonces entraron sigilosamente al campamento enemigo en busca de comida. Para asombro de ellos, ¡no había nadie allí! El botín estaba... simplemente a la vista.

Mientras estos hombres caminaban hacia el campamento, Dios estaba con ellos. El Señor hizo que los enemigos oyeran lo que parecía un ejército que se les venía encima. Por eso cuando en el campamento oyeron el sonido de carros y caballos se llenaron de pánico y huyeron para salvarse. Dejaron todo, aquello que después encontraran estos cuatro hombres de Samaria, quienes entraron al lugar de sus enemigos y comenzaron a comer y a tomar el botín.

Solo que el grupo de cuatro en realidad era una banda de cinco, porque la gran victoria estaba con Dios.

Si los cuatro hombres no hubieran hecho nada, si hubieran preferido adoptar toda la negatividad de los calificativos que otras personas les ponían (LEPROSOS, INMUNDOS, INDIGNOS, INTOCABLES habrían muerto con el resto de la ciudad. En lugar de eso se extendieron hacia su destino. Creyeron que el Señor estaría con ellos, y así fue. Marcharon hacia el campamento enemigo, y Dios hizo que el sonido de los pasos de estos leprosos se oyera con fuerza. El Señor asustó al enemigo con cada paso de fe que dieron estos hombres.

Así ocurre con nosotros. Debemos hacer algo, o de lo contrario no hacer nada. ¿Por qué sentarnos derrotados con todos los demás cuando Dios nos tiene un destino que debemos cumplir? Digámonos: «He estado en hambre durante mucho tiempo. He estado en cautividad por mucho tiempo. ¡Es hora de emprender una marcha de fe!» Cuando nos movemos más allá de los límites que los demás ponen, Dios actúa. Si damos un paso en fe y no es el movimiento correcto, Dios nos lo mostrará. Pero mantengámonos haciendo algo y veamos lo que él hará.

¿Qué puedes hacer hoy día?

- **Planifica** el inicio de ese negocio que siempre has querido. Toda tienda comienza con una idea, y grandes compañías se levantan con un ladrillo, una reunión, o una transacción a la vez.

- **Ora** por tus vecinos y compañeros de trabajo. Dios oye. Él te escucha, y oye lo que dices en voz alta o en el silencio de tu mente, ahora mismo.

- **Encuentra** una forma de usar tus dones para ayudar a alguien necesitado.

- **Sirve como voluntario** en un ministerio en la iglesia. (Puedo hablar por experiencia: ¡Cuánto te necesitamos!)

3. Espera que Dios te dirija todos los días

Levántate cada día y pregunta: «Señor, ¿qué tienes hoy para mí?» Empieza a escuchar las citas y las tareas de parte de Dios. Busca

las oportunidades que él tiene para ti ahora, aquí, hoy. Te sorpren
derás de lo que te vendrá. Tu gran destino solo está a una oración
de distancia.

La Biblia dice: «Confía en el SEÑOR de todo corazón, y no
en tu propia inteligencia. Reconócelo en todos tus caminos, y él
allanará tus sendas».[19]

¿Lo captas? ¿Oyes lo que en su libro Dios te está diciendo
acerca de tu capítulo, tu destino y tu historia? Muchas veces pasamos nuestros días con tanta prisa que ni siquiera reconocemos las
oportunidades que Dios nos pone por delante:

Una persona en el supermercado que necesita una sonrisa.

Un compañero de trabajo que necesita una palabra de ánimo.

Un vecino que necesita un poco de ayuda.

Tu familia que necesita que le des un poco de tiempo sin
interrupción.

O alguien enviado para animarte y ayudarte.

Un día me hallaba en el salón de belleza cuando una dama me
dijo que había disfrutado mi enseñanza en disco compacto sobre
cómo cumplir nuestro destino.

—Ahora que la tengo en persona, dígame, ¿cuál es mi destino? —preguntó.

¡Esa fue una pregunta capciosa! Lo que me sorprendió aun
más fue cómo respondí.

—Estás transitando en ese destino ahora mismo. Si tu confianza está en Dios, él está dirigiendo tus pasos hoy día.

Eso es verdad, aunque me tomó un tiempo comprender esta
idea. Pero no porque sea complicada. El destino no es un ideal
etéreo imposible de entender. Es simplemente dejar que Dios
dirija a diario tus pasos, sin que importe la situación en que te
puedas encontrar. Es saber que el Señor tiene para tu vida un plan
que es superior a ti. Es confiar en que él cumple su plan cuando
miras a diario hacia él y lo reconoces.

A prepararse para vivir como Dios quiere

Cada uno de nosotros pasa por esos días en que es difícil creer que somos obras maestras que Dios hizo, que somos un milagro en ciernes, o que el Señor tiene algo grandioso por delante. Muy a menudo nos sentimos como pintura ordinaria de pared que es de un solo tono y que ni siquiera cubre bien la superficie. Pero si miras y escuchas tu vida hallarás por todas partes recordatorios de las pinceladas de Dios. Él está usando toda la oscuridad y la luz, todo lo descolorido y también lo reluciente en tu vida para hermosearte. Está desarrollando pequeños milagros todos los días para llevarte al destino que te diseñó desde el principio. Quizás no veas más de lo que verías en toda la obra fundamental que da Vinci realizó en el lienzo de la *Mona Lisa* para proporcionarle esa sonrisa misteriosa y hermosa. Sin embargo, los recordatorios de Dios tampoco son siempre tan sutiles.

Aún me encuentro con algunas de las mujeres que me cuidaron cuando yo era una niñita enferma. A ellas les encanta recordarme el milagro que Dios me dio, señalándome que cuando levantaban a la bebita yo era como un peso muerto.

El destino no es un ideal etéreo imposible de entender. Es permitir que Dios dirija a diario nuestros pasos, sabiendo que él tiene un plan para nuestra vida que es superior a ti. Es confiar en que él cumple su plan.

«Como un saco de papas», suele decir una de ellas.

Pero Dios tenía en mente más para mí que ser un peso muerto. También mis padres decidieron clamar por más que un destino para mí. Oraron pidiendo más, y ¿no es asombroso cómo el milagro estaba a solo una oración de distancia?

No obstante, ¿cuántas veces empezamos con gran expectativa, solo para recibir noticias frustrantes (quizás hasta catastróficas) que nos detienen en medio del camino? Creemos en lo mejor pero obtenemos lo peor. Ya no tienes el empleo que te ayudó a comprar la casa, y ahora sin trabajo hasta podrías perderla. La movilidad que una vez disfrutamos se ha ido porque, por accidente o enfermedad, así ocurre con nuestra salud. El amor que creíamos que duraría para siempre se ha perdido de repente.

Recuerda que existe una oportunidad de ver esas cosas como desafíos, o como me gusta verlas, como preparación para grandes victorias venideras.

Tales cosas te pueden devastar o hacer que te decidas.

Puedes creer que eres un caos o una obra maestra.

Puedes elegir entre ser aflicción para el mundo o gracia de Dios.

Al Señor le gusta cuando somos fieles en donde él nos ha puesto, cuando nos negamos a desistir, y cuando pedimos en grande. Le gusta cuando decimos: «Está bien, Señor, estoy teniendo problemas para digerir esto. No sé si pueda soportar, mucho menos levantarme, pero voy a seguir adelante». A él le encanta que digamos: «Esa persona me está desanimando, esta circunstancia me está diciendo que renuncie, ese médico dice que no tendré la capacidad, pero no me voy a rezagar del destino que tienes para mí, Señor. Voy contigo dondequiera que me lleves, por lejos que deba ir. No solo quiero moverme gradualmente hacia lo que deseas para mi vida, sino que quiero caminar en esa senda. Deseo correr. No voy a renunciar».

A Dios le gusta cuando decimos: «Quiero probar todas las bondades que me has preparado. Deseo levantar la cabeza hacia los cielos. Anhelo oír tus deseos para mí y no solo hablarte, Dios, sino cantar y hablar en voz alta».

Como puedes ver, tu destino es precioso para el Señor. Quizás no seas bueno para memorizar muchas Escrituras, pero tal vez puedas alzar bloques para construir iglesias o madera para crear hospitales. Es posible que no puedas cantar, pero quizás puedas susurrar bendiciones mientras trapeas el piso de un salón de clases, o tal vez puedas preparar una hamburguesa para un cliente hambriento en un restaurante.

Eres una obra maestra y te encuentras registrado en el libro de Dios. El Señor te tiene un final feliz cuando venga a rescatarte montado en un caballo blanco.[20] Solo debes alargar la mano para tomar la de Dios y pedirle que empiece a contarte la historia que te tiene reservada.

3

Cómo hallar más cuando las personas te fallan

Puesto que estás hecho para ser amado

Me crié en un hogar piadoso, lleno de amor y paz. Aunque mi familia estaba lejos de ser perfecta, mis padres eran personas sinceras e íntegras. Debido a su amor entre ellos, y hacia nosotros y los demás, sirvieron todas sus vidas en un ministerio de tiempo completo. Mi madre aún es la matriarca de la iglesia, Lakewood, que mi padre fundara en su compañía cuando ella solo tenía veintiséis años de edad… ¡y aún nos mantiene a todos en orden! Somos una familia unida que pasa tiempo junta y le gusta reír. Nuestros padres nos enseñaron eso. Por tanto, estando juntos hacemos chistes tontos y nos decimos bobadas.

También todos trabajamos en el ministerio. Mi hermano Paul es pastor asociado en la Iglesia Lakewood. Él renunció a la práctica de la medicina como cirujano, y después de la muerte de papá se mudó a Houston con su esposa Jennifer y sus cinco hijos. Soy la siguiente en la línea, sirviendo como pastora asociada en Lakewood, y mi esposo Kevin sirve como director de operaciones. Tenemos tres hijos maravillosos: Catherine, Caroline y Christopher. Nuestra hermana del medio, Tamara Graff, y su esposo Jim pastorean una iglesia próspera en Victoria, Texas, y tienen cuatro hijos. Es probable que conozcas bien a nuestro hermano Joel, e siguiente en la fila de Osteens como «el predicador sonriente» quien dio un paso adelante como pastor de Lakewood y ha ven- dido más de cinco millones de copias de solo uno de sus libro: motivadores. Y sí, es verdad, Joel ha estado sonriendo toda la vida. De niño era algo tímido, pero siempre mostraba una gran sonrisa en el rostro, y aún lo hace mientras él y Victoria sirven en Lakewood con sus dos hijos. April Simons, la menor de nosotros dirá que es la hija favorita (pero por supuesto, ¡sé que esa soy yo!) Ella y su esposo Gary pastorean una gran iglesia en Arlington Texas, y tienen cinco hijos.

¡Tengo los más fabulosos sobrinos y sobrinas!

Así que al haberme criado con hermanos a quienes amo entrañablemente y en un hogar divertido y piadoso, quise crear el mismo ambiente para mi esposo y mis propios hijos. Es más, si de jovencita me hubieran preguntado qué deseaba en la vida habría respondido sin titubear: «¡Casarme con un ministro y tener cinco hijos!» Me encantó crecer en la iglesia y me emocionó empezar mi propia familia.

Pero nuestros planes no siempre resultan del modo en que las cosas funcionan en la vida.

Todo el mundo cae en un hoyo en algún momento

Las cosas no salen como queremos. Los sueños se nos derrumban encima. Podemos tropezar con lo que hay a nuestros pies. Pode- mos caer. Cometemos equivocaciones y fallamos a otros. A veces se podría decir que nos estamos sumergiendo en esos lugares caí- dos. En otras ocasiones caes en un foso sin darte cuenta. O te pue- den empujar. Puedes venir de un gran hogar, obtener resultados más altos de los esperados, y hacer lo correcto motivado solo por amor y buena voluntad, y aun así también puedes tropezar o, peor aún, ser arrastrado.

El punto es que puedes ir a parar en un foso, como le pasó a osé en el Antiguo Testamento.[1] Él era un joven de solo diecisiete ños, emocionado porque se cumplieran sus sueños. Pero sus hermanos mayores, llenos de ira y celos hacia él, se dedicaron a destruirle la vida. Lo lanzaron a una cisterna, dejándolo a su suerte. Felizmente, el mayor habló con un poco de sentido a sus demás hermanos, y decidieron no matar a José. No obstante, hicieron algo terrible. Lo sacaron de ese hoyo y lo vendieron como esclavo a la próxima caravana que pasó, que estaba compuesta de enemigos.

¿Dónde estaba Dios en todo este caos? ¿Fueron los sueños de José un producto de su imaginación? ¿Era este su destino en la vida, vivir como esclavo y no como había visto en sus sueños?

He descubierto que el solo hecho de que otros te lancen al foso, o que caigas en uno, ¡no significa que debas vivir allí! Estás hecho para más que eso.

De algún modo José también lo sabía. Así como él, tú también enfrentarás pérdidas, sufrimientos y maldades. Tendrás luchas. Las cosas no siempre saldrán como esperas. Los acuerdos se vienen abajo. Se rompen promesas. Las personas te fallan.

Lo entiendo porque yo también caí en un foso.

De joven salía muy poco. Asistí a la graduación de mi colegio en Humble High School con un chico de nuestra iglesia. En realidad se lo pedí porque deseaba ir con un muchacho agradable. (Nunca olvidaré lo que usé esa noche: un vestido largo sin mangas color melocotón con un sombrero que le hacía juego. Antes de que puedas decir que ese atuendo pudo haber sido el inicio de mi caída, ¡te prometo que era la moda de ese entonces!) Mi compañero de cita, Ronnie, se veía muy apuesto en su esmoquin blanco. Fuimos a cenar, luego a la fiesta de graduación, ¡y a las once estuve de vuelta en casa!

Luego en la universidad disfruté la compañía de amigos en grupos, chicos y chicas, y salí con algunos de esos muchachos, pero realmente ninguno me interesaba como para casarme.

Es decir, no hasta que conocí a Tom (nombre que le daré por el bien de este libro). Él estaba en una de mis clases pero no era cualquier muchacho. Era amable y caballeroso. Sus padres habían fundado una iglesia en otro estado, y Tom deseaba seguirles los pasos. Se estaba preparando para entrar de tiempo completo al ministerio.

Perfecto, pensé, cautivada por quién era Tom, por quién decía que deseaba ser, y por la vida que imaginé que podríamos crear juntos.

Salimos juntos durante año y medio antes de casarnos. Ambos teníamos veintidós años, y pensé que había encontrado el amor de mi vida para siempre. Tom y yo nos mudamos a su estado de origen. Estábamos entusiasmados con la idea de ayudar a sus padres en la iglesia, y yo estaba muy feliz de que Dios me hubiera concedido los deseos de mi corazón. Se había hecho realidad mi sueño. ¡Un esposo! ¡Una familia piadosa! ¡Ministrar juntos!

Pero nuestros planes no siempre resultan como imaginamos. No pasó mucho tiempo de casados, solo año y medio, cuando Tom comenzó a cambiar. Reía menos. Se volvió extremadamente serio. Tomaba decisiones extrañas. Opinaba que yo debía dejar mi posición de tiempo completo en la iglesia y conseguir un empleo secular. No entendí por qué, pero se comportaba de modo porfiado.

Así que conseguí un empleo cerca de la universidad, pero esto para nada pareció hacer feliz a Tom. Conmigo se mostraba cada vez más distante, frío y aislado. Cuando recuerdo, creo quizás él tenía un plan para distanciarme de su familia, su trabajo, nuestra iglesia, y de él mismo.

Entonces comenzó la pesadilla. Entró en un ayuno de dos semanas y al final me anunció que yo debía regresar a Houston por un tiempo.

Asombrada, pensé: *Tom, debes comer algo porque lo que dices no tiene ningún sentido. ¡Debes estar delirando por la carencia de alimentos!*

él no cambiaría de opinión. Entonces le hice todas las preguntas que haría una mujer:

—¿Estás teniendo una aventura? ¿Por qué estás haciendo esto?

No conseguí nada, solo que negara tener aventuras.

—Vete a tu casa —simplemente dijo.

Quedé abatida. Yo creía estar en casa, en nuestra casa que estábamos forjando juntos.

—Hablemos con tus padres —pedí finalmente en medio de la desesperación.

Tom estuvo de acuerdo.

Sentí esperanza. Pensé: *Siempre hemos tenido buena relación con sus padres. Ellos nos ayudarán a entender lo que está pasando, lo harán entrar en razón.*

Hay oscuridad allá abajo en el pozo de la angustia

Sin embargo, los padres de Tom no brindaron la ayuda que yo esperaba y necesitaba. Para nada hicieron entrar en razón a su hijo.

—Oremos antes de que te vayas a casa —manifestaron simplemente.

¿En serio? Por segunda vez ese día me sentí aturdida, como si estuviera en la *Dimensión Desconocida*. Mis pensamientos se aceleraron: *¿No ven ellos la insensatez de esta situación? ¿No saben que lo que Tom está haciendo no tiene ningún sentido?* Confusa y herida subí al auto, resignada a ir a casa con este hombre que de repente me pareció un extraño. Tom condujo en silencio y luego al llegar al apartamento me dejó sola y se fue a otra habitación.

Me sentí muy sola. Necesitaba hablar con alguien que me amara. Llamé a mis padres. Papá y mamá estaban allí. Mamá me dijo que me amaba. Papá me oyó llorar. Ambos compartieron mi sorpresa de que nadie hubiera podido cambiar la decisión de Tom.

—Lisa, mantén tu dignidad —dijo finalmente papá—. No le

ruegues a tu esposo para quedarte un minuto más allí. Ven a casa e intentaremos solucionar todo.

A pesar de que quise quedarme esa noche y tratar de discutir la situación, Tom me excluyó por completo. Tendida en cama a su lado me la pasé pensando: *¿Quién es este extraño?*

Mis padres me dieron fortaleza la mañana siguiente para empacar una maleta y subir al auto mientras Tom me llevaba al aeropuerto. Lo que yo no sabía es que apenas empezaba mi viaje al interior del pozo. Durante esa larga travesía quise creer que Tom estaba entrando en razón porque lloró y yo también lloré. Me abrazó y me dijo que me amaba. Me aferré a aquello como esperando que este horrible suceso pasara pronto y volviéramos a estar juntos.

En el vuelo de regreso a Houston me senté junto a una ventanilla y lloré todo el trayecto, con el rostro vuelto hacia esa escotilla para que nadie pudiera ver mis lágrimas. Mis padres me recibieron en el aeropuerto, consolándome mientras papá conducía a casa. Pero los hechos estaban claros. Yo tenía veinticuatro años y esa noche iba a dormir en el dormitorio de mi infancia. Solo que ya no era niña. Era una joven mujer que había saboreado su sueño, los deseos de su corazón, todos los cuales se habían destrozado. Nunca esperé esta posibilidad en mi vida. Esa primera noche en mi antigua alcoba me pareció surrealista. Mientras mi mirada danzaba alrededor de la habitación posándose en las fotos del colegio y en la cómoda que mamá y yo habíamos escogido, lo menos que podía pensar era en dormir.

PARA AYUDARTE MÁS

Las siete etapas del sufrimiento

Después de las primeras semanas del regreso a Houston me hallaba abrumada con dolor emocional como nunca antes había experimentado. Gracias a Dios un predicador invitado a nuestra iglesia habló de las siete etapas del sufrimiento que la gente enfrenta después de la muerte o la pérdida de un ser querido. Esto me ayudó inmensamente para saber que no estaba loca, sino atravesando mi herida emocional. Basadas en las ideas de la Dra. Elisabeth Kübler-Ross en su libro de 1960, *Sobre la muerte y los moribundos*, estas etapas nos ayudarán a superar el dolor y a emerger con más fuerza y resistencia, listos para amar y ser amados otra vez.

1. **Trauma y negación**. Reaccionamos ante la pérdida con aturdida incredulidad, negando tal vez la realidad de nuestra pérdida para evitar el sufrimiento. Esto podría durar varias semanas. Sin embargo, el traumatismo aporta protección emocional para no sentirnos abrumados de repente.

2. **Dolor y culpa**. Finalmente el trauma da paso a un dolor emocional que podría parecer insoportable. No intentemos escondernos de él, evitarlo ni escapar con alcohol o drogas. Podríamos sentir culpa o remordimiento por cosas que hicimos o no hicimos, y la vida podría parecer caótica y aterradora. Pero esta es una fase temporal. Saldremos adelante y seremos más sabios y más capaces, y nuestros corazones se volverán más grandes y fuertes debido a lo que hemos soportado.

3. **Ira y negociación**. Cuando la frustración da paso a la ira, podríamos atacar y lanzar culpa injustificada sobre otra persona a causa de nuestra pérdida. Podrían surgir deseos de contraatacar o ajustar cuentas con un ex cónyuge; ante la muerte, podríamos sentir enojo hacia el fallecido, culpándolo por irse. Podríamos tratar de llegar a acuerdos con un cónyuge que se va, rogando, ansiando que regrese, y orando para que esto suceda.

4. **Depresión, reflexión y soledad**. Justo cuando creemos que deberíamos continuar con nuestra vida, podríamos entrar a un período de triste reflexión. Esto es normal. Tal

vez queramos aislarnos a propósito para reflexionar en lo que hicimos con el ser que perdimos, y enfocarnos en recuerdos del pasado. Utilicemos esta soledad y reflexión para procesar nuestro dolor.

5. **El giro hacia arriba**. A medida que empezamos a adaptarnos a vivir sin el ser amado, la vida se vuelve más tranquila y más organizada. Nuestros síntomas físicos disminuyen, y la depresión comienza a desaparecer.

6. **Reconstrucción y avance**. Al volvernos más funcionales, nuestra mente empieza a funcionar de nuevo. Nos encontramos buscando soluciones realistas a problemas que la vida nos plantea. Comenzamos a trabajar en problemas prácticos y financieros. Nos reconstruimos nosotros mismos y nuestras vidas sin aquella persona o aquello que hemos perdido.

7. **Aceptación y esperanza**. Durante esta última de las siete etapas del dolor aprenderemos a aceptar la realidad y a tratar con ella, y a encontrar un camino para seguir adelante.

Por supuesto, con la gracia y la misericordia de Dios, creo que así como sucedió conmigo, tú desafiarás las probabilidades y saldrás adelante con gran victoria y gozo.

Juré a mi familia mantener el secreto al respecto, diciendo: «Esto funcionará. Nadie tiene que saber que estoy en casa». Quise negar y ocultar a los demás lo que estaba pasando, mientras trataba de resucitar todo por mi cuenta. Definitivamente me hallaba en la primera etapa de pérdida y dolor, la cual es trauma y negación.

Comencé a llamar a Tom, quien se negaba a contestar. Eso no impidió que lo intentara una y otra vez. Tampoco me impidió pedir a mi padre que me acompañara a hacer un viaje inesperado para ver a Tom, en un intento desesperado por resolver la situación.

Cuando Tom y su familia escasamente nos recibieron y se negaron a hablar de la situación, pedí a papá que me acompañara al apartamento que solo llegué a conocer como una joven esposa.

impaqué un poco de ropa y destrozada, desilusionada y llena
de rechazo y vergüenza regresé al hogar de mi infancia. No solo
había fracasado en mi matrimonio sino que me sentía como si les
hubiera fallado a Dios y a mis padres. De algún modo le había
fallado a Tom, y ni siquiera sabía cómo. Lo único que deseaba era
permanecer en el suelo de mi habitación y no ir a ninguna parte
ni ver a nadie; me hallaba muy avergonzada y dolida.

Esos fueron los días más sombríos de mi vida.

Todo estaba haciendo estragos en mi cuerpo. Durante seis
semanas me quedé en casa. Perdía y perdía peso, lo cual, con mi
estatura de 1,60 metros, no podía darme el lujo. Casi durante
toda mi edad adulta siempre había luchado por mantener mi peso
en cuarenta y tres kilos. De repente llegué a pesar treinta y siete
porque no tenía apetito.

Estaba tan perturbada que deseaba escapar del presente. Al
acostarme quería que amaneciera. Cuando despertaba deseaba
que fuera la hora de acostarme. Me hallaba deprimida y batallando
con continuos pensamientos negativos y de desesperación.

A dónde volvernos en el foso

Cuando te hallas en el agujero de la desesperación es un regalo
que alguien te oiga y te ame allí mismo. Es un regalo que alguien
llegue y te recuerde que tal vez estás dolido pero no imposibili-
tado para sanar. Que tus sueños podrían estar destrozados, pero
no imposibles de reconstruir.

Mi padre fue ese regalo para mí. Pasé días llorando, encerrada
en mi alcoba, y entonces papá me recordó que yo no era un dese-
cho sin valor alguno que alguien tira a la basura. Me recordó que
soy una hija valiosa de mi Padre celestial, Dios, quien me ve como
su tesoro y ha dado todo por mí.

—Lisa —me dijo finalmente papá—. No puedes esconderte
para siempre. Tienes que salir, y ver a tus amigos. Debes volver a
ir a la iglesia.

Yo sabía que él tenía razón. Seguir escondida solo estaba logrando caer más profundo en la depresión. No deseaba vivir en este horrible lugar de oscuridad. Pero tenía miedo de que los demás supieran lo que estaba pasando... que de un modo u otro había fallado en mi matrimonio. Aunque yo no sabía cuál fue mi falla, el mismo hecho de que Tom ya no me quisiera me hacía sentir fracasada. Además mis sentimientos estaban heridos y frágiles. Pensé cómo el más leve juicio de alguna de mis amistades podría arruinarme.

Papá debió haber sentido mi temor, y dijo algo que siempre me resonará en los oídos.

—Lisa, debemos dejar que los miembros de la iglesia sepan lo que estás pasando a fin de que puedan orar por ti. Ellos aman a nuestra familia, y saben que somos reales y que tenemos problemas como cualquier otra familia. Siempre hemos sido sinceros con ellos.

Mis padres no estaban avergonzados de mí. No les avergonzaba pedir ayuda y oración.

Su amor y su humildad para recibir amor me mostraron dos de los más importantes pasos básicos para salir del foso.

1. Buscar ayuda para ser liberados

Extendámonos a nuestros amigos, familiares y personas que nos aman. No nos aislemos de la misma gente que puede ayudarnos y animarnos.

Decidí confiar en mis padres y en Dios. No sentía que pudiera confiar, pero los sentimientos no tenían nada que ver con la decisión. Yo tenía que elegir. En el foso no tenemos mucha confianza. Pero podemos tomar la decisión de confiar. Podemos movernos hacia arriba y salir. No tenemos idea de cómo resultará todo, y ni siquiera si resultará, pero cuando decidimos extendernos hacia Dios, quien desea lo mejor para nosotros, y vemos lo que él hará garantizo que sucederán dos cosas: o cambiamos nosotros o cambian nuestras circunstancias.

Yo estaba a punto de ver un poco de lo uno y lo otro, pero
.o como esperaba que sucediera. En primer lugar, extenderme
.ignificaba para mí no solo salir de mi alcoba sino ir a nuestra
glesia, la cual entonces tenía una congregación aproximada de
uatro mil personas. Yo necesitaba apoyo. Me sentía incómoda y
.vergonzada.

Así que papá pidió humildemente a la iglesia que orara por mí.

—Nuestra familia necesita oración ahora mismo —les dijo—.
_isa está pasando por un divorcio no deseado y está sufriendo.

Mientras él hacía el anuncio, yo lloraba, mis padres lloraban,
' se podía sentir la compasión de las personas alrededor y detrás
le nosotros. Sin ninguna invitación se acercaron hasta donde me
1allaba sentada en primera fila y comenzaron a abrazarme. Todos
ueron muy amables y quedé aliviada de que finalmente yo no
uviera que llevar la carga estando sola.

No recomiendo anunciar nuestros problemas a toda la igle-
.ia, pero para mí fue lo correcto porque me ayudó a salir de la
.tapa de negación y entrar en el proceso de curación. Para algunas
)ersonas el mejor primer paso podría ser hablar con el pastor o
:on un consejero. Puesto que mi familia había estado en el cen-
ro de atención durante todos los buenos tiempos, también era
idecuado llevar la solicitud de oración a la luz pública… y puedo
:segurar que fue liberador. Liberó amor no solo dentro de mí sino
ilrededor de mí. El amor inmediato de la gente que se agolpó a
ni lado para orar por mí y abrazarme fue un bálsamo. Supe que
10 tendría que sufrir esto a solas. Yo no tendría que arreglas las
osas. Solo debía ser fiel.

PARA AYUDARTE MÁS

El poder curador del amor

A los dieciséis años mi amiga Debra estaba lista para terminar con su vida debido a una relación rota. Herida por las

palabras de su novio cuando terminaron, ella hizo un último y desesperado intento por convencerlo de que volviera a su lado. Lo llamó desde la cocina de su madre, pero él volvió a rechazar la súplica. Debra colgó el teléfono, sintiéndose tan destrozada como todas las fallidas promesas de su ex novio.

Agarró docenas de pastillas, decidida a terminar con su vida.

Pero Dios no estaba dispuesto a eso. Tenía más planes para que Debra llevara a cabo. Ella sintió una extraña y pacífica presencia que la hizo detenerse y recapacitar. Un pensamiento lleno de esperanza le llegó a la mente: *Puedo superarlo sin el amor y el afecto de esa persona. Voy a estar bien.*

Debra aventó las pastillas por el desagüe, y para su sorpresa esa noche durmió con mucha paz. Poco sabía de lo que iba a encontrar al otro lado de su dolor.

Dios sí lo sabía, porque estuvo esperando allí todo el tiempo. Debra comenzó a pasar tiempo con él, y descubrió que el amor del Señor era como ningún otro: incondicional, misericordioso y tierno. Ahora ella sabe que fue Dios quien le produjo paz esa noche en que casi se suicida.

Hoy día Debra George habla y escribe acerca del gran amor del Señor, de su poder para protegernos cuando las personas nos fallan… y siempre lo harán. (Su libro, *When Hurt Won't Stop: From Devastation to Destiny* [Cuando el dolor no se detiene: De la devastación al destino], nos cuenta más de su historia.) Le gusta especialmente trabajar con jóvenes que, igual que ella una vez, creen no poder seguir viviendo debido a un corazón destrozado.

He orado con muchas personas que han experimentado pensamientos suicidas y una lobreguez que describen como una presión muy intensa por perder toda esperanza y quitarse la vida. Esos pensamientos vienen de Satanás, nuestro enemigo, quien desea robarnos la existencia y el destino. Más bien quiero animarte a que tengas los pensamientos de Dios, porque su plan es verte atravesar cualquier adversidad y darte una vida de paz y gozo.

Quizás no logres ver ahora mismo el plan de Dios, pero antes de que desistas deseo preguntarte: ¿Qué pasará si sigues adelante? ¿Qué habrá al otro lado de tus ideas de desesperanza y desaliento? ¿Podría ser la relación con alguien que siempre has anhelado? ¿Un don desconocido que tienes para ayudar a otros?

¿Anhela desesperadamente que alguien te ame como creías amar… de todo corazón?

Quiero que sepas que alguien ya lo hizo. Su nombre es Dios, y él está esperando por ti al otro lado de tu dolor.

2. Buscar que el amor y la gracia de Dios nos ayuden

Una de las verdades más poderosas cuando te hallas en el foso es que no tienes que arreglar las cosas. No siempre es posible. Hay cosas que ningún ser humano puede componer. Quizás sea la muerte de un cónyuge o un hijo. O, como para mí, tal vez lo irreparable sea un divorcio. O tal vez se trate de una ruptura terriblemente mala con quienes una vez fueran tus mejores amigos. No, hay muchas cosas que no puedes arreglar. Pero puedes ser fiel en medio de la agonía. Puedes extenderte hacia Dios y su pueblo. Puedes ir a la iglesia, donde estarás rodeado de oración y de personas que también batallan y necesitan al Señor.

Mi padre siempre ha dicho: «La iglesia no es un museo que exhiba gente perfecta, sino un hospital para heridos».

Tenía razón. En el hospital de la iglesia puede comenzar la sanidad. En mi caso, mi acción de confesar una necesidad de ayuda fue

una limpieza a mis heridas de temor y vergüenza para que
pudieran comenzar a curar.

Ahora las personas estaban velando por mí. Con el amor de
Dios, durante semanas después del anuncio me estuvieron animando, recordándome que yo era valiosa y amada, y que oraban
por mí. Muy poco a poco
me fueron ayudando a pen-
sar más allá de mi situación
y de mí misma.

> *Mi padre siempre había dicho:*
> *«La iglesia no es un museo que*
> *exhiba gente perfecta, sino un*
> *hospital para heridos».*

Decidí seguir adelante
con mi vida. Empecé a
trabajar en la iglesia, y a volver a soñar con el ministerio. Fue
refrescante salir de mi alcoba y volver a tener un horario normal.
Fue divertido trabajar con mis hermanas, April y Tamara… ¡pero
Joel era otra historia! A menudo dejaba notas sobre mi escritorio
diciéndome que me habían bajado de rango o que estaba despe-
dida. Por supuesto, las firmaba: «¡Papá!» (Ya dije que nos gustaba
bromear unos con otros, ¡y algunos lo tomábamos muy en serio!)

Sin nada que ocultar en la lobreguez de mi foso me sentí libre
para volver a caminar a lo largo de la senda hacia la restauración. El
domingo confesé mi necesidad de oración, y fui de la iglesia a casa
sintiéndome más fuerte; y en las siguientes semanas, a medida que
iba a la iglesia y servía allí, también me fortalecía más. Esto se volvió
un ciclo. Al seguir extendiéndome y buscando la ayuda de Dios,
encontré personas que me amaban y oraban por mí. Yo no estaba
sola en el foso, ni destinada a permanecer allí. La vida no había
resultado como yo imaginara, pero el Señor aún tenía un plan para
mí, y estaba forjando el camino que yo tenía por delante.

Lleva tiempo curar una gran pena

No obstante, sanar es un proceso, e iniciarlo no significa que a
veces no nos sintamos confundidos o lastimados. Así será. Yo aún
estaba destrozada. Seguía esperando que Tom cambiara de opinión.

Seguí escribiéndole cartas y preguntándole cómo podríamos resolver esta separación. Continué orando por una reconciliación.

Mis cartas y llamadas siguieron sin recibir respuesta.

Tres meses después de mi regreso a Houston recibí en mi oficina los papeles de divorcio. Creo que en lo más profundo los estaba esperando, pero en la superficie había estado en negación, esperando que la disolución marital nunca se diera. Recuerdo haber abierto el gran sobre, ver allí la palabra *divorcio*, y cerrar rápidamente la puerta de mi oficina. Me hundí en la silla junto con mi ánimo. Esos documentos representaban la muerte de mi matrimonio y de una época de mi vida. Tom y yo éramos jóvenes y solo habíamos estado casados durante dos años. Esto parecía erróneo en muchos niveles.

El amor y las oraciones de nuestras amistades y de la iglesia me fortalecieron, pero no puedo negar que las semanas y los meses siguientes fueron difíciles. Aún me sentía abandonada por mi esposo y por mis sueños. Aún no tenía respuesta de Tom sobre la razón del divorcio; a medida que escudriñaba mi alma me sentía más confundida y dolida. El estrés y la desesperación se acumulaban, hasta el punto de creer que los nervios me explotarían.

Varias veces llamé a papá a su oficina para pedirle ánimo y consuelo. Después de todo, ¡yo debía dejar descansar a mamá en casa!

—¡Estoy sufriendo un colapso nervioso! —exclamé un día en un mar de lágrimas—. ¡No creo poder soportarlo más!

—Lisa —respondió mi padre, siempre paciente y animador—. No estás sufriendo un colapso nervioso. Vas a estar bien.

—No —insistí—. ¡Ahora mismo estoy teniendo un colapso nervioso!

Ah, las alegrías de la paternidad, ¿no es así?

Así no es como mi padre reaccionaba ante todo. Era amable, cariñoso y paciente, y sucedió que él estaba en una conferencia con nuestro viejo amigo el Dr. T. L. Osborn, a quien le contó mi historia.

PARA AYUDARTE MÁS

¿Cómo superar el sufrimiento que siento?

Es posible que a veces no sientas que Dios esté escuchando. Pero él oye. De modo amoroso está haciendo que las cosas obren para tu bien. Sin embargo, es verdad que nuestra naturaleza desea ver y sentir al Señor obrando.

Como mujer joven con el corazón destrozado recordaba las palabras de Dios, quien «restaura a los abatidos y cubre con vendas sus heridas» (Salmo 147.3). Yo era esa persona que necesitaba un verdadero toque de un Dios real. Salí con mi buena amiga Kathleen en un corto viaje a New Orleans para alejarme y orar. Le pedí a Dios: «Ayúdame. Deseo continuar con mi vida, pero no puedo hacerlo con esta pesada carga de rechazo y sufrimiento dentro de mí. Sana por favor mi destrozado corazón».

Kathleen también oró conmigo.

Nada sucedió esa noche cuando oramos en aquella habitación de hotel en New Orleans. No hubo rayos. No hubo un cambio repentino. Enfrenté otra noche tenebrosa.

Pero nunca olvidaré lo que sucedió la mañana siguiente cuando Kathleen y yo nos levantamos para hacer un pequeño recorrido turístico. Mientras caminábamos por la calle sentí cierto alivio, como si el Señor alargara la mano y me quitara una gran carga. Se fueron la pesadez y la opresión. Fue real y asombroso.

Ese día Dios me sanó el corazón devastado.

Un comercial reza: «Lo que ocurre en Las Vegas permanece en Las Vegas». Me gusta decir: «Lo que sucedió en New Orleans se quedó en New Orleans», porque allí dejé mi corazón destrozado.

Lo cierto es que Dios oye y cura. Él soluciona las cosas en su tiempo. Sigamos hablando con nuestro Dios y creyéndole, y nos mostrará que es un ancla en la cual confiar. Con él está la relación de nuestros sueños.

El Dr. Osborn pidió hablar conmigo.

—Lisa —manifestó papá—. Aquí hay alguien que desea animarte.

¿Cómo podía yo haber sabido que esta era una de esas citas divinas que solo Dios puede organizar?

—Lisa, sabes que te quiero como si fueras mi propia hija —me dijo el Dr. Osborn con gran amabilidad—. Quiero hablar contigo como un padre solo por un momento. ¿Te parece bien?

Estuve de acuerdo.

—Lisa, sé que estás dolida y siento mucho tu pérdida. Deseo hacerte una pregunta. ¿Sabes por qué estás llorando tanto? —inquirió, y sin esperar una respuesta, continuó—. Porque estás sintiendo compasión por ti misma.

Pensé: *¿Es esto dar ánimo?* Quise decir: «¿Hay alguien más con quien pueda hablar?», pero dejé de llorar por un momento porque el Dr. Osborn me captó la atención.

—Sé cómo es eso porque también he perdido un ser querido —expresó él.

Yo sabía lo que él había experimentado. Su único hijo había muerto a los treinta y tres años de edad. Cambié de posición.

—No eres la única persona que pasa alguna vez por un divorcio —continuó—. Otros también lo han vivido, y se han recuperado. Sé que estás dolida, pero es hora de enjugar tus lágrimas y poner la cabeza en alto. Deja que Dios se lleve las cicatrices de tu vida y las convierta en sus propias estrellas.

Cómo Dios convierte cicatrices en estrellas

Se ha dicho que la verdad duele, y es verdad, así es a veces. La verdad de las palabras del Dr. Osborn me cauterizó el alma. A medida que me hablaba de sus propias heridas, de la agonía de perder a su único y amado hijo, yo escuchaba importantes verdades. Pude oírlas porque él hablaba con mucho y gran amor... y ese amor es lo que nos ayudará a superar cualquier angustia que tengamos. He aquí cómo sucede.

La verdad que hiere también cura

La Biblia nos anima a expresar la verdad en amor y declara que las heridas de un amigo producen sanidad.[2] Este amigo de nuestra familia sabía qué era experimentar el sufrimiento, y me amaba tanto como para sacarme del foso de mi autocompasión. Él sabía que yo estaba hecha para más que ese horrible fango del pozo.

La sanidad comienza cuando termina la autocompasión

El Dr. Osborn me mostró que la sanidad empieza cuando concluye la lástima por uno mismo. Este era un obstáculo importante en mi proceso de sanidad, porque hasta este momento me hallaba atascada en la fosa, en autocompasión y depresión, y las palabras del hombre me ayudaron a salir de mi hoyo.

Es más, nunca volví a llorar por Tom o por mi situación. Estaba dolida, sí. Pero no lloraba. No seguí atormentándome con los *por qué*: *¿Por qué me sucedió esto? ¿Por qué me rechazó Tom? ¿Por qué tengo que pasar por todo este sufrimiento?* En ocasiones nunca sabremos la razón de algunas circunstancias, pero lo más importante es dar un paso para salir del foso de la lástima por uno mismo.

Algo que me ayudó fue enfocarme en otros y no en mí. Una Navidad después de mi divorcio, después de almorzar con mi familia, fui a una misión en Houston y ayudé a alimentar a los desamparados. Unirme a otros que se sentían destrozados, aunque en maneras diferentes, me ayudó mientras les ofrecía ayuda. El hecho de ir a los quebrantados de corazón y dejar de enfocarme en mí agrandó mi mundo. Comencé a enfocarme más en las personas que conocía y menos en mis propios problemas; además es difícil sentir lástima por nosotros mismos cuando vemos los problemas ajenos.

Dejemos que Dios convierta nuestros «¿porqués?» en «¡guaus!»

Observa lo que el Señor puede hacer simplemente al poner tu confianza en él. *¡Vaya!* Mira lo que Dios puede hacer cuando dejas de controlar y permites que él te haga soñar con algo más grande. El Dr. Osborn usaba sus heridas para ministrar a otros, incluyéndome; y su gran amor borró mis *porqués*. Me mostró que Dios tenía por delante más para mí si yo lo buscaba, si me extendía hacia eso, y si estaba dispuesta a vivir encima de la fosa. Me ayudó a oír la verdad y a seguir adelante en vez de permanecer atascada en un hoyo de tristeza y lágrimas.

La Biblia dice: «Ningún ojo ha visto, ningún oído ha escuchado, ninguna mente humana ha concebido lo que Dios ha preparado para quienes lo aman».[3]

Existe mucha verdad en eso. Lo que creemos que podría destruirnos, personas que nos fallan y relaciones rotas, pueden más bien ensanchar nuestros corazones.

Escurrámonos mentalmente de la fosa

José pudo haberse revolcado en autocompasión, y angustiarse por sus raspones y cicatrices al ser lanzado a la cisterna. Pero me gusta que aunque se hallaba en un foso no permitió que este lo tragara. José no desarrolló mentalidad de fosa, que es lo que ocurre cuando pensamos: *No hay esperanza para mí en este hueco. Estoy atascado en lo profundo. Mamá estuvo en la fosa y yo siempre estaré allí. ¡No tengo a nadie que me saque de aquí!* No, José puso su confianza en Dios, ¡y al hacerlo todos sus sueños se hicieron realidad![4]

Por tanto, aunque hayas comenzado a salir del foso y a sanar, ¿cómo puedes evitar la mentalidad de fosa?

Me he preguntado esto una y otra vez. Los pensamientos que se arremolinaban en mi mente me lanzaban de acá para allá como si me hallara en una montaña rusa sin poderme bajar. ¡El famoso recorrido de la Torre del Terror de Disney World no sería nada para mí!

Uno de los pensamientos predominantes que yo tenía era que debí haber sido una esposa terrible para que mi ex marido me expulsara de su vida. Me oprimía el cerebro tratando de imaginar qué salió mal y qué hice mal. Mi autoestima estaba en el punto más bajo de todos los tiempos.

Aunque traté de seguir adelante, gran parte de mí me hacía sentir inhabilitada para estar en el ministerio. Sentía que tenía tatuada en la frente la D mayúscula de *Divorciada*. Se supone que los ministros son ejemplo en esto. *¿Qué ejemplo podría ser yo?* Peor, pensaba que nunca me recuperaría de mi sensación de rechazo y mi corazón afligido. ¿Cómo podía ayudar a otros cuando yo misma no me podía ayudar?

La única manera de poder explicar lo que me pasaba era la sensación de que había una batalla dentro de mi cabeza. Un pensamiento negativo tras otro, durante toda hora que permanecía despierta. De repente comprendí que debía controlar mis pensamientos antes de que ellos me controlaran. Esta parecía una tarea casi imposible, pero decidí hacerlo con un pensamiento a la vez. Esa estrategia marcó toda la diferencia.

Cuando me venía un pensamiento negativo hacía un esfuerzo deliberado por detenerlo y tratar inmediatamente con él. Primero manifestaba: «Decido no pensar demasiado en esto», aunque todo en mí deseara hacerlo. Luego debía reemplazar el pensamiento negativo con uno de los poderosos pensamientos del Señor acerca de mí. Esta es la clave. Comienza a llenar tu mente con pensamientos positivos y esperanzadores de la Palabra de Dios en los que puedas meditar. Cuando pensaba que no podía soportar un día más, en vez de eso decidía pensar:

- ¡Todo lo puedo en Cristo que me fortalece![5]
- ¡Superaré esto porque la gracia de Dios me basta hoy![6]
- ¡El Señor tiene un futuro bueno y brillante para mí! ¡Creo lo que él dice respecto a mí![7]

Cuando expresaba estas palabras no sentía que tuviera un futuro brillante, pero decidía vivir la verdad en lugar de vivir mis emociones. Las emociones son volubles, pero la Palabra de Dios permanece innegable. Cuando decidí creer la verdad de la Palabra de Dios acerca de mí, estaba derrotando la desesperanza y las mentiras negativas con un pensamiento a la vez.

> *Cuando decidí creer la verdad de la Palabra de Dios acerca de mí, estaba derrotando la desesperanza y las mentiras negativas con un pensamiento a la vez.*

Esto requirió de una alternativa intencional: autocontrol; y se convirtió en una verdadera batalla, como un combate cuerpo a cuerpo. Cuando surgían pensamientos negativos tipo «fosa» los golpeaba con un pasaje bíblico que producía ánimo.

La esperanza reemplaza a la aflicción

Mientras seguía luchando notaba que mi vida empezaba a transformarse poco a poco. Los pensamientos negativos eran ahogados por los poderosos pensamientos de Dios. El semblante me comenzó a cambiar, y empecé a sonreír otra vez. Volví a tener apetito. Comencé a fortalecerme espiritual, física y emocionalmente.

La Biblia dice que quien confía en el Señor jamás será defraudado.[8] La Palabra de Dios se estaba haciendo cierta delante de mis propios ojos. Mi esperanza estaba volviendo, y no solo yo lo noté sino también quienes me rodeaban. Había salido de la fosa. Estaba mirando hacia arriba. Dios me entregó en manos de mi destino en tal forma que nunca habría imaginado.

A menudo pensaba en el Dr. Osborn y en cómo usaba sus heridas para ayudar a otros. Me di cuenta que cuando hemos estado en un foso podemos ayudar a otros a salir de allí. El Dr. Osborn hizo eso por mí, y deseo hacer lo mismo por ti. Hoy quiero que sepas que no tienes que permanecer en tu fosa. Yo salí y tú también puedes hacerlo. El foso no es el destino para el que Dios te hizo… él no te diseñó para vivir en la oscuridad. A cada noche le sigue la mañana, y cada valle está flanqueado por cumbres y cimas montañosas.

Pasé por un divorcio que aún no entiendo. El Dr. Osborn perdió un amado hijo. José fue odiado por sus hermanos, y esto fue como si lo hubieran dado por muerto. Demasiados sueños son destrozados o robados por un tiempo. Pero el Señor los restaura. Él me dio una vida y un ministerio más allá de lo que imaginé. Él ayudó al Dr. Osborn a amar a un montón de personas que le correspondieron ese amor. Él llevó a José a un lugar más allá de sus sueños.

Al haber estado en el personal actual de Lakewood por más de veinticinco años he visto a Dios restaurar sueños como estos cada semana. Lo he visto tomar cicatrices en las vidas de personas y convertirlas en estrellas. Hasta el día de hoy no he tenido un desenlace verdadero de mi divorcio. Pero puedo decir esto: Dios ha cambiado mis *¿porqués?* en *¡guaus!* Ha restaurado antiguos sueños y me ha dado nuevos. Me ha sacado de la fosa para llevarme a un nuevo plano, donde puedo mirar hacia arriba y hacia afuera, e igual que el Dr. Osborn, igual que Dios, no veo las cicatrices.

Veo *más*. Veo estrellas.

4

Cómo hallar más cuando estás distraído

Ya que fuiste formado para alcanzar tu destino

∽

Después de mi divorcio quedé tan destrozada que lo único que lograba ver era mi propia necesidad. Todo lo que sentía era mi propia herida. Durante este tiempo sumamente estresante en mi vida me volví muy ansiosa y me atormentaban pensamientos deprimentes. El cuerpo comenzó a reaccionar a mi mente y mis emociones. Me sentía agotada y abatida. No podía comer y perdí peso. No descansaba bien. Me hallaba agotada en todo sentido, y esto era distinto a mi yo típicamente optimista y enérgico.

Atormentada por mis emociones y falta de energía tenía dificultades para quitarme los pensamientos de rechazo, dolor y desilusión, que me distraían a veces de lo que estaba pasando con otras personas. Me hallaba increíblemente triste. Aquello por lo que había luchado de rodillas, lo mismo que creía que nunca me ocurriría, estaba sucediendo: un divorcio. Pensaba: *Esto es algo que les pasa a otras personas, pero definitivamente a mí no*. De algún modo mantenía la esperanza de que esto fuera un mal sueño del que despertaría, pero cuando el amanecer de cada día se convertía en ocaso, me veía obligada a enfrentar la realidad. Ahora me hallaba en la categoría de las divorciadas.

A las pocas semanas del anuncio se me acercó alguien de la

iglesia y me anunció: «Lisa, yo también me encuentro muy dolida. Estoy pasando por un divorcio. ¿Quieres orar por mí?»

Luego otra persona me pidió esencialmente lo mismo. Y otra.

Mi primer pensamiento fue: *¿Estás bromeando? Yo necesito que alguien ore por* mí. No me sentía capacitada, pero comencé a orar por cada una de esas personas y a animarlas. Me preguntaba: *¿Qué está pasando? Dios, necesito ayuda. ¿No puedes ver lo dolida que estoy?* Entonces el Señor comenzó muy tiernamente a organizar mis pasos en una manera que nunca había esperado. Empezó a ayudarme a que me centre en otros en vez de estar atascada y concentrada en mi propia herida y mi propio dolor.

Yo estaba dando un giro en mi existencia... exactamente como los camiones con remolque que veo en las carreteras de Texas. Antes de hacer un giro deben bajar la velocidad. El conductor debe asegurarse de tener suficiente espacio para maniobrar, y luego el enorme vehículo logra hacer gradualmente el giro. ¿Te puedes imaginar lo que pasaría si el chofer de este camión intentara girar sin detener la velocidad? ¡El vehículo se volcaría! ¡Se estrellaría! Sin duda habría gran daño y lesiones.

De igual modo, Dios nos lleva gradual y lentamente a través de los giros de la vida para que podamos hacer los ajustes y seguir adelante.

En mi recién descubierta aventura de orar por otras personas comencé a darles también mi tiempo. Las llevaba bajo mis alas, amándolas en medio de sus dolores y angustias como también a mí me habían amado en medio de mis propios sinsabores. Empecé a llamarlas y a visitarlas. Yo entendía el dolor que sentían; conocía la confusión y el desconsuelo. Me podía relacionar en muchas formas con estas personas.

Nunca olvidaré la noche, poco después de comenzar con esto, en que varias personas literalmente me rogaron que empezara una reunión semanal con quienes atravesaban divorcios, separaciones o problemas maritales. Yo no estaba segura de ser la persona indicada para dirigir algo así, pero sin duda quería orar por mí misma y por otros que se hallaban en las mismas circunstancias horribles.

Así que los martes por la noche comencé a dirigir un grupo de oración. Pronto sentí que se requería más. A los pocos meses el grupo de aproximadamente una docena de personas aumentó a más de ciento cincuenta. Deseaba encontrar y usar herramientas e ideas para aquellos que, igual que yo, lidiaban con el divorcio y sus secuelas, y así pudieran seguir adelante con sus vidas. Luego comenzaron a asistir parejas que deseaban ayuda para sus matrimonios. ¿Cómo poder equiparlas también para manejar conflictos y desafíos?

La idea de dictar una clase comenzó a agitarse en mí. Razoné: *Pero no puedo enseñar para algo así. ¿Quién me escucharía? ¡Yo misma estoy destrozada! No tengo las respuestas. No pude arreglar mi propio matrimonio. No soy un ejemplo.*

¿Vas a alejar la mirada?

Es horrible pensar que tu pasado o tus circunstancias actuales te inhabilitan para hacer lo que deseas y para lo cual sientes un llamado.

¡Tener el llamado significa que puedes responder!

Sin embargo, muchas cosas pueden obstaculizar el camino, empezando con nosotros mismos. ¿Ves cuán rápidamente me descalifiqué de hacer algo bueno? ¿Cuán fácilmente yo misma me estaba impidiendo este deseo de ayudar a otros?

Gracias a Dios que nadie me estaba oyendo esta clase de pensamientos íntimos: *¿Cómo puedo dar esperanza a otros para seguir adelante cuando me siento atascada en este horrible momento? ¿Cómo puedo asegurar a quienes están alrededor de mí que sus aflicciones desaparecerán cuando me llegan pensamientos persistentes acerca de que mi dolor está conmigo para perdurar? ¿Cómo puedo enjugar las lágrimas de alguien más cuando siento que todos los más grandes baldes del mundo no podrían contener las mías?*

No obstante, ocurrió algo curioso. Mientras meditaba en lo que me descalificaba también pensaba en quienes necesitaban esperanza como yo la había necesitado. Una inexplicable fortaleza comenzó a emerger en mí. A este pozo de energía lo denomino *gracia*. Aunque había oído y estudiado la definición de *gracia*, que es «favor inmerecido», esta fortaleza interior va más allá de la definición de cualquier diccionario. Resulta de saber que de algún modo, en alguna parte, de cierta forma, algún día yo iba a salir de mi propio sufrimiento, y hasta entonces debía tomar la gracia que se me daba para ayudar a otros a superar sus quebrantamientos y tragedias personales. Comencé a pensar: *Si tan solo pudiera poner las aflicciones de otra persona por delante de las mías, sin duda esa bondad me rodearía y me volvería a llenar.*

Aunque yo seguía batallando y pensando: *No soy oradora pública ni ministra talentosa*, en el fondo comencé a aventurarme en el precipicio de creer: *Quizás esto sea aquello que estoy destinada a hacer: ayudar a salir a otros desde mi propio lugar de dolor.*

Entonces un día, balanceándome sobre ese precipicio de confianza e incredulidad, di un salto de fe. Decidí agarrar las oportunidades que me miraban al rostro. Insistir en lo que había estado haciendo (centrarme en mi propio sufrimiento) era ir a ninguna parte.

¿Ves cuánto más Dios tiene para ti?

¿Has estado en esa misma situación, queriendo que las cosas vayan por un camino pero Dios te lleva por otro? ¿No es de eso lo que trata nuestra relación con el Señor? Dejas que él te dirija en la dirección que ha establecido para ti. Así te distraes menos en medio de tus propias necesidades. Dejas de ser cegado por tu propio dolor.

Comencé a hallar más cuando empecé a enseñar la Palabra de Dios, lo cual no era una tarea fácil. Sufría horriblemente durante cada sesión. Estudiaba y me preguntaba si estaba preparando o no los temas adecuados, y si los estaba presentando de modo claro y veraz. Me ponía muy nerviosa hablar frente a alguien. Pero las personas en mi clase no parecían notarlo ni cuestionarme como yo misma lo hacía. Estaban demasiado heridas y deseosas de recibir ayuda, exactamente como yo había estado en esas primeras semanas después de mi divorcio. Ellas solo querían recibir ánimo y oír las promesas de Dios para obtener más en sus vidas. Deseaban que se les recordara, así como mi padre y muchos otros habían hecho conmigo, que eran importantes y que delante de ellas había más.

Lo curioso es que cuando una necesidad llegaba ante mí, me movía torpemente para suplirla de la mejor manera que podía. Pronto más y más necesidades atraían mi atención. Con cada una yo seguía adelante tratando de hacer lo mejor por ayudar a otros. Antes de darme cuenta, enseñaba y predicaba con regularidad.

Fue entonces cuando papá me pidió que predicara por él en una reunión principal mientras se iba de viaje. Él sabía que me hallaba preparada para el desafío… aunque yo no. A pesar de la limitación que yo misma me ponía encima, a pesar de cómo durante un tiempo había estado distraída como para ayudar a otros, él creía en mí. Mis padres siempre nos habían enseñado: «Vean una necesidad y súplanla. Encuentren una herida y sánenla».

Comencé a pensar: *Quizás después de todo esto no sea tan difícil. Tal vez mi propio dolor sea lo que me ayude a ayudar a otros; ellos están más dispuestos a escuchar a alguien que haya estado donde se hallan ahora, alguien que aún esté viviendo todo eso.*

De repente vi alrededor de mí muchos sufrimientos y necesidades. Difícilmente me quedaba tiempo para pensar en mis propias heridas y desilusiones. Recuerdo haber levantado la mirada hacia el cielo y expresar: «Está bien, Señor, ¿qué estás tramando allá arriba?»

Dios debió haber reído. Él sabía que yo empezaba a captar la visión que tenía para mí, a no estar tan distraída por mi propia aflicción que no pudiera hablar a otros de la mano sanadora del Señor. A los ojos de los demás pude haberme sentado legítimamente todo este tiempo, sin hacer nada más que gastar mi energía en averiguar cómo es que mi vida pudo haber tomado un giro tan inesperado.

Eso es lo que perdemos cuando el desánimo o esa falsa sensación de inutilidad nos distraen de nuestro llamado y del deseo de nuestro corazón. Dios planta en nosotros esos deseos y ese llamado,[1] los cuales él quiere que reconozcamos, percibamos, reclamemos y nos extendamos por más… que los vivamos. Es muy fácil permitir que algo nos distraiga y que no cumplamos nuestro llamado y nuestro destino. Para mí la tentación fue ceder a la contradicción y a las falsas afirmaciones personales de que yo no era suficientemente buena ni exitosa para ayudar a otros. Además había otras distracciones.

En primer lugar (y enorme), ¡me ponía nerviosa hablar frente a otros! Sí, me honraba mucho predicar en lugar de papá, me emocionaba poder hablar de la Palabra de Dios, pero tenía mucho miedo. ¿Iría a hacer un buen papel? ¿Escucharía de veras la gente algo que yo tuviera que decir?

Lakewood es una iglesia realmente grande. No es extraño tener en nuestras reuniones a todo tipo de personas, y de todo el mundo. Sin embargo, me sentía como si solo estuviera aprendiendo a enseñar a un puñado de personas, a un pequeño grupo. Cuando subiera a predicar me estarían escuchando desde traficantes de drogas en las calles o miembros de pandillas de los barrios pobres y céntricos de la ciudad, hasta personajes políticos y personalidades conocidas. ¿Qué sabía yo acerca de drogas o pandillas? La única droga de la que conocí durante mi crianza fue cuando mis hermanos me «drogaban» dándome vueltas en el patio, y la única pandilla en que estuve alguna vez fue la del estudio bíblico en mi iglesia. Además, ¿cómo podía yo ser de alguna importancia para políticos y celebridades? Esta gente es muy talentosa y elocuente en el habla.

Atracciones vs. distracciones

¿Te has visto en esa posición, deseando hacer algo para lo que sientes que fuiste creado, pero luego te detienes? Existen muchas distracciones. Podrías decir: «Nunca pude iniciar ese club de lectura. Me gusta leer, pero no estudié literatura. Existen personas más capacitadas que yo». O también podrías declarar: «Me gustaría reunir un grupo de excursión los sábados, pero otros conocen esos senderos mejor que yo». O te resignas, expresándote: «Con mi experiencia en contabilidad podría ayudar de veras a las personas a hacer sus declaraciones de impuestos; sin embargo, ¿por qué estancarme ahora con eso?»

Un centenar de pequeñeces nos pueden frenar en nuestro sendero, impidiéndonos ver y seguir la bondad que Dios ha pavimentado para nosotros. Nos dejamos cegar por nuestras propias descalificaciones. No vemos nuestro propio destino.

Podrías despertar mañana tras mañana pensando: *Ha pasado otro día y nada ha ocurrido en mi vida.* O podrías corregir esos pensamientos negativos y comenzar a ver todo lo que el Señor tiene almacenado para ti. La decisión es tuya: seguir distraído de tu destino o agarrarlo, porque para cada distracción hay atracciones hacia ese propósito que estás destinado a vivir. Así como encender un interruptor produce luz, hay cosas que pueden impulsarte a vivir con mayor realización y propósito, con más influencia sobre quienes te rodean. Hay cosas que puedes hacer y pensar y que te empujan hacia tu destino. En vez de pensar que tu vida es infeliz, empieza a ver tu destino como algo brillante. Imagínate haciendo todo lo que Dios desea que hagas. Mantén esa visión en tu corazón y en la vanguardia de tu mente. De eso es lo que trata la visión. Así es como funciona la atracción: te centras y piensas en ella. Dale una mirada a seis de las principales atracciones.

1. *Visión vs. ceguera*

Es probable que hayas oído el proverbio: «Donde no hay visión, el pueblo se extravía».[2] ¿No es verdad eso? Sin un sueño en tu corazón, sin un deseo o sin una sensación de llamado a hacer algo, no te puedes sentir muy realizado. Pierdes muchísimo.

Podemos estar ciegos a cómo Dios puede usar cada pedacito de lo que somos, incluso nuestras fallas y heridas. Pero la madre que siempre quiso hijos, y que luego ve reír a sus niños adoptados mientras los atiende, encuentra gozo. El mecánico que ha perdido un dedo pero que siempre ha querido arreglar cosas, se puede sentir sumamente bien cuando repara esa correa rota del ventilador de un Chevy. La ayudante administrativa que trabaja desde casa y siempre le ha gustado organizar, conoce la satisfacción cuando arregla un programa complicado con citas conflictivas. Estas son maneras en que las personas han encontrado lo que Dios diseñó que hicieran. Esa mamá pudo haber lamentado no poder tener hijos de manera natural. El mecánico pudo lamentarse de su mano mutilada. La ayudante administrativa pudo haberse quejado de no estar en la oficina con los demás y no conocer la lista de asuntos pendientes de cada individuo. Pero cada una de estas personas halló maneras de actuar de acuerdo con su visión para la vida, y así alcanzar el destino que Dios les tenía en mente. Todas están haciendo aquello para lo cual estaban destinadas… a pesar de lo que pudo haberlas detenido.

¿Qué es aquello que te gustaría realizar? ¿Hay algún deseo que hayas dejado inactivo? ¿Lo sabes a ciencia cierta? ¿Estás esperando echarle una mirada rápida? ¿En qué te está enfocando? ¿Te estás centrando en lo que tienes o no tienes, en lo que puedes hacer o no hacer? Quizás te hayan estado distrayendo pensamientos descalificadores o negativos como estos:

«Ahora no es el momento de buscar eso que me gustaría hacer». *Pero si no es ahora, ¿cuándo?*

«Alguien más puede hacer esto mejor que yo». *¿Por qué entonces eres tú quien tiene el deseo y no alguien más?*

«Sé que esto es necesario; sin embargo, ¿qué tal que nadie lo quiera? *¿Cómo pueden otros querer lo que aún no se les ha ofrecido? ¿Cómo se puede suplir una necesidad si nadie lo intenta?*

PARA AYUDARTE MÁS

Permite que una promesa (o dos) funcionen para ti

Durante uno de los períodos más estresantes de mi vida decidí luchar contra la presión con palabras: las palabras de Dios. Me senté y escribí en un papel todos los versículos que pude hallar acerca de cómo el Señor nos brinda fortaleza, gozo y paz aún en medio de sufrimientos. Promesas como:

El gozo del Señor es mi fortaleza.

Dios me mantendrá en perfecta paz mientras yo mantenga mi mente fija en él.

Soy fuerte en el Señor y en su fantástico poder.

Dios tiene un futuro para mí.

Sin embargo, no sentía ningún deseo de expresar esas cosas. En el estado en que me hallaba me esforzaba por creerlas. Pero sí creía que las palabras, mis palabras, tienen poder… y que el Señor estaba vigilando su Palabra para que se cumplieran sus promesas (Jeremías 1.12). También creí la promesa de Dios de que lo que no parecía ser impactante ante mis ojos, podía cambiarlo todo en el reino espiritual. Debido a suficientes ejemplos en mi vida, y en las vidas de personas en la Biblia, sabía que no puedes vivir por lo que sientes. Tienes que vivir por lo que sabes que es verdadero. Lo cierto es que puedes ser un vencedor en lugar de ser un derrotado.

Mientras meditaba en esas promesas que había escrito, leído y recitado para mí, con el tiempo comencé a sentir alivio, consuelo y reafirmación. Se calmó mi estrés. Se derritieron mis pensamientos ansiosos, un poco a la vez. Mis preocupaciones tipo «y si…» se volvieron «puesto que Dios…». Por ejemplo, en vez de pensar: *¿Y si nunca mejoro?* comencé a pensar: *Ya estoy mejor debido a que Dios es fuerte cuando yo soy débil.*

El discípulo Lucas escribió: «La palabra del Señor crecía y se difundía con poder arrollador» (Hechos 19.20). Vi eso en mi propia vida. Descubrí que es verdad lo que expresa 2 Corintios 10.4, de que podemos derrotar pensamientos y sucesos negativos incluso con un solo versículo.

Tú puedes hacer lo mismo. Podrías empezar simplemente con estas promesas ya enumeradas. Pero no te detengas ahí. Escudriña en la Biblia las promesas del Señor. Busca las que te hablan específicamente con relación a tu economía, matrimonio, salud o cualquier área en que necesites ánimo.

Escribe las promesas que te hablen. Léelas y recítalas para ti mismo. Consérvalas en tarjetas dentro de la cartera o en el bolsillo. Medita en lo que significan. Memoriza las que más te gusten. Pronuncia estas buenas promesas para tu vida y compártelas con otros.

Ahora observa lo que Dios hará.

Pienso en Babe Ruth, el famoso jugador de béisbol que se ponchó 1.330 veces y que luego conectó 714 jonrones. Se dice que en una ocasión cuando llegó a la base señaló con el bate la dirección donde iría a parar la pelota en su próximo jonrón. Ruth convertía lo que veía en sí mismo; quitaba la mirada de una mentalidad de ponchado y la enfocaba en ser un visionario de jonrones. Su récord de jonrones se ha mantenido durante treinta y nueve años.

Tú podrías sentir que tu vida está llena de ponchazos. Sin embargo, ¿cómo serían los jonrones para ti? ¿Tienes esa imagen en mente? Esa es una visión de lo que puedes ser… y de lo que Dios puede comenzar a mostrarte cuando empiezas a enfocarte en lo que tiene y en lo que puede hacer, y no en todas las limitaciones que tú mismo te has puesto o que otros te han puesto. La Biblia habla de avivar el don que hay en nosotros.[3] ¿Recuerdas cómo fue que empecé a sentir un anhelo de ayudar a otros? Comencé con un simple paso, una alternativa, una decisión: Una esperanza en que Dios me usaría, en que tal vez yo podría marcar una diferencia.

Ahora mismo puedes dar ese simple paso y tomar una sencilla decisión: Espera el favor, la sabiduría y la dirección de Dios en tu vida. Decide creer lo que él quiere decir cuando promete hacer que las cosas obren para tu beneficio y tu bien.[4] Cree que el Señor tiene un plan para ti... porque así es. Él tiene cosas almacenadas para tu futuro... no de calamidad sino de bien. Él promete restaurar tanto tu futuro como a ti mismo.[5]

No obstante, ¿cómo sabes lo que Dios está diciéndote acerca de tu futuro? ¿Dónde hallas tu destino? Además de las fuertes emociones que sientes, ¿cómo puedes saber lo que debes hacer? El Señor te brinda guía en la Biblia. Te dice que escribas la visión que te ofrece y que la resaltes en tablillas para que la puedas leer una y otra vez, y que la lleves contigo hasta que se cumpla.[6] Él dice: *La visión se realizará en el tiempo señalado; marcha hacia su cumplimiento, y no dejará de cumplirse. Aunque parezca tardar, espérala; porque sin falta vendrá.*[7] Veamos de cerca cómo funciona esto:

- **Busca la visión en la Palabra de Dios**. Jesús nos mostró un camino. Cuando anduvo en la tierra pudo haber sentido su destino y propósito; sin embargo, ¿cómo lo supo con certeza? Vivió en esta tierra durante treinta años antes de comenzar su ministerio. ¿Le tomó tiempo a Jesús formar la visión para su propósito y su vida? La Biblia nos dice que un día entró a la sinagoga y abrió el rollo de Isaías, un libro que ahora tenemos en el Antiguo Testamento, y encontró el lugar en las Escrituras donde se escribía acerca de él.[8] Luego declaró: «El Espíritu del Señor está sobre mí, por cuanto me ha ungido para anunciar buenas nuevas a los pobres».[9] Jesús descubrió lo que la Palabra de Dios decía respecto a él. Tú también puedes hallar en el libro del Señor promesas relacionadas con tu destino.

¿Las estás buscando? ¿Lees con el fin de ver lo que Dios está diciendo acerca de ti? Él te lo mostrará si lees su Palabra.

- **Lleva la visión contigo una vez que la veas**. Al ver la visión que Dios tiene para ti, créela y comienza a llevarla por doquier. Jesús también hizo eso; comenzó a predicar, enseñar y ayudar a los pobres de mente, cuerpo y espíritu, sanando y realizando milagros. Llevó la visión consigo. La puso en práctica. La creyó y esperó que se cumpliera.

- **Escribe la visión**. Podrías estar pensando: *Sí, pero él era el Hijo de Dios*. ¿Te olvidas que también eres hijo o hija de Dios? Así como el Señor tenía en mente un gran destino para Jesús, también tiene en mente un gran plan para ti. Mantén tu enfoque en Dios. Escribe lo que arde en tu interior, las Escrituras que sientes que te hablan a tu vida y a tu visión. Esto ha funcionado en todas las épocas, remontándonos a los tiempos bíblicos. «Escribe la visión … y no dejará de cumplirse».[10]

¿Qué es aquello que deseas lograr? Yo fui llamada a ayudar a otros desde mi propia necesidad de ayuda. ¿Estás llamado a aprender más y terminar tus estudios universitarios a fin de poder enseñar a otros y así ayudarles a obtener una educación? ¿Tienes deseos de empezar tu propio negocio? ¿Has pensado en enviar algunas cálidas mantas a niños en regiones necesitadas? ¿Podrías, como hace mi amiga Irene para nuestra familia, realizar trabajo voluntario de estilista y así bendecir a otros?

Pon tu enfoque en tus objetivos y en Dios. Espera que él te abra una senda. Alimenta tu visión con su Palabra. Encuentra sus promesas para ti y llévalas por doquier.

2. *Confianza vs. duda*

Por clara que sea la visión, cualquiera se puede distraer de su destino a causa de las dudas. Podrían entrar a hurtadillas los negativos y conocidos «¿qué pasaría si?» como una pequeña brisa que se convierte en tormenta. Dios nos recuerda que las dudas nos lanzarán como una ola sobre el mar, agitándonos y llevándonos de un lado al otro como el viento.[11] De ese modo también te arruinarás si dejas que las dudas se afiancen en ti. Tu visión se estancaría.

Pero si pides a Dios confianza y ayuda para vivir tus sueños, es decir tu visión, él promete ayudarte.

Elimina todas las limitaciones que te obstaculizan el camino, y el Señor hará una senda para ti. No pongas al Señor a la par con tus propias limitaciones y tu falta de fe. Él cree en ti. Él es un Dios ilimitado. ¿Por qué dudamos de su poder y su capacidad? Eso es precisamente lo que hacemos cuando enumeramos nuestras excusas y razones de por qué «esto», sea lo que sea, no se puede llevar a cabo.

La Biblia está repleta con historias de personas que dejaron que sus dudas interfirieran con sus destinos. Aunque Dios sacó a los israelitas de la esclavitud y realizó hazaña tras hazaña para liberarlos de un rey cruel, ellos dudaron que ese Dios podría proveer para ellos. El Señor había separado el Mar Rojo para que los israelitas cruzaran hacia la seguridad. Una vez al otro lado, comenzaron a dudar.

Se quejaron: «¿Podrá Dios tendernos una mesa en el desierto?»[12] ¿Sabes qué hizo entonces el Señor? ¡Un milagro! Envió desayuno, almuerzo y cena, y refrigerios entre comidas. Cada día proveyó maná (no cualquier clase de pan, sino el Pan Maravilloso, pan del cielo) para que el pueblo comiera.

¿Qué habría pasado si el pueblo hubiera dejado de cuestionar: «¿Podrá Dios...?» y hubiera declarado: «¡Dios puede!»?

¿Podrá Dios sacarme del lío en que estoy? ¡Él puede!

¿Podrá Dios sacarme alguna vez de esta deuda enorme? ¡Él puede!

¿Podrá Dios hacer que mi mente repleta de problemas tenga paz? ¡Él puede!

¿Podrá Dios seguir creyendo en mí cuando todos los demás han perdido la fe en mí? ¡Él puede!

¿Qué habría pasado si el pueblo hubiera dejado de cuestionar: «¿Podrá Dios…?» y hubiera declarado: «¡Dios puede!»?

El Señor te llevará a tu destino cuando te enfoques en él y pongas tu confianza en él. La confianza empieza cuando esperas más de Dios. De esto se trata la fe: Dejar de mirar lo que está sucediendo en tus circunstancias y comenzar a mirar lo que el Señor puede hacer. Empieza afirmando todos los ejemplos que él te ha dado, ejemplos registrados en la Biblia.

Se nos dice que la fe viene como resultado de oír el mensaje de Dios.[13] Mientras más oigamos las promesas divinas y más veamos los ejemplos del amor, la providencia y la misericordia del Señor hacia nosotros (y más meditemos en todo esto) más fuerte se hará nuestra fe. Alejarás las dudas con aquello que sabes y crees. Hallarás confianza en el Dios que puede hacer las cosas, y dejarás de preguntar tanto: «¿Podrá Dios…?» La belleza de esto es que no tienes que descubrir todos los pasos que debes tomar para llegar a tu destino. No tendrás que idear todas las respuestas. Tu confianza en Dios le permite obrar tanto en las cosas grandes (esos mares rojos) como en las pequeñas (qué desayunaremos).

3. Buenas palabras vs. cháchara negativa

¿Qué pasaría si pudieras cambiar las cosas mediante palabras? En cierto modo puedes hacerlo. Tú puedes ser tu peor enemigo por medio de las palabras que salen de tus labios, o puedes acceder al poder de Dios con palabras positivas y veraces. Por ejemplo, ¿recuerdas toda mi palabrería negativa interior que yo misma me daba antes de empezar el grupo de oración? ¿Qué habría pasado si yo hubiera expresado esos pensamientos en voz alta y alguien los hubiera oído y creído? El grupo, y luego nuestra clase, y mi llamado de entregar las buenas nuevas, quizás nunca hubieran despegado. Recuerda que muchas veces somos nuestros peores críticos. Debemos aprender a no ser tan duros con nosotros mismos y a no golpearnos con nuestras palabras y pensamientos negativos. Pero las buenas palabras, tanto habladas como escritas en nuestros corazones, marcan la diferencia positiva.

Jesús dijo que cualquier cosa que digamos y oremos se cumplirá, y que nuestras palabras nos justificarán o nos condenarán.[14] ¡Ay!

Si pronuncias palabras negativas y de fracaso tendrás una vida negativa y fracasada. Pero si constantemente enuncias palabras de fe y confianza en las promesas de Dios para ti, entonces podrás vivir como el vencedor que estás destinado a ser. Es como lo afirma el proverbio: «El que refrena su lengua protege su vida».[15] Cuando refrenas tus palabras, proteges tu destino. Cuando pronuncias las promesas de Dios, liberas fe y hasta todo bien posible en el ambiente.

Hace varios años Kevin y yo compramos una casa más grande que la anterior. Estábamos emocionados por tener espacio extra, ya que nuestra familia estaba creciendo, pero nos faltaban muebles para llenar varias habitaciones y áreas. Por ejemplo, en nuestra antigua casa habíamos regalado nuestra mesa de comedor a fin de tener más espacio para nuestro salón de clases en esa área. Pero en nuestra nueva casa resultó ser que apenas se entraba por la puerta principal lo primero que se veía era el comedor vacío.

Sabíamos que con el tiempo compraríamos una mesa de comedor, pero nuestro presupuesto no lo permitía en ese entonces.

Mientras tanto, varios amigos me recordaban lo vacía que se veía nuestra casa, lo cual en cierto modo me hizo anhelar con más fuerza. Yo realmente quería una mesa de comedor alrededor de la cual reunir a nuestros amigos y familiares. Así que decidí orar porque Dios nos ayudara a amoblar nuestra casa pronto. Encontré varios versículos bíblicos y comenzamos a enunciarlos en lugar de ver lo vacío de nuestra casa.

Cada día cuando atravesaba nuestro vacío comedor, yo solía decir: «Padre, tú prometes en Proverbios 24.4 llenar nuestros cuartos de bellos y extraordinarios tesoros. Te agradezco por proveer los muebles que necesitamos para cada espacio en esta casa con que nos has bendecido».

Unas semanas más tarde una pareja tocó a nuestra puerta principal. Patty y Perry habían sido viejos amigos, y creí que se detenían solo para ver nuestra nueva casa.

«¡Feliz Navidad! —exclamaron al mismo tiempo—. Te trajimos algo».

En lugar del pequeño obsequio de inauguración de la casa que me imaginé, ellos señalaron hacia un camión. Nuestros amigos supieron que necesitábamos una mesa de comedor y nos llevaron una grande y hermosa. Mientras la ponían en nuestro comedor nos contaron que habían decidido comprar una mesa más contemporánea para ellos y darnos la tradicional. La mesa estaba en impecable condición y no era un simple mueble viejo. Era como si yo misma la hubiera ordenado: una mesa de pedestal con incrustaciones de madera y bordes finamente tallados. Completando el juego había sillas estilo Chippendale que no solo eran espléndidas sino que la tela hacía juego perfecto con nuestra decoración.

Dios verdaderamente hace honor a su Palabra. Me pude haber quejado de nuestra falta de muebles, pero sabía que quejarme no cambiaría nada. Y el obsequio de Patty y Perry fue solo el comienzo.

Poco después mi hermana April nos dio algunos muebles, y de repente nuestros cuartos vacíos comenzaron a llenarse exactamente con lo que necesitábamos, y con más de lo que solo meses antes me había imaginado posible.

Sin embargo, el Señor no está limitado a nuestros presupuestos, y lo señala en su Palabra.[16] Pude haber andado por todos lados diciendo cosas como: «Mi casa está muy vacía. ¿Cómo vamos a conseguir el dinero para muebles bonitos? Estoy tan cansada de caminar por habitaciones vacías». Pero creí que Dios se preocupa hasta por hacer de una casa un hogar, así que el resultado lo determinó aquello que yo decía y creía.

Necesitemos lo que necesitemos, recuerda que Dios es fiel a su Palabra. Las expresiones negativas pueden distraerte de tu destino, pero si haces que tus palabras concuerden con las del Señor verás cómo él despliega sus planes para ti.

En los momentos más difíciles de la vida es esencial pronunciar palabras positivas, porque lo que dices son recipientes que te llevarán de donde te encuentras a donde quieres ir.

4. Seguir a Dios vs. hacer tu voluntad

Si algo te puede distraer de tu destino, es la desobediencia y la decisión de seguir tus propias ideas y no las de Dios.

La Biblia está llena de historias de personas como nosotros que escogieron de mala manera. La de Sansón me llama particularmente la atención. El hombre estaba muy lleno de promesas: destinado a salvar a su pueblo. Pero hizo las cosas a su modo. Decidió desobedecer los caminos que Dios le estableció.

El Señor le había dado a Sansón un regalo extraordinario: fuerzas como a ningún otro hombre en la tierra. Por ejemplo, cuando el israelita se topó con un león en los viñedos destrozó al animal a mano limpia. El plan divino para el hombre era que usara esa fortaleza para ser un gran liberador del pueblo de Israel.[17] En vez de eso Sansón ingresó descuidadamente a tierra de sus enemigos, adoró los dioses de ellos, e insistió en casarse exactamente con la mujer que el Señor no había planificado para él. El compromiso de Sansón le costó su extraordinaria fuerza… y la vida. Debido a que insistió en su propio plan, tristemente su esposa lo traicionó y permitió que el pueblo de ella lo aprisionara. Aunque Sansón logró algunos logros grandes para Dios, su vida pudo haber sido mejor y diferente.

He descubierto en mi propia vida que siempre vale la pena seguir a Dios y sus caminos porque él sabe exactamente lo que necesito. El Señor nos diseñó para nuestro destino y tiene el plan establecido para nosotros si decidimos seguirlo. Él sabe qué es lo mejor para nosotros, sus hijos.

Me gusta lo que papá solía decir: «Después de servir a Dios todos estos años, ¡lo más grandioso que he aprendido es que él es más inteligente que yo!

Esto podría parecer cómico, pero la verdad es que a veces actuamos como si fuéramos más listos que Dios al insistir en hacer las cosas a nuestro modo. La Biblia afirma que los caminos del Señor son superiores a los nuestros.[18] Él quiere guiarnos en la mejor senda para nuestra vida.

Jesús manifestó: «El que me ama, obedecerá mi palabra».[19] Las palabras de María, la madre de Jesús, me resuenan siempre en los oídos. Ella estaba hablando a los discípulos acerca de Jesús, y expresó: «Hagan lo que él les ordene».[20] Simple, pero profundo. Si aprendemos a confiar en los caminos y en el tiempo de Dios para nuestras vidas, y hacemos cualquier cosa que su Palabra nos dice que hagamos, seremos premiados en gran medida. La obediencia realmente produce bendiciones y recompensas que ninguna persona podría igualar alguna vez.

Jesús promete: «Yo te instruiré, yo te mostraré el camino que debes seguir; yo te daré consejos y velaré por ti».[21]

5. Agradecimiento vs. celos

Algo que nos saca de nuestro destino y nos impide experimentar todo lo que Dios nos tiene preparado es mantener nuestra mirada en alguien más. Piensa en todas las personas de la Biblia que permitieron que los celos cortaran la bendición que el Señor les tenía. La Palabra de Dios está repleta de esta clase de gente, a quienes las cosas siempre les salen mal.

En el principio, en esa primera familia, Caín se pone celoso de la ofrenda de Abel y termina matando a su hermano.[22] El primer rey, Saúl, se pone celoso de la popularidad y los triunfos de David; en consecuencia pierde su posición y, puesto que lo consumen los celos, finalmente pierde la vida.[23] Muchas veces los celos son realmente miedo de ser reemplazados por alguien. Nadie te puede reemplazar alguna vez porque nadie puede ocupar tu lugar. Fuiste hecho y formado de manera respetuosa, única y maravillosa. Si sientes que te han reemplazado en tu trabajo, cambia tu manera de pensar y agradece por el mejor trabajo que te espera. Si después de un divorcio te sientes reemplazable, entonces planta en el corazón semillas de esperanza por alguien más fabuloso que aprecie tu valor y que está a la vuelta de la esquina.

¿Empiezas a ver todo el panorama? En realidad los celos, la rivalidad y las comparaciones te refrenarán y te impedirán tener lo mejor de parte de Dios. Los celos también te distraerán de otras cosas porque siempre produce malestar, discordia, rebelión y ambición egoísta.[24]

La ambición en sí no es mala; te puede ayudar a impulsarte hacia lo que estás destinado a hacer. Pero a expensas de otros, la ambición egoísta te impide hacer lo que Dios te anima a emprender: regocijarte con quienes ríen, contentarte cuando otros resultan bendecidos.

Después de todo, no estamos en competencia. Estamos en el mismo equipo. Lo que Dios hace por otros, lo hará por ti. Se supone que todos hagamos algo bueno. Sé agradecido por aquello que encuentras en otros, y también lo hallarás dentro de ti mismo. Cuando decides estar feliz por los sueños de otras personas, descubrirás que allá afuera hay otros felices por ti.

6. Paciencia vs. impaciencia

¿Qué dice el viejo adagio: «Todo a su debido tiempo»? ¡Así es!

Imagina que le das un Ferrari a un muchacho de doce años, quien detrás del volante se podría divertir por un momento, pero luego podría hacerse mucho daño y también dañar a otros.

De igual modo, algo que puede descarrilarte de tu destino es tratar de apresurarte y apresurar a Dios. Si fe es algo, es creer que el Señor tiene un plan y un lugar para ti en ese plan, y que él desarrollará las cosas según sea necesario. Dios nos dice que por medio de fe y paciencia heredamos sus promesas.[25] A veces olvidamos la parte de la paciencia. ¡Nos impacientamos! Queremos ver que todo suceda al instante. Pero Dios nos está enseñando y equipando a fin de manejar las grandes cosas que nos tiene almacenadas para cada pequeña cosa a la vez. Debemos confiar en el tiempo perfecto del Señor para nuestras vidas.

Yo nunca habría estado lista para enseñar una clase de ciento cincuenta personas antes de comenzar a dirigir primero en oración a una docena de personas. Un muchacho joven no puede obtener licencia de conducir antes de madurar lo suficiente como para tener la responsabilidad de manejar un auto y las reglas de tránsito.

Igual pasa con Dios. En la Biblia, Moisés tuvo pasión por liberar a los israelitas mucho tiempo antes de que fuera preparado para ello. Siendo joven actuó de manera temperamental y perdió su dependencia de Dios. Aún no era su momento. Por tanto el Señor lo mantuvo en un lugar de entrenamiento por algunos años más. No fue sino hasta que el hombre estuvo listo que Dios lo colocó en el lugar preciso para sacar del cautiverio a los israelitas.

En mí misma, el Señor me grabó una vez esto en el corazón: *Lisa, silencio no significa que yo no esté obrando a tu favor.* Después de mi divorcio parecía como si todo el mundo a mi alrededor estuviera casado o saliendo con alguien. Mientras mis amigas estaban aparentemente pasando excelentes fines de semana con sus novios o esposos, yo estaba estudiando para

> *Silencio no significa que Dios no esté obrando a nuestro favor.*

enseñar o predicar mi próximo mensaje. Lo menos que podía hacer era preguntar: *Dios, ¿y yo? ¿Cuándo voy a conocer a alguien?*

Proverbios 19.11 afirma: «El buen juicio hace al hombre paciente». La sabiduría establece: *No voy a salirme del curso. No voy a refunfuñar y quejarme porque las cosas no estén saliendo cuando quiero que se den. Voy a mantener mi enfoque en Dios y en lo que a él concierne.*

Sabrás cuándo es tu tiempo porque las cosas comenzarán a suceder, como puertas que se abren. Si estás luchando y bregando, tratando de obligar a que las cosas sucedan, tal vez sea hora de retroceder y practicar la paciencia.

Recuerda que este es el tiempo de Dios en tu vida. Él tiene un plan. Él sabe qué es lo mejor, aunque no lo veas ni lo sientas. Él te dice que siempre está trabajando tras bastidores a tu favor… y a veces tú solamente debes esperar ese plan.[26] En el momento oportuno Dios te lleva directo al lugar que te tiene destinado, donde puedes hacer y ser lo que diseñó desde el principio.

De la distracción al momento apropiado

Cuando terminé mi primer sermón en Lakewood supe que deseaba pasar mi vida predicando las buenas nuevas del Señor. Supe que me había preparado para ello en la reunión de un grupo de oración y en una clase matrimonial a la vez.

¿No es asombroso cómo Dios desea usarnos aunque no nos sintamos idóneos? ¿Incluso después de habernos distraído con cháchars negativas por falta de visión, después de seguir nuestros propios caminos y no los de Dios, y después de los celos o de otras cosas? ¿Qué tal que yo hubiera escuchado mis propias descalificaciones para dirigir ese primer grupo de oración en lugar de suplir las necesidades de otros?

El Señor nos dice que consolemos con el consuelo que hemos recibido de él.[27] Estoy feliz de haberlo escuchado en vez de escucharme a mí misma.

Tú puedes hacer lo mismo.

Papá solía recitar a menudo un poema de Edwin Markham: «Ah, grande es creer el sueño cuando nos encontramos en plena juventud junto al riachuelo rodeado de estrellas. Pero más grande es luchar las batallas de la vida, y al final poder decir: ¡El sueño se ha hecho realidad!»

Ahora veo los tesoros de esa idea. Dios tiene para nosotros en mente más de lo que nos distrae en nuestra juventud, más que el dolor o el desánimo. Con amor nos nutre y nos prepara, y nos lleva al lugar en que solamente podemos hacer aquello para lo que fuimos diseñados en este mundo. Las cosas que ahora te apremian podrían ser las mismas hacia las que él te está dirigiendo, abriéndote un camino. Quizás te estés descalificando tú mismo, pero eso es tan solo una distracción.

Mantén tu mirada en Dios y él te mostrará el camino. Cuando mires hacia atrás verás cómo el Señor te estuvo guiando, no solo para que se cumpliera tu sueño sino para que el sueño de él se convirtiera en realidad.

5

Cómo hallar más cuando estás destrozado

Puesto que fuiste hecho para vivir tus sueños

Después de mi divorcio quedé con el corazón destrozado... y con un sueño destrozado. Aún añoraba estar casada. Aún soñaba con un compañero en todos los sentidos: un esposo, alguien con quien iniciar una familia y con quien marcar una diferencia en este mundo. Pero durante seis años permanecí sola, pensando que mi sueño había concluido. Sentía como si alguien me hubiera arrancado el corazón y lo hubiera pisoteado por todos lados. De vez en cuando desaparecía temporalmente el dolor, pero perduraba una aflicción. Yo nunca había experimentado tal daño.

¿Sabes de qué estoy hablando? ¿Te han destrozado el corazón y tus sueños? Quizás has perdido un ser amado, un empleo o la casa de tus sueños. Tal vez el anhelo que has tenido oculto en el corazón nunca se ha hecho realidad. Es posible que sea tu esperanza la que se haya destrozado.

¿Es realmente la vida una serie de renunciamientos, esperanzas perdidas, y sueños marchitos?

¿Y si yo te dijera que no es así; que no todo se ha acabado hasta que Dios lo diga? ¿Y si pudieras saber con seguridad que esos sueños se pueden hacer realidad?

¿Lo creerías?

¿Vivirías de manera diferente?

Lo más gracioso de los sueños

Exactamente después de mi divorcio no salí con nadie porque nunca conocí a alguien que me interesara de veras. Tuve grandes amigos varones. Me mantuve ocupada trabajando en la iglesia y viajando al extranjero para predicar. Sentía que estaba creciendo espiritual y personalmente.

Sin embargo, muy dentro de mí permanecía mi sueño, el cual parecía en el limbo, como si nunca se pudiera hacer realidad.

Creí que mis opciones eran escasas. Cortésmente rechacé a varios sujetos que expresaron interés en mí. Más de una vez afirmé: «No hay nadie con quien me atrevería siquiera a pensar en salir, especialmente en la iglesia». Estaba segura que en la iglesia había algunos jóvenes cristianos estupendos, pero era reacia a volver a vivir lo mismo, a tratar de relacionarme con alguien después de haber sido tan herida por quien creí que compartía tanto mi mismo punto de vista como mi vínculo espiritual.

Aquello resultó ser algo bueno para mí; quizás no había pensado así en ese tiempo, pero después de un divorcio quedamos heridos y vulnerables. Por tanto, ese no es el mejor estado para comprometerse en otra relación. Lo que sí es mejor es dar un paso atrás. ¡Respirar! Dejar que Dios y el tiempo produzcan la sanidad y la restauración que necesitas. Usa tus épocas de soledad para acercarte a Dios. No te expongas a tomar una mala decisión durante tu tiempo de vulnerabilidad.

No salí con nadie durante seis años. Fue entonces, en 1989, que una amiga me presentó a este chico alto, moreno y apuesto. Solo que no pensé en él como para mí. Mi amiga había estado interesada en Kevin, quien con regularidad asistía a las reuniones de la iglesia y solía sentarse en la parte trasera. Ella deseaba una relación de noviazgo con él. Pero a Kevin solo le interesaba una relación de amistad con mi amiga. Por eso cuando ella nos presentó, mi primera impresión fue que él parecía ser un gran joven, afectuoso y amigable, siempre bien vestido. Pero eso fue todo lo que me permití pensar de él.

Entonces mi madre me contó que Kevin se había ofrecido a ayudar a los miembros de nuestra iglesia a hacer reparaciones en sus hogares. Menos mal. Era todo lo que yo necesitaba oír. Kevin no solo era apuesto sino también amable y generoso. Me puse en una misión.

Lo primero que hice fue preguntarle si le gustaría trabajar como voluntario en ayudar con la seguridad para nuestro santuario. Definitivamente necesitábamos su ayuda, pero esto significaba que lo tendría que ver a menudo ya que yo era la responsable de reunirme con todo nuestro equipo de seguridad.

Después hice la jugada. Arreglé una cita entre él y mi hermana menor, April.

Lo cierto es que pensé que Kevin era menor que yo, y como yo tenía ocho años más que April, creí que él sería perfecto para ella. Siempre he sido como una segunda madre para mi hermana, o así lo dice April. (¡Ella le dijo una vez a nuestra madre que al ser una jovencita realmente creía que yo era su mamá! Nuestra madre aún se ríe de esa ocurrencia, y dice: «¡De veras! ¿Quién crees que te preparó tus comidas y te lavó la ropa todos estos años?») Así que es cierto: Yo siempre he cuidado de mi hermana menor. En esa época ella se estaba graduando de la universidad y regresaba a Houston para convertirse en nuestra pastora de jóvenes. Así que le conté todo acerca de Kevin, y April expresó que esperaba con interés conocerlo.

Salieron un par de veces.

En un evento local de jóvenes April conoció a un joven que la impresionó.

—Lisa —me comunicó ella—. Quiero salir con Gary y voy a hacérselo saber a Kevin.

Luego hizo una pausa.

—¿Sabes? Kevin es un gran tipo. Sigue tratando de acomodarlo con alguien más, ¡pero lo cierto es que a ti misma te gusta!

April tenía razón. Me gustaba Kevin, y yo ya había averiguado que era mayor que él por solo seis meses… ¡no es que eso importara de veras! Sin embargo, estaba renuente a admitir mis sentimientos después de haber sido tan herida por el divorcio. Kevin también estaba realmente interesado en mí, pero se encontraba indeciso en pedirme que saliéramos después de cómo yo había representado el papel de casamentera entre él y April. Así que ambos estábamos algo atascados.

Mi padre solucionó el problema. Le gustaba mucho Kevin y le impresionaba el carácter del joven.

—¿Sabes? —comentó papá un día después de la iglesia dirigiéndose a Kevin y codeándolo suavemente en el brazo—. ¡Tengo otra hija!

Eso era todo lo que él necesitaba oír. En nuestra primera cita me pidió que fuéramos a un partido de béisbol de los Astros. El juego terminó tarde esa noche, y tuvimos dificultades para encontrar un restaurante que aún estuviera abierto. Cuando finalmente hallamos un lugar, solo atendían el bar. Pero ni Kevin ni yo bebíamos alcohol.

Las fuerzas parecían habernos abandonado. ¡Pero nuestra cita aún no terminaba! No había más clientes en el bar, así que decidimos quedarnos allí y pedir refrescos y un aperitivo. Kevin bromea que yo fui la salida más barata que tuviera alguna vez. Él cree que eso es algo cómico.

Así que ese era el 3 de julio de 1989. Ese 17 de octubre Kevin me besó por primera vez. El día de San Valentín de 1990 me dijo que me amaba. El 3 de julio de 1990 me pidió que me casara con él.

Sin embargo, ¿quién está llevando registros?

Hay un Guardián de sueños

¿Ves cómo Dios restauró mi sueño? Aunque mi ilusión original resultó mal, el Señor obró (¡y tenía que hacerlo!) para provocar en mí el deseo de mi corazón. Cuando menos me lo esperaba (¡yo estaba velando por mi hermana!), cuando no parecía posible (¡papá debió intervenir!), cuando la oportunidad parecía un poco extraña (¡no fue en un restaurante donde pudiéramos cenar, quedarnos un buen rato y hablar!), Dios resolvió las cosas en una manera hermosa. Lo hizo por mí, y también desea hacerlo por ti.

¿Puedes creerlo?

¿Sabes? Los sueños requieren eso: creer en ellos, tener fe en ellos. Un sueño de Dios demanda fe porque los sueños no suceden de la noche a la mañana. El mío tardó seis años. Los sueños requieren fe porque no podemos lograrlos sin la ayuda del Señor: en ocasiones él tiene que incorporar amigos, hermanas y papás.

Desde luego que no siempre vemos eso, no más de lo que pude ver al principio, que Kevin era perfecto para mí y no para mi amiga ni para mi hermana. Pero sea que nos demos cuenta o no, Dios está obrando en nuestras vidas ahora mismo, hoy día. Él está haciendo que

> *Dios está obrando ahora mismo en nuestras vidas, y cuando él empieza algo lo concluirá con un final espectacular.*

ocurran cosas que ni siquiera comprendemos… todavía. Mira que *todavía* es la clave, porque podemos estar seguros que cuando el Señor comienza algo, lo concluirá. Esa es su promesa.[1] Es más, la Biblia afirma que Dios no solo desea completar cosas para nosotros, sino llevar nuestras vidas hacia un final espectacular.

Me gusta esa palabra: *espectacular*. El Señor no quiere tan solo terminar la obra en cada uno de nosotros; desea concluir esa obra con broche de oro, desea que tengamos un crecimiento exuberante, que florezcamos, que prosperemos y obtengamos éxito.

Eso significa que pase lo que pase ahora mismo en tu vida, que sin importar lo que hayas perdido, o algún sueño que haya muerto, el asunto aún no concluye. Podrías estar pasando dificultades, pero el Señor promete cuidar todo aquello que se relaciona contigo. Él quiere llevarte hacia un final espectacular, próspero y abundante.[2]

¿Por qué a veces lidiamos tanto con creer eso?

Alcanzas tus sueños yendo por sendas pedregosas

La lucha es tan antigua como el tiempo y quizás se deba a la misma naturaleza que participa en la realización de un sueño. El camino nunca es fácil, ni libre de problemas. Sin duda hay partes tétricas, hundimientos y baches. ¿Recuerdas a José en el Antiguo Testamento, cuyos hermanos al principio lo lanzaron en una cisterna para que muriera allí, y luego lo vendieron como esclavo?[3] Los sueños del muchacho fueron los que lo llevaron allí; sus hermanos incluso lo llamaron soñador y estaban celosos de sus sueños y de esa hermosa túnica de colores que el padre le había dado a este su hijo favorito.

Igual que nosotros, cuando un sueño parece acabar aun antes de empezar, José pudo haber visto únicamente la tenebrosidad del pozo. Pudo haber creído que sus esperanzas lo habían abandonado. Sin embargo, así como pasa con nosotros, Dios tenía más en mente.

Por supuesto que José no podía ver más que lo que logramos ver en esos pozos lúgubres, solitarios y lamentables de nuestras vidas. Él fue vendido como esclavo y pudo haber renunciado a sus esperanzas y sueños. Pero algo lo hizo seguir adelante. Algo lo hizo negarse a renunciar a sus sueños.

Ese algo no fue el valor que alguien viera en José. Sus hermanos lo vendieron como esclavo por solo media libra de plata. No valoraron mucho a su hermano. Sin embargo, de algún modo José sabía que Dios sí lo valoraba. De alguna manera, sin nada más con qué contar, el muchacho contaba con que para el Señor él era valioso aunque no lo fuera para nadie más.

Quizás esto fue difícil de creer durante aquellos interminables y arduos días de servir como esclavo. Pero José decidió creer que Dios cuida de nosotros y que tenía un plan para su vida. Tal vez te sientas esclavizado por las circunstancias, pero tú también tienes aquella elección, elegir creer que a Dios le importas. Dios ve. Dios está obrando para que ese final grandioso y espectacular que nos tiene reservado.

Para José, esa creencia comenzaba a clarificarse en la realidad. El camino desde el pozo en que había estado conducía a un palacio, porque resultó que precisamente uno de los amos para los que trabajó fue un hombre llamado Potifar,[4] quien era uno de los funcionarios de alto rango para el faraón gobernante, y José le cayó sinceramente bien a su nuevo amo. Es más, este le entregó la administración de todos los asuntos, no solamente laborales sino de toda su casa.

¿Crees que eso fue coincidencia?

No, cuando la mano de Dios está sobre ti, él te hará notar dondequiera que estés.

PARA AYUDARTE MÁS

Descubre el verdadero deseo de tu corazón

Una de las lecciones más valiosas que aprendí después de mi divorcio fue que la verdadera realización no puede depender de alguien. Sentía que no podía vivir sin mi ex esposo porque en este tiempo él era mi mundo. Aun antes de casarme con Kevin, a quien amo con todo mi corazón, comprendí que una persona no puede ser todo mi mundo.

La gente siempre te desilusionará; te lastimará o te defraudará, aunque te haya jurado amor eterno, incluso si hay o no un divorcio. Conozco personas solteras y desesperadas por casarse. También conozco gente casada que quisiera no estarlo.

Solo hay un ser con la capacidad de suplir todas tus necesidades, y ese es Dios. ¿Tienes intimidad con él? ¿Cuánto tiempo pasas en su compañía? ¿Cuán profundamente lo conoces?

Después de mi divorcio comencé a pasar más tiempo con Dios y experimenté a mi Padre celestial como nunca antes. Antes pensaba que lo conocía, debido a su amor y preocupación por mí, y su presencia en mi vida. Pero cuando mis prioridades cambiaron de buscar en otros la fuente de mi fortaleza a depender totalmente del Señor, vi cuán poco lo había conocido. Durante mis tiempos con él comencé a ver lo personal que realmente es Dios. Cuando alargué la mano hacia él durante mi época más sombría, no solo me extendió la suya sino que me levantó y me sostuvo.

Empecé a ver que Dios es la única ancla para el gran viaje al interior de los mares a donde nos llevará la vida. No importa dónde nos hallemos, o qué relación tengamos, él debe convertirse en nuestra ancla porque de vez en cuando las relaciones y las circunstancias pueden sacudirnos y amenazar con hundirnos.

Muy a menudo pienso en la historia de Juan 4 acerca de la mujer en el pozo con quien Jesús se encontró en su viaje a Samaria. Ella había pasado por cinco matrimonios y estaba con el marido número seis cuando conoció a Jesús. Esta mujer trataba de llenar el vacío de su vida con relaciones, solo para fracasar vez tras vez.

Sin embargo, después de hallar a Jesús, ella salió como una persona distinta. Luego declaró: «Vengan a ver a un hombre que me ha dicho todo lo que he hecho. ¿No será éste el Cristo?» (Juan 4.29). La samaritana experimentó al único hombre que podía llenarle de veras el vacío que sentía.

Cuando pases momentos de soledad debes saber que nunca estás solo. Mañana, tarde y noche, Dios Padre, Hijo y Espíritu Santo están a tu disposición. Hubo muchas noches en que permanecí despierta en cama deseando que amaneciera. Pero cuando llegaba la mañana ansiaba que volviera a ser de noche. Quería esconderme en la cama y no enfrentar el día. En esa época aprendí a hablar con Dios todo el tiempo, y él siempre estuvo allí para mí.

Te animo a ir tras Dios con todo tu corazón. Empieza en

oración. Háblale. Planifica tiempos y espacios en tu día para hacer lo siguiente:

- ¿Te gusta salir a caminar? Haz caminatas de oración. Con cada paso, entrega tus preocupaciones al Señor. Esto te llevará a un lugar de paz y consuelo.

- ¿Tomas un descanso en medio de tus ocupaciones? Saca un tiempo durante tu día para expresar tu amor y tu agradecimiento a Dios. Él te aliviará como no puede hacerlo ningún tiempo de espera.

- ¿Te descubres a veces preocupándote por situaciones futuras? Cada vez que entre a tu mente una inquietud, cuéntale a Dios tus temores privados. Háblale en silencio y de corazón, como lo harías con alguien muy querido. El Señor es tu amigo que permanece más cerca que un hermano. La Biblia nos dice que él desea ser tu amigo (Proverbios 18.24; Juan 15.15).

- ¿Necesitas un descanso para enfrentar el día? En la mañana me encanta tomar mi café Folger con Dios mientras le hablo y leo su Palabra. Siento como si fuéramos viejos amigos pasando tiempo juntos.

Tal vez a veces sientas que el Señor no te escucha. Sin embargo, él te oye, y con amor está llevando a cabo las cosas para tu beneficio.

José pudo haber peleado con seguir siendo esclavo, con estar aún disgustado por no haberse cumplido sus sueños. Pero en vez de eso se enfocó en Dios. José tomó esa decisión, e hizo un excelente trabajo. No obstante, eso no significaba que la situación fuera fácil y sin problemas. Había desafíos. Él debía manejar todos los asuntos de Potifar, pero no podía manejar a la esposa de su amo. Esta mujer era una fulana, o mejor dicho, una mujerzuela. Como sabes, José era bien parecido y fornido, y ella se vio atraída hacia él y quiso seducirlo.

Escogiendo otra vez seguir centrado en Dios y en hacer lo correcto, José se mantuvo alejado de esa tipa. Sin embargo, un día ella intentó seducirlo, así que él resolvió salir corriendo del cuarto y la mujer le arrebató la túnica.

Pobre José. Condenado a perder siempre la túnica. La esposa de Potifar le llevó a su esposo la ropa de José, y le dijo que el hebreo trató de atacarla. Desde luego, Potifar se puso furioso.

Una vez más José fue arrojado, pero esta vez a la cárcel.

El joven parecía incapaz de ganar. Aunque intentaba hacer lo correcto terminaba hundido en un mal sitio. Parecía que sus sueños nunca llegarían a realizarse. Él pudo haber renunciado a ellos. El camino desde la cisterna no era muy fácil, y para nada sin problemas. Allí es donde José puede enseñarnos algo.

Que el camino sea áspero no significa que las cosas hayan terminado para ti

Cuando lanzaron a José a la cárcel, las cosas no habían terminado para él más que cuando lo lanzaron a una cisterna. Dios no lo había olvidado más que cuando parece que solo consigues que te persigan por tratar de hacer lo bueno y vivir del modo correcto. El Señor está obrando aun cuando no veas resultados. Podrías sentirte olvidado, pero Dios nunca se olvida de ti.

Cierta vez que yo atravesaba una situación difícil y parecía como si Dios estuviera de vacaciones, le pregunté: «Señor, ¿qué pasa? Parece como si no estuviera ocurriendo nada».

Dios me recalcó: *Lisa, silencio no significa que yo no esté obrando. La gente podría cerrarte una puerta en las narices, pero yo te abriré otra.*

Cuando las cosas tienen su peor aspecto, puedes volver a soñar

Abrir otra puerta es exactamente lo que Dios hizo por José. Le abrió una puerta hacia el palacio. José se mantuvo soñando, y sirviendo de manera fiel y continua, hasta que el guardia de la cárcel confió lo suficiente en él como para ponerlo a cargo de toda la prisión. Fue allí donde el hebreo conoció al panadero y al copero del faraón, quienes se habían metido en algún problema, fueron encarcelados, y estando allí tuvieron sueños misteriosos.[5]

Qué mejor lugar que este para un soñador. José les interpretó los sueños, los cuales ocurrieron exactamente como él profetizara. Poco después el panadero fue condenado a muerte, pero al copero lo restauraron a su cargo. José le suplicó a este último: «Háblele usted de mí al faraón. … ¡Yo no hice nada aquí para que me echaran en la cárcel!» Sin embargo, el copero se olvidó por completo del hebreo, quien permaneció en esa prisión por dos largos años más.

Hasta aquí llegaron los sueños, ¿verdad?

No. Las esperanzas y los sueños de José no habían concluido. Dios estaba en acción, y no se había olvidado del hebreo: Resulta que tampoco el copero, quien después de dos años estaba en presencia del faraón mientras este se encontraba atribulado por un sueño perturbador.

El copero se acordó: *Ah, sí, había un visionario en la cárcel que podía interpretar sueños…* El hombre se lo contó al faraón, quien mandó a llamar al preso.[6]

Ese mismo día José salió de la cárcel para nunca más volver allí. Interpretó el sueño del faraón acerca de un hambre que venía sobre Egipto. Le aconsejó que designara un líder para que preparara la ciudad.

El faraón miró de frente a José, y le dijo: «Te escojo, puesto que Dios te ha revelado todo esto, no hay nadie más competente y sabio que tú».

¿Estaba soñando José? Se encontraba en la cárcel en un momento y al siguiente era el segundo al mando en toda la nación. ¿Ves cómo obra Dios?

José quedó a cargo del palacio del faraón, y todo Egipto se sometió a él, incluso su padre y sus hermanos, quienes finalmente fueron dirigidos a ir hasta el palacio para pedir ayuda durante la hambruna. Allí hallaron a José, quien más de una vez había vivido las peores situaciones, y a quien más de una vez le habían arrebatado tanto la túnica como los sueños.

Solo ahora José estaba usando túnica de lino, y tenía el anillo del faraón en el dedo como símbolo de autoridad. No solamente Dios le había dado sueños sino que se los entregó de una manera que ni siquiera el hebreo pudo haber imaginado: en un palacio, con autoridad y confianza, realeza y restauración.

A Dios le encanta hacer realidad los sueños

El Señor anhela hacer por ti lo mismo que hizo por José, y quiere que hoy sepas esto: *Podrás encontrarte en un lugar tétrico, en un foso, pero el asunto aún no ha concluido. Quizás personas que has amado podrían haberse olvidado de ti. Aquellos que ni siquiera conoces bien te podrían acusar falsamente. Gente a la que ayudaste podría abandonarte. Pero yo no te he olvidado.* Nunca te dejaré.[7] Lo que Dios más anhela es levantarte y restaurarte. Él te hizo para que te aferres a tus sueños, y sabe que la vida podría quitarte la túnica de la espalda. Es posible que estés enfrentando bancarrota. Quizás te hayan humillado, y podrías sentirte esclavizado a las circunstancias. Pero Dios espera ponerte un anillo de autoridad en el dedo. Él tiene dispuesta para ti una túnica mejor que te cubra la espalda.

Hacer lo correcto ayuda a que Dios te lleve a tu palacio

Si mientras estás en la fosa y en prisión confías en Dios, él te llevará al palacio. Te bendecirá y te favorecerá. La clave para el giro radical en la vida de José es algo que podemos pasar por alto con mucha facilidad: él siguió haciendo lo que era correcto cada vez que lo trataron injustamente.

¿Has estado allí antes? ¿Cuántas veces has deseado reaccionar devolviendo «mal por mal»? Nada bueno puede resultar de esta mentalidad. Pero mira lo que pasó cuando José decidió seguir adelante con integridad: Dios lo recompensó.

Tal vez no puedas verlo ahora, pero el mismo Dios que hizo estas cosas por José las hará por ti. Te restaurará aquello que te han quitado. La Biblia afirma que el Señor «rescata tu vida del sepulcro y te cubre de amor y compasión».[8]

Ocho verdades acerca de los sueños

Puesto que Dios desea coronarte y hacer que reines en la vida a pesar de lo que estés atravesando, sigue soñando. Mantén la esperanza. Mientras lo haces, prepárate para que el Señor obre a tu favor.

1. Tu sueño tiene un tiempo asignado

Lo importante es hacer las cosas en el momento oportuno. La Biblia nos dice que a su debido tiempo cosecharemos, si no nos damos por vencidos.[9] Entender este hecho evitará que intentes personalmente hacer realidad tu sueño. Adoptarla evitará que pases por alto a Dios. Nuestros sueños quizás no se cumplan con la rapidez que nos gustaría, pero el tiempo del Señor produce su favor, además de conexiones divinas.

Incluso este libro ha sido un sueño mío durante más de doce años. Recuerdo cuando Dios me puso el deseo en el corazón y comencé a poner por escrito ideas y pensamientos que yo anhelaba transmitir. Tengo diarios que documentan estas notas y que describen cómo he orado por esta obra.

Hubo un par de épocas a lo largo de los años en que quise comenzar a escribir el libro, pero simplemente no sentí que fuera el momento oportuno. En una de esas ocasiones sentí que el Señor me decía: *Aún no. Ahora no. Hay un capítulo más que se debe escribir.* Así que esperé porque sabía que mi sueño tenía un tiempo asignado.

El año pasado sentí que era el momento adecuado y comencé a buscar una editorial. De repente todo empezó a encajar en su sitio. Hubo favor y conexiones divinas. El tiempo de Dios siempre es mejor, a veces es más rápido y otras es más tarde. Simplemente vale la pena esperar en Dios.

Yo no quería escribir un libro solo por escribirlo, razón por la cual esperé el tiempo del Señor. Deseaba escribir un libro que transformara tu vida y te animara a alcanzar tu destino.

2. *Mantén vivo el sueño en tu corazón*

Medita en el sueño. Ora al respecto. Escríbelo. Ochenta por ciento de estadounidenses afirman no tener objetivos; dieciséis por ciento sí los tienen pero no los escriben, y menos de cuatro por ciento escriben sus metas. Está demostrado que hay mayor probabilidad de cumplir nuestros objetivos cuando los escribimos. Por tanto, ¿en qué grupo te encuentras? ¿Qué situación cambiaría si escribieras hoy tus sueños y metas y los llevaras ante Dios en oración?

Pide al Señor que te prepare y te entrene. No compartas tus sueños con cualquiera, pero aliméntalos en tu corazón. Así como José mantuvo vivo su sueño durante años, tu tiempo llegará; tu copero se presentará solo. Hasta entonces, conserva tu sueño.

3. *Tu sueño pasará por un proceso*

José podía mirar hacia atrás en su vida y ver que Dios estaba dirigiéndole todos los pasos. Por trece años caminó en su destino, aunque en ese tiempo no lo supo. Dios lo estaba observando y posicionándolo para el trono. Por otra parte, Kevin no sabía que durante seis años el Señor lo estaba preparando para mí, y a mí para él.

Comprende que así como José y como yo misma, quizás tú tampoco veas ahora mismo la obra de Dios, pero tú también caminas en tu destino. No desistas en medio del proceso. No te des por vencido estando en la cárcel cuando el palacio está exactamente al lado. La historia ha demostrado que quienes se aferran a su sueño por más de cinco años lo verán hacerse realidad.[10]

Una amiga mía, Cerece, parecía experimentar una dificultad tras otra. Su conocida y acaudalada madre murió de manera repentina e inesperada, lo cual no solo devastó a Cerece sino que también la llevó a una extenuante batalla legal de cinco años por su propiedad. Lo cierto es que la madre fue la compañera del finado J. Howard Marshall II, un magnate petrolero, quien más tarde se casó con Anna Nicole Smith. Te puedes imaginar la cobertura mediática del juicio que complicó la pesadilla de Cerece quien, como si esto no fuera suficientemente difícil, terminó divorciándose y debió criar sola a tres hijos. Pero Cerece se volvió a Dios por ayuda, y siguió haciendo lo correcto cuando parecía que todo lo malo estaba sucediendo. Se mantuvo fiel a la iglesia, orando y confiando en que el Señor le ayudaría a atravesar su adversidad.

Hoy día Cerece está prosperando, no solo sobreviviendo. Tiene tres de los más fabulosos hijos, y sirve a personas menos afortunadas en los barrios pobres y céntricos de la ciudad.

Sin importar lo que la vida lance a tu camino, lucha por tus sueños, aunque en cierto momento signifique perder, igual que José y Cerece, para mantener tu honor hacia el destino que te espera.

4. Los sueños que Dios da siempre vienen con adversidad

Esto te permitirá seguir adelante con valentía y tenacidad porque sin duda habrá ocasiones en que querrás darte por vencido. Te toparás con gente que no quiere que tus sueños se cumplan. Vendrá oposición y persecución. Reconoce esto por lo que es y sigue haciendo lo correcto. Conserva una actitud de agradecimiento. Mantente confiando en la bondad de Dios. Sigue adelante porque el plan del Señor para ti no cambia cuando llega oposición. Él aún está en acción, y no ha acabado. Su obra de llevarte a palacio no ha concluido.

Cuando estés en la fosa es importante mantener siempre una perspectiva del palacio a la vanguardia de tu mente. ¿Cuál es tu palacio? ¿Una casa nueva? ¿Tu propio negocio? No te limites a nombrarlo. Piensa en él. Mantenlo en los ojos de tu mente.

PARA AYUDARTE MÁS

Dios ha dado su palabra de ayudar a los quebrantados de corazón

Cuando mi alma estaba destrozada, y las tormentas de la vida amenazaban hundirme, la Biblia se convirtió en un ancla que me mantuvo estable. Descubrí historias de personas como José en Génesis 37, que me animaron el alma. Oí las promesas del Señor.

Cuando yo era solo una niña pequeña mis padres me regalaron una Biblia en una traducción que podía entender fácilmente. Ellos nos enseñaron a mis hermanos, hermanas y a mí que debíamos subrayar pasajes bíblicos y tomar nota durante la lectura. «No tengan miedo de escribir en sus biblias —nos alentaban—. Dios les hablará a medida que lean».

Aprendimos que la Biblia no estaba destinada a ser una simple decoración para la mesa de centro, ni tan complicada o enigmática que no se pudiera leer ni entender.

La Biblia se compara con una linterna que guía nuestros pasos. El salmo 19 dice que la Palabra de Dios revive nuestra alma, da gozo a nuestros corazones, e imparte entendimiento. Cuando la lees, transformará tu manera de pensar y tu vida en forma positiva y optimista. Te animo a sacar tiempo cada día para dejar que Dios te hable leyendo la Biblia. Te recomiendo comprar una versión que sea fácil de leer y entender, como la Nueva Versión Internacional.

• **Empieza a leer un capítulo diario** del Evangelio de Juan acerca de la vida de Jesús. Yo disfruto leyendo un capítulo de Proverbios y Salmos cada día porque estos libros están llenos de promesas y consolación.

- **Mantén a mano papel y lápiz para escribir tus pensamientos** acerca del capítulo, o cualquier mensaje de ánimo que desees recordar y en el que quieras meditar durante el día. Este hecho tangible te puede ayudar a extraer promesas divinas de las páginas de la Biblia y a hacerlas memorables para ti.
- **No temas marcar o resaltar un versículo** que te diga algo. Tu Biblia no es una reliquia venerada sino un preciado amigo que te habla. Tus anotaciones no solo registran acontecimientos en tu viaje espiritual, son también un legado de cómo te guió el Señor con sus promesas y su Palabra.

Aprendí que la Biblia era Dios mismo hablándome para animarme y darme fortaleza para cada día. Así como alimentamos nuestros cuerpos a diario, aprendí que todos los días debemos nutrir nuestros espíritus para ser fuertes en todas las áreas de nuestra vida. Te animo a dejar que el Señor te hable cada día por medio de su Palabra.

Algunas personas te compararán con la magnitud del sueño y simplemente no verán cómo este se pueda hacer realidad. Te dirán: «¿Quién te crees que eres?» Estos críticos podrían ser tus propios parientes. Los hermanos de José estaban celosos de los sueños del muchacho, pero la realidad es que terminaron beneficiándose de esos sueños. Cuando Dios provee un sueño a alguien, tú también podrías salir beneficiado… así como quienes te rodean. No permitas que las dudas de otras personas te desanimen, y ten cuidado de no criticar a tus amistades y familiares a causa de sus propios sueños dorados. Dios está en acción para cada uno de nosotros. Él quiere que resulte algo bueno de cada uno de nuestros sueños.

5. Cuando un sueño es del Señor, es tan importante que es él quien tiene que hacerlo realidad

Los sueños dorados requieren intervención divina. Cuando papá murió en 1999 no sabíamos qué iría a pasar con la Iglesia Lakewood. Nuestro padre había ayudado a fundar la congregación junto con mamá, y él parecía ser fundamental para el ministerio. Pero Dios sabía qué iba a suceder, y tenía un plan.

Mi hermano Joel, quien solamente había predicado una semana antes, sintió el llamado de ofrecerse como pastor de la iglesia. Eso en sí era un milagro. Joel siempre había trabajado tras bastidores en producción televisiva. Nunca antes había deseado estar frente al público, aunque papá le pidió muchas veces que predicara.

Por supuesto que la decisión de Joel nos emocionó tanto al núcleo de nuestra familia como a la iglesia, y esta comenzó a crecer en grandiosas proporciones. Nuestro pensamiento limitado de conservar la iglesia como antes era cambió repentinamente cuando el Señor nos mostró su favor. Nuestro santuario de ocho mil asientos ya no era lo suficientemente grande, así que comenzamos a buscar terreno o instalaciones más grandes, ya que en nuestra ubicación inicial estábamos limitados y nos era imposible crecer.

Alguien mencionó a Joel que el antiguo estadio de básquetbol de los Rockets, el Compaq Center, estaba disponible. Se trataba de una estructura de primera clase sobre una autopista principal a pocos minutos del centro de Houston. No obstante, ¿cómo podríamos pagar este inmueble de dieciséis mil asientos? Joel llamó a nuestro viejo amigo, entonces el alcalde Lee Brown, quien estuvo de acuerdo en que esa sería una alternativa perfecta tanto para Houston como para Lakewood. El precio no era de centenares de millones como esperábamos, sino solo doce millones trescientos mil dólares.

Nuestros sueños comenzaron a expandirse, ¿pero eran demasiado grandes para nosotros?

No éramos los únicos en querer comprar estas instalaciones.

Nos enfrentábamos a uno de los mayores urbanizadores de la nación. Pero Dios puede hacer que suceda cualquier cosa. Después de tres años el Señor se movió a nuestro favor, y hoy día nos reunimos en este hermoso estadio convertido en santuario, un lugar que se ha llegado a conocer como uno de los puntos de referencia de Houston.

¿Pudimos haber logrado esto por nuestra cuenta? No. Joel y Victoria pusieron su fe en que Dios haría realidad el sueño. Nuestra congregación oró incesantemente. Sin las conexiones divinas y el favor de Dios, el sitio para nuestra iglesia solo habría seguido siendo un sueño.

6. Un sueño de parte de Dios no te hace ver grande, sino que hace ver grande a Dios[11]

El santuario de Lakewood se levanta como un monumento a la bondad divina. Lo que es imposible con el hombre es posible con Dios. Te animo a quitar de tu vocabulario la palabra *imposible*. Con Dios todo es posible. Él es más grande que cualquier cosa que puedas enfrentar hoy día. Así como hicieron Joel y Victoria, espera que el Señor haga lo que tú no puedes hacer. Recuerda además darle a Dios toda la honra y agradecerle por hacer realidad tus sueños.

7. Un sueño es de Dios cuando aunque intentes renunciar a él, el sueño no renunciará a ti[12]

Después de mi divorcio intenté convencerme de que no era capaz de pararme frente a otros para hablarles del amor de Dios. Me sentía sumamente inadecuada y abatida. Sin embargo, por mucho que traté hacer caso omiso a este sueño, dentro de mí seguía germinando la idea de que yo podría marcar una diferencia. No me la podía quitar de encima. Era mi destino. Cualquiera que sea el sueño de tu vida, sencillamente no te lo puedes quitar de encima, porque es tu destino.

8. El poder de un sueño de parte del Señor dura más que tu vida

Dios usó a José para salvar a Egipto y a los suyos propios, y muchos años después esta misma línea familiar produjo a Jesús: el Mesías, nuestro Señor y Salvador. No sabes cuánto alcance tendrán tus sueños. Dios desea que influyas en generaciones futuras.

Papá soñaba en grande, y el poder de sus sueños aún sigue vivo hoy día. Vive a través de nuestra familia, de esta iglesia, y de cada persona a quien él inspiró mientras estuvo en esta tierra. Ese es el poder de un sueño de parte de Dios… por tanto, ¡aférrate a tus sueños!

El amante de los deseos y los sueños

¿Recuerdas cómo dije que no había nadie en que pudiera interesarme, especialmente en la iglesia? Cuán equivocada estaba. Qué cómicos debemos parecer a veces ante los ojos del Señor. Todo el tiempo Kevin estuvo allí y Dios tenía un plan.

La Biblia declara que los planes del Señor son más altos que los nuestros, y que sus pensamientos son más altos.[13] Los planes de Dios para nosotros son buenos y no malos, para darnos una esperanza y un futuro.[14] Ya sea que lo veamos o no, Dios está en acción. Él promete dirigir nuestros pasos y sobrellevar día tras día nuestras cargas.[15]

El Señor había estado dirigiendo por mucho tiempo tanto mis pasos como los de Kevin. Él se crió en una granja en Atlantic, Iowa, y junto con su hermana gemela Karen eran los menores de diez hijos. Cuando era adolescente, Kevin afirmaba: «¡Algo que nunca haré es vivir en Texas!» Pero siendo joven le ofrecieron un empleo en Houston. Se mudó a Texas y su novia de ese entonces lo animó a asistir a la Iglesia Lakewood. Tanto ella como su familia habían visto a mi padre en televisión durante años en Iowa.

PARA AYUDARTE MÁS

Una sonrisa te ayudará a ser aceptado

Cuando tienes el corazón destrozado, muy pocas cosas pueden

cambiar tu estado de ánimo como una sonrisa… tanto la que recibes como la que das. Sea que te den una sonrisa o que irradies una, te sentirás mejor. Y existe una razón para eso. La Biblia dice que la alegría es la mejor medicina para ti (Proverbios 17.22), y una sonrisa es parte de la alegría. También se reciben beneficios físicos:

- **Sonreír te hace sentir más feliz**. Puedes cambiar de veras tu estado de ánimo cuando sonríes. El mismo hecho, cuando es sincero, tendrá un efecto en ti. Inténtalo ahora mismo. Es difícil fruncir el ceño por dentro cuando estás sonriendo por fuera.
- **Puedes obsequiar una sonrisa cuando no tienes nada, y conseguir algo**. La mayoría de personas te sonreirán cuando les brindas una de tus sonrisas. ¿No te hace sentir bien que seas un catalizador de algo bueno y positivo?
- **Sonreír mejora tu valor facial**. Sonreír te hace realmente más atractivo, ¡y las líneas de la sonrisa son más hermosas que las del ceño fruncido a medida que pasan los años! En realidad cuando sonríes levantas la barbilla, los ojos y el rostro, lo que te da mayor hermosura.
- **Así como reír es medicina para el alma, también sonreír alivia el estrés de tu cuerpo**. Cuando ríes realmente produces endorfinas, y cuando sonríes haces algo positivo: liberarte de preocupaciones y temores. También cuando recibes esas endorfinas desarrollas verdadera inmunidad, puesto que te relajas y tu presión sanguínea baja. Por tanto son varios los beneficios de salud.

FUENTE: Inspirado por «Diez razones para sonreír» del Dr. Mark Stibich, About.com (febrero 4, 2010); longevity. about.com/od/lifelongbeauty/tp/smiling.htm.

¿No es simplemente así como actúa Dios? Cuando creí que no había candidatos para casarme, y Kevin creía que nunca viviría en Texas, Dios tenía un plan. Cuando los hermanos de José lo enviaron a una vida de esclavitud, y él creyó que pasaría toda su vida en prisión, Dios tenían un plan: un palacio y el apoyo moral a José.

Los planes del Señor para nosotros se revelan en el momento apropiado. No intentes cotejar tu inteligencia con la de Dios. Vemos demasiado poco. Somos limitados en nuestro pensamiento, pero el Señor es un Dios sin límites. Hay un proverbio para animarnos: «Confía en el Señor de todo corazón, y no en tu propia inteligencia. Reconócelo en todos tus caminos, y él allanará tus sendas».[16]

Estoy eternamente agradecida de que Dios seleccionara con cuidado a mi esposo, y me asombra cuánto el Señor trabajó entre bastidores todos estos años a nuestro favor. Escogió a un muchacho granjero a más de mil quinientos kilómetros de distancia, usó una novia para que lo trajera a la Iglesia Lakewood, y luego nos juntó, a pesar de que yo intenté hacer el papel de casamentera. Mi padre realizó nuestra boda, y mis dos hermanas, Tamara y April, fueron parte de la corte. Kevin no solo se mudó a Texas sino que se casó con una tejana.

¿Quién pudo haber organizado tales cosas sino Dios? ¿Cómo pudimos saber lo hermosamente que él haría que nuestros sueños, los deseos de nuestros corazones, se hicieran realidad?

Porque todo esto ha sido hermoso. Cuando Kevin me propuso matrimonio nos hallábamos en Lake Lucerne, Suiza; yo había estado hablando en diferentes iglesias en Suiza, Inglaterra y Bulgaria. Mientras caminábamos a la orilla del lago antes de una de mis charlas, Kevin me detuvo, me miró a los ojos y dijo: «Lisa, te amo y te pido que te cases conmigo». Eso fue muy romántico, y un año exacto después de nuestra primera cita.

Pero el deseo de mi corazón no solo se cumplió con esa propuesta de matrimonio, sino también con lo más tierno que pude haber imaginado. Kevin añadió: «Lisa, no quiero casarme con una persona con la cual yo simplemente pueda vivir... quiero casarme con una mujer sin la cual no pueda vivir, y no puedo vivir sin ti».

Cuatro meses después, mientras yo recorría el pasillo para tomar la mano de mi esposo, pusieron una canción de Neil Diamond durante la ceremonia. «La historia de mi vida», que tiene un verso que hasta el día de hoy sigue siendo mi favorito: «La historia de mi vida empieza y termina contigo».

La historia de tu vida está en buenas manos. Dios, el hacedor y guardador de sueños, te concede tus más profundos deseos con tierno cuidado. ¿Lo crees? Esta es una decisión. Él está en acción sea que lo creas o no, sea que lo veas o no.

Habla con Dios. Derrama ante él tu corazón, aunque esté destrozado. Él guardará los pedazos; acunará tus sueños y a su debido tiempo, cuando estés listo, cuando él haya puesto todo en orden y en su lugar, te los devolverá restaurados y más hermosos de lo que alguna vez pudiste haber imaginado.

6

Cómo hallar más cuando estás asustado

Puesto que estás hecho para vivir audazmente

¿Cómo regresas al lugar en que sucedió algo terrible? ¿Cómo miras de frente tus temores y sigues adelante con tu vida?

Como ya mencioné, después de la explosión del correo bomba se apoderaron de mí estas preguntas. Yo sabía que Dios estuvo conmigo durante el terrible suceso, y creía en su plan mayor para el resto de mi vida. No tenía ninguna duda de que él me protegió cuando la bomba explotó en mi regazo, y sabía que me protegió en los días y las semanas posteriores: a través de la tormenta mediática, la cirugía, y las semanas de recuperación en casa.

¿Por qué entonces estaba teniendo allí tanto problema con el temor y ansiedad?

En el hospital me sentía muy segura. Todo el día, y a menudo en las noches, me hallaba rodeada de familiares y amigos. El personal hacía constantes chequeos o estaban a un botón de emergencia de distancia. Había guardias junto a mi puerta percatándose de mi seguridad.

Ya no tuve ninguna de esas seguridades al regresar al apartamento que compartía con mi hermana menor April. Estaba muy agradecida por ella y por no tener que estar sola. Pero April no era la única conmigo. También estaba allí el temor, el cual rondaba mis pensamientos cotidianos. El temor se convirtió en ese huésped no invitado y en una compañía constante. El temor hace eso; va donde no se le quiere y se queda donde no es bienvenido.

En cuanto a mí, el temor entraba al pensar en cómo los investigadores no hallaron pistas de quien puso la bomba. Incluso hoy día lo único que se sabe es que el paquete fue enviado desde un pueblito en Carolina del Norte. Desde luego que yo me preguntaba quién podría hacer algo así. Inmediatamente después comencé a pensar en alguna persona desconocida allá afuera, en alguna parte, que intentaba hacer daño a nuestra familia. *¿Quién era ese individuo? ¿Por qué querría hacer eso? ¿Volvería a intentarlo?*

Por tanto, cuando fui a casa el temor empezó a hacer esas preguntas y más, y cada vez más fuerte. Al entrar o salir de la casa pensaba: *Alguien podría tratar de dispararme a través de la puerta o de una ventana.* O me preocupaba al subir al auto: *Podría haber una bomba debajo.*

El temor seguía tratando de llamar mi atención, y por un tiempo yo no podía hacer otra cosa que escuchar lo que me decía.

El temor te atrapa

Tú sabes de qué estoy hablando, pues todos experimentamos temores. La mayoría de nosotros tememos:

- malas noticias: *¿Me recuperaré alguna vez?*
- el rechazo: *¿Por qué no me aman?*
- el fracaso: *¿Por qué esto resultó tan mal?*
- tomar malas decisiones: *¿Y si me equivoco?*
- tratar de hacer algo nuevo: *¿Y si me va mal?*
- enfrentar lo desconocido: *No tengo idea de cómo resultarán las cosas.*

Otros temen:

- que conozcan su pasado: *Ahora los demás me tendrán antipatía.*

• lo que podría acarrear el futuro: *La situación podría empeorar*.

Quizás tengas temor a los gérmenes o a hundirte en aguas profundas, o tus hijos podrían temer a la oscuridad. Hay gente que tiene miedo de quedar atrapada en espacios reducidos, como un ascensor o un clóset.

Eso es exactamente lo que el temor puede hacer, después de todo: nos derriba, nos atrapa, nos paraliza, nos hunde en la inacción. Podemos quedar atrapados en temor.

Yo quedé atrapada por mis temores después de la explosión de la bomba. No quería salir por temor a que el terrorista aún estuviera allí, o a que me pudiera estar esperando otra bomba. Pero también temía quedarme sola en casa como un blanco fácil, porque el individuo podría encontrarme y atacarme. Me hallaba atrapada entre salir o quedarme adentro, seguir adelante con mi vida o no moverme de donde estaba. Hubo ocasiones en que solo quería que April y yo alquiláramos un montón de películas, comiéramos rosetas de maíz días enteros, y olvidáramos que alguna vez ocurrió la explosión del correo bomba.

No se necesitaron muchos días en estas condiciones para darme cuenta que no valía la pena vivir en alguna parte de ese lugar intermedio y atascado. Muy profundo en mi interior sabía que finalmente tendría que vencer mis temores. ¿Iba a permitir que el miedo me atormentara y me impidiera seguir adelante? ¿O iba a confiar en que Dios seguiría cuidándome como me lo había demostrado, de manera tan benigna, incluso a través de una experiencia tan horrible?

Reflexionaba en otra época en que también experimenté gran temor. Hace muchos años mi hermano Joel, mi hermana Tamara y yo viajábamos juntos en un pequeño avión y quedamos atrapados en medio de una tormenta. Yo nunca había estado en tal turbulencia. El aeroplano se estremecía, haciendo que nos mareáramos y nos asustáramos en extremo. No había muchas personas en el avión, pero algunas vomitaban, y todo el mundo estaba visiblemente aterrado. Todos nos preguntábamos lo mismo: *¿Iremos a caer? ¿Lograremos llegar seguros a tierra, por no decir a casa?*

Bueno, logramos llegar sanos y salvos a casa.

Solo que después de esto no quise volver a volar. Me obligué a permanecer en tierra hasta que resistí mi temor de volver a subir a un avión y volar. Yo estaba consciente de que no cumpliría mis sueños a menos que venciera ese temor. No deseaba que el miedo robara mis anhelos, así que tomé la decisión de que seguiría volando sin importar cómo me sintiera. Los primeros vuelos no fueron agradables, por decir lo menos. Me costaba esperar el aterrizaje. Pero a medida que actuaba contra el temor, en lugar de dejar que este me controlara, me sentía más cómoda. Ahora no tengo ansiedad al volar.

Estamos hechos para mucho más que quedarnos sentados llenos de miedo. Fuimos hechos para vivir con valentía. Por eso a la fe se le llama un caminar; este nos lleva a los lugares que Dios desea que vayamos, lugares que él hizo para nosotros, y donde el Señor nos promete:[1]

Fortalecernos.

Ayudarnos.

Sostenernos con su diestra victoriosa.

Cinco maneras en que funciona el temor

Sin embargo, para agarrar la diestra victoriosa del Señor primero debemos comprender exactamente cómo funciona el temor. Cinco hechos acerca del temor me ofrecen esa comprensión:

1. El temor comienza con un pensamiento

El miedo entra con solo una idea, un sentimiento. A veces ese sentimiento te puede poner a temblar en tus botas, como lo decimos en Texas. Por tanto, lo que hacemos con esos pensamientos marca la diferencia en el mundo.

Cualquier cosa que pensemos reiteradamente se vuelve parte de nosotros. Estoy segura que has oído el proverbio: «Cual es su pensamiento en su corazón, tal es él».[2] Es muy cierto. Si permites pensamientos de temor, estos controlarán cómo actúas.

Es más, los psicólogos nos aseguran que hay estudios que muestran que nuestras vidas se mueven en la dirección de nuestros pensamientos más fuertes y predominantes.[3] Esto tiene perfecto sentido. Si siempre estás pensando en el bienestar de animales hay muchas posibilidades de que pases gran parte de tu vocación o tiempo recreacional ayudando a animales. Si estás pensando en autos todo el tiempo, lo más probable es que trabajes con automóviles o pases tu tiempo libre en algo relacionado.

Cuando pensamos en algo por bastante tiempo hay posibilidades de que acabemos exteriorizando nuestros pensamientos. Esta es otra razón de por qué es importante proteger nuestras mentes, escogiendo cuidadosamente qué pensamientos aceptamos o rechazamos. Algunas personas creen que no podemos evitar o cambiar nuestra manera de pensar, pero eso sencillamente no es verdad. Podemos reemplazar pensamientos negativos con la Palabra de Dios y cambiar el curso de nuestra vida y de nuestro destino. La Biblia nos enseña: «No vivan ya como vive todo el mundo. Al contrario, cambien de manera de ser y de pensar. Así podrán saber qué es lo que Dios quiere, es decir, todo lo que es bueno, agradable y perfecto».[4] Si yo hubiera seguido meditando en el temor que experimenté en ese vuelo turbulento no habría vuelto a subirme a un avión. Debemos reconocer cuándo nos vienen pensamientos de temor y cortarlos de raíz.

PARA AYUDARTE MÁS

Combate el temor luchando contra él

El temor es agresivo, por eso debes tratarlo agresivamente. El temor no hace prisioneros; te oprimirá para destruirte. Punto. Con tal enemigo tienes que luchar del mismo modo. Una vez que reconozcas pensamientos o sentimientos de ansiedad o temor, trata inmediatamente con ellos; ni siquiera les abras la puerta. Resiste cada uno y todos los pensamientos que lleguen a tu mente.

¿Parece simplista?

Quizás. Pero eso no es más simplista que la táctica del temor de entrar a tu mente y quedarse viviendo allí, negándose a salir… a menos que le ordenes hacerlo. Cuando nos metemos en verdaderos problemas es al comenzar a albergar pensamientos de temor. Les permitimos que nos inquieten. Empezamos a pensar demasiado en ellos, en vez de resistirlos.

Tienes que optar por no rendirte ante pensamientos de temor. La Biblia nos muestra que debemos ser agresivos en derribar y destruir todo pensamiento negativo y toda fortaleza (2 Corintios 10.3-5). Si alguien te pasa una víbora, ¿simplemente la agarrarías? No, ¡por supuesto que la rechazarías!

Tienes que ser así de categórico con el temor. Recházalo y experimentarás la perfecta paz de Dios.

2. El temor te atormenta la mente

Sí, así es. El miedo te obliga al caos mediante desánimo, ansiedad y aflicción. Observarás que el temor siempre pinta la peor imagen en tu mente, una imagen de desesperanza y derrota. Te atormentará con pensamientos que te acosan y se ciernen sobre ti con la vaga sensación de que van a suceder cosas malas:

Tu hijo se va a meter con drogas.

Te vas a enfermar.

Vas a morir joven.

Vas a fracasar.

A nadie le agradas.

Nunca te amarán.

Si te vuelves a subir a un avión, este se estrellará.

Pensamientos atemorizantes y atormentadores son totalmente opuestos a todo en el carácter de Dios y su Palabra, cuya misma naturaleza es amor, y el perfecto amor echa fuera el temor.[5] En vez de eso, el Señor nos está diciendo: *No tengas miedo ni te desanimes porque yo estoy contigo.*[6] Debemos comprender que Dios nunca nos daría pensamientos de temor, así que debemos rechazarlos. Tenemos que aprender a confiar en Dios más de lo que confiamos en pensamientos de temor.

> **Tenemos que aprender a confiar en Dios más de lo que confiamos en pensamientos de temor.**

Hay un versículo interesante que nos muestra esto: «Para el afligido todos los días son malos [por pensamientos y presentimientos de ansiedad]; para el que es feliz siempre es día de fiesta [a pesar de las circunstancias]».[7] El temor produce ansiedad, pensamientos de augurios de fatalidad o desgracia venidera. Pero Dios desea que estemos alegres de corazón, gozosos y expectantes.

No permitas que se te cuelen en la mente pensamientos desalentadores y de malos augurios. Al contrario, imagina que te suceden cosas buenas, porque Dios es un Dios bueno y tiene un futuro brillante para ti. Piensa en cosas como:

Algo bueno me va a ocurrir.[8]

La bondad y la misericordia me siguen.[9]

Ángeles me rodean.[10]

Dios me está tomando de la mano.[11]

Jesús es mi Buen Pastor.[12]

El Espíritu Santo me está ayudando.[13]

3. El temor es contrario a la fe

En realidad el temor viene a robarte la fe, y produce caos, pero la fe te brinda paz. Cuando el temor quiere que creas en lo negativo, la fe te ayuda a conocer lo positivo. El temor siempre está relacionado con situaciones malas y negativas; te vuelve nervioso; te hace temblar, preocuparte y echarte para atrás… exactamente lo opuesto de lo que el Señor quiere que hagas. Cuando la vida podría ofrecerte caos y calamidad, Dios promete calma. Cuando tu temor te obligue a retroceder, la fe te permite seguir adelante. Cuando el temor te haga ir hacia atrás, la fe te impulsa a seguir adelante. Cuando el temor casi siempre trata de hacerte huir, esconderte, detenerte o renunciar, la fe te mantiene andando y nutre el progreso y el éxito. Escoge la fe por sobre el temor.

4. El temor engendra mala compañía

Piensa en ello. ¿Te preocuparías si no tuvieras miedo? El temor no viene por sí solo para dañarte; acarrea compañeros, y estos son una mala influencia. La preocupación y la ansiedad vienen de la mano del temor, y te rodearán con otros dos malos amigos: duda e incredulidad. ¿Quién necesita eso?

5. O controlas tu temor o el temor te controlará

No existe realmente terreno gris en cuanto al temor. Debemos preguntarnos: *¿Quiero que me controle el temor o la paz del Señor?* El temor es muy agresivo, por tanto debes resistirlo y actuar en su contra con mucha agresividad. No puedes ser pasivo y esperar que se vaya por sí solo.

El temor se convierte en un problema solo cuando te dejas guiar por él. El hecho de que sientas temor no significa que seas cobarde. Nunca encontrarás eso en la Biblia. Dios no nos dice que no experimentemos miedo. Muy a menudo nos dice que «no temamos», porque él sabe que tendremos miedo. ¿Cómo podríamos no tenerlo? Somos humanos.

En lugar de eso, Dios nos dice: *No temas, porque yo estoy contigo.*[14] Él nos anima, diciéndonos que no debemos ceder ante pensamientos de temor. No nos dejemos presionar por el miedo porque el Señor es más poderoso que todo lo que pudiera incluso amenazar con dañar nuestras almas. Dios no me condenó por sentir temor en un vuelo turbulento hace todos esos años. Sin embargo, decidir no volar durante algún tiempo sería permitir que el temor me controlara. Al decidir enfrentar mi temor y abordar un avión actué más allá de mi temor.

¿A qué le temes hoy día? Conozco personas que le tienen miedo al agua, a contraer una enfermedad incurable, a los perros, a morir, a fracasar, y la lista continúa. He conocido gente con temor de salir de casa, pero que finalmente reconocieron que vivir así en realidad no era una forma de vida. Estas personas decidieron dominar el miedo en lugar de dejar que les domine la vida. Sean los que sean tus temores, es hora de identificarlos, confrontarlos y derrotarlos, porque algo es seguro: Lo mejor de Dios para ti no es que vivas atemorizado. Es más, él promete ayudarte a ser libre. «Busqué al Señor, y él me respondió; me libró de todos mis temores».[15]

Mi madre es campeona en vencer el miedo. Le diagnosticaron cáncer a los cuarenta y ocho años de edad y le dieron solo unas pocas semanas de vida. Más tarde nos contó que a diario debió luchar contra temerosos pensamientos de muerte. Confesó que lo que más le ayudó fue mantenerse en movimiento. Confiando en que Dios tenía un plan para ella aun durante esa época de sufrimiento, siguió cocinando, limpiando y asistiendo a todas las reuniones de Lakewood. Se negó a dejar que el temor la paralizara y la postrara en cama por el resto de sus días.

Mamá pudo haberse rendido ante pensamientos como *No estaré viva en Navidad. No veré crecer ni casarse a mis hijos. Simplemente renuncia y sigue adelante con los planes de tu funeral.* Pero ella sabía que esas cadenas de pensamientos de malos presagios dejarían todo lo bueno en puras conjeturas. En lugar de eso quiso las promesas de Dios: concedernos paz, buenos pensamientos, bondad.

Vivir en la verdad nos hace aprovechar mejor el tiempo y nos

ayuda a conseguir más de lo que Dios tiene en mente para nosotros. La Biblia nos recuerda que nuestros días están contados, y
la persona sabia es aquella que decide sacar el mayor provecho a
cada día, y no perder ni siquiera un solo día en una mentira.[16]

La fe sobre el temor te libera

¿Recuerdas mi temor a volar? Si no hubiera abordado nunca más
otro avión, me habría perdido mucho en la vida.

Haber vencido ese miedo a volar me permitió, solo en el año
pasado, viajar más fácilmente a través de la nación, incluso a Australia, para compartir las buenas nuevas de todo lo que el Señor
hace por nosotros, y de cómo nos ama. Además, volar permitió
que una mujer llamada Karen se me acercara en una conferencia
en que yo hablaba en New Orleans, el mismo lugar en que empezara mi misión a Australia.

Pues bien, Karen había volado desde Australia hasta New
Orleans para oírme hablar. Yo estaba tan emocionada y animada
por el esfuerzo que ella había hecho, que cuando me pidió que
hablara en su conferencia no tuve que pensarlo dos veces. ¡Por
supuesto! Me emocionaba ir a un lugar en que nunca había estado
y, por la gracia de Dios, marcar una diferencia en las vidas de
muchas personas. ¿Temor a volar? ¡De ninguna manera! Ir a Australia es parte de mi propósito en la vida.

Dios me ha ayudado tanto en esta área que incluso nuestra familia sacó vacaciones para viajar el 11 de septiembre. Algunas personas
no podían creer que viajaríamos en el primer aniversario del día en
que agarraron de improviso esos aviones para usarlos básicamente
como bombas contra nuestra nación. Pero nuestra familia sabía que
el Señor estaba con nosotros… y así fue. ¡Ninguno de los aeropuer-
tos ni los aviones estaban demasiado llenos de gente! El personal de
la línea aérea fue especialmente amable y afectuoso. No solo llegamos con seguridad sino que el vuelo fue muy agradable.

Recordé una vez más que no puedes dejar que el miedo te

detenga. Me pudo haber paralizado mi temor personal a volar, o nuestro temor nacional de lo sucedido ese fatídico día en 2001. Pero habría perdido mucho: el rápido viaje para tener unas fabulosas vacaciones con mi familia, y la facilidad de ir allí y también de volver a casa.

No obstante, a veces el temor nos detiene abruptamente. Abandonamos algo o a alguien debido a que tememos las consecuencias, y cuando lo hacemos nos lastimamos nosotros mismos y dañamos a otros.

Una de las primeras veces que mi esposo y yo fuimos a conducir moto nieves, un guía nos llevó a la cima de una colina muy empinada. Los senderos montañosos eran hermosos, serpenteando a través de álamos que cautivaron mi atención. Sin embargo, ya en la cumbre lo único que atrajo mi vista fue el prolongado descenso. Ni siquiera lograba ver el declive. A medida que me aproximaba a lo alto observaba cómo los demás conductores de moto nieves que se encontraban adelante parecían desaparecer en el aire.

El temor se me arraigó en la boca del estómago. Me asusté y pensé: *No voy a hacer esto. Me voy a detener y dejar que Kevin me haga descender.* Por tanto, cuando intenté detener repentinamente mi moto nieve, comencé a deslizarme en la nieve y el hielo resbaladizos. ¡Entonces me llené de pánico! ¡Supe que gústeme o no yo iba a bajar esa colina! Pensé: *Esta moto nieve podrá ir hacia abajo, ¡pero no me llevará consigo!* Rápidamente lancé de la máquina. Salté… y pronto. Mi revolcada en la nieve fue digna de las tiras cómicas.

Mientras tanto mi moto nieve siguió bajando la colina. Toda. Sola.

Así es exactamente cómo funciona el temor cuando lo permitimos. Nos acaba y nos detiene de manera abrupta en medio del frío, mientras la aprensión y el caos que lo acompañan se descontrolan, amenazando costarnos muy caro tanto a nosotros como a los demás (incluso a los pobres árboles).

Por suerte para mí ese día, mientras imaginaba cuánto dinero me costaría reemplazar esa moto nieve después de que se estrellara contra los árboles, la máquina se detuvo sola. Nadie salió herido, excepto mi propio ego. Ese día me convertí en la broma del paseo, y Kevin nunca me ha dejado olvidar ese incidente.

Dios quiere liberarnos de todo eso. El miedo estanca el disfrute de lo estimulante que el Señor tiene para cada uno de nosotros. El temor nos dice: *No eres competente para hacer aquello a lo que Dios te ha llamado. No lograrás hacerlo. Fracasarás. La caída será profunda y saldrás muy lastimado. Deja que alguien más vaya adelante y realice la operación.*

Pero Dios dice: *Mantente firme, porque estoy contigo. ¿No es hermosa esta senda en la cual te he puesto, precisamente para ti? ¡Mira cuán lejos puedes llegar! Mira con cuánta libertad puedes volar cuando te mantienes avanzando conmigo a tu lado!*

El Señor ofrece su ayuda y su mano

Eso es lo que Dios promete, ¿recuerdas? Ayudarnos, fortalecernos y mantener su mano victoriosa en nosotros.

Tomar la mano victoriosa del Señor significa que ya tenemos ganada gran parte de la batalla. No es tan fácil simplemente detener el temor, ¿verdad? Yo decidí confiar en Dios en medio de todo el temor posterior a la explosión de la bomba, pero una decisión no era lo único que necesitaba. Mis pensamientos de ansiedad no desaparecieron solo porque decidí que quería eso.

Sin embargo, y esto es importante, la decisión de rechazar el temor es el primer paso hacia la victoria, un paso esencial. Tienes que afirmar esa decisión y resolver en tu corazón creer en la promesa de Dios: *Estás hecho para más que vivir lisiado por el temor e incapaz de cumplir tu destino.* Luego debes volver a tomar esa decisión. Y otra vez más. Este es un proceso, subirse al viaje de fe.

Esto no siempre es fácil. Una vez Kevin y yo corríamos a través de un aeropuerto para abordar un vuelo después de haber pasado un largo día viajando. Temíamos que pudiéramos perder nuestro vuelo… y también nuestra cena, ya que no habíamos comido en horas. Así que nos apresuramos por el aeropuerto de un vuelo al siguiente, deteniéndonos rápidamente a lo largo del camino con el fin de comprar un perro caliente para cada uno. Luego seguimos corriendo por el aeropuerto, con los perros calientes en mano.

O así pensé.

Finalmente estuvimos abordo. Cuando nos preparábamos para instalarnos en nuestros asientos me di cuenta que no tenía mi cena. *¡Oh, no!* Ya me estaba muriendo de hambre. No podía pasar unas horas más sin comer algo.

Entré en pánico y me levanté.

—¿Dónde está mi perro caliente? —pregunté bruscamente.

Todos a bordo se volvieron a mirarme mientras Kevin me jaló del codo.

—Lisa —me dijo, un tanto avergonzado—. Me lo diste para que te lo sostuviera, ¿recuerdas?

Me senté, igualmente avergonzada. ¡Lo tenía! Todo estaba bien.

Así pasa muy a menudo con las cosas que tememos en la vida: Dios tiene el control de ellas. Él está buscándonos. Pero nos cuesta permitirle que nos cuide, o pensamos que de algún modo, quizás hasta inconscientemente, debemos volver a agarrar aquello que tememos. Desde el principio las cosas están bien… en realidad, pues están mejor en las manos del Señor. Simplemente debemos decidir una y otra vez poner todo cuidado y todo temor al control de Dios.

Una vez que tomé esa decisión, reemplazaría todo pensamiento negativo que venía con algo que dice el Pablo de la Biblia: «Todo lo puedo en Cristo que me fortalece».[17] Me negué a vivir en temor. Entonces combatiría los temores que amenazaban alejarme incluso de cosas rutinarias, haciendo continuamente lo que siempre había hecho antes de la explosión. Si un pensamiento de ansiedad me susurraba al oído: *No salgas porque una bomba podría estar esperándote allí*, yo salía de todos modos. Si un temor me decía que no condujera ese día porque podría haber una bomba debajo del auto, yo manejaba de todos modos. Cada temor era reemplazado por un paso de fe.

Yo miraba todo pensamiento de ansiedad y decía: «Señor, decido confiar en que tú cuidas de mí». Decidí dar cada paso e ir a trabajar y vivir como siempre, con una excepción:

¡La iglesia compró un nuevo escáner de correo!

Cinco pasos de fe para vencer el temor

Quedarse contemplando todo pensamiento de ansiedad conlleva alguna intención. Eso significa que debes ser prudente y recordarte estas cinco prácticas:

1. Reconoce que controlas tu reacción

Tú decides qué reacción tener ante los percances de la vida… nadie más puede hacerlo por ti. Cuando se presenta el temor y salta el botón del pánico en tu mente, recuérdate: «Tengo una alternativa aquí. Puedo escoger entre dejarme llevar por el pánico, u optar por la fe, la paz y el gozo».

Entrar en pánico significa permitir que te venza el repentino temor. Pero Dios te hizo para que seas un vencedor y no un vencido. Eso significa que no abandonarás las cosas como hice yo con esa moto nieve. No exhibas la bandera blanca para rendirte a tus temores. Al contrario, mantente en curso. Enfrenta el temor cara a cara y con fe, ya que no puedes vencer aquello que no enfrentas.

No puedes confrontar aquello que no estás dispuesto a identificar. Identifica los temores en tu vida, y deja que esos pensamientos sepan que no volverán más a vivir gratis en tu mente. Quizás estés pensando: *He alojado por tanto tiempo en mi mente a algunos pensamientos, que para este instante podrían estar sacando Seguro Social.* Aún puedes escoger hoy día como el momento para detener los pensamientos de temor y de pánico. Dile a Dios: «Voy a confiar en que me sacarás adelante», y cuando comience a surgir la ansiedad, dilo otra vez. Y otra.

Ármate de valor en el aliciente de Jesús: «No se angustien. Confíen en Dios, y confíen también en mí».[18] Visualiza a Jesús quitándote ese botón de pánico. De todos modos él te ofrece hacerlo. Podrías estar pensando: *No basta tener simplemente fe en que Dios tiene el control… necesito al Señor aquí, ahora mismo, exactamente a mi lado.* Bueno, él está allí. Él prometió que no te abandonaría.[19] ¿Lo crees? Se trata de una decisión.

2. Escucha tu espíritu, no tu cabeza

Cuando te vienen temores también llega una serie de pensamientos emocionales y negativos. Este no es el momento ideal para tomar decisiones basadas en cómo te sientes, porque tus emociones te llevarán hacia arriba, hacia abajo y por todas partes.

Tampoco es el momento de intentar razonarlo todo. Esta es nuestra tendencia natural: querer saber por qué y cómo, cuándo y dónde. Muy a menudo desperdiciamos demasiada energía tratando de entender cosas que solo Dios sabe. Debemos tener cuidado de no obsesionarnos con asuntos que no podemos resolver o entender, y de no asumir la responsabilidad de preocupaciones, lo cual hace que nos llenemos de pánico. Jesús manifestó: «No se preocupen por qué comerán o beberán; ni por cómo se vestirán».[20] Eso es asumir la responsabilidad de cosas equivocadas y tratar de razonarlas. Es entonces que el temor o la preocupación nos hacen meditar en pensamientos como *¿Qué voy a hacer? ¿Qué está haciendo Dios?*

¿Y si no tuviéramos que saberlo todo? ¿No seríamos libres para vivir este momento y para un propósito?

En una ocasión yo hablaba con mi amiga Debra acerca de algo que me estaba molestando.

—Por consiguiente, ¿qué crees? —le pregunté después de varias explicaciones y de entrar en muchos detalles.

Nunca olvidaré su respuesta.

—Lisa, ¡creo que piensas demasiado!

¡Ella tenía razón! Muchas veces damos demasiada importancia a las cosas y suponemos lo peor, y si no tenemos cuidado empezaremos a estar ansiosos o temerosos acerca de situaciones que nunca ocurrirán. No especules demasiado en un tema. No puedes solucionar toda preocupación.

Puedes simplificar tu vida simplificando tus pensamientos.

A continuación piensa en esto: Dios nos dice: «Quédense quietos, reconozcan que yo soy Dios».[21] «Confía en el Señor de todo corazón, y no en tu propia inteligencia».[22] Eso significa estar quieto en tu mente, la cual es muy limitada en visión y entendimiento. Dios es soberano y lo sabe todo. Simplifica tu pensamiento renunciando a la necesidad de saber todos los porqués y cómos, los cuándos y dóndes. Enfócate en saber que el Señor sabe todo acerca de tu presente y tu futuro, en que él te ama y quiere lo mejor para ti.[23] Al confiar en esto sentirás una paz sobrenatural que estará disponible para ti en medio de la tormenta.

3. Reemplaza la preocupación con oración

Te podría fastidiar tu situación actual, pero no conseguirás nada con preocuparte. O por el contrario puedes orar al Dios todopoderoso, el único que tiene poder para hacer algo acerca de tu situación y que anhela ayudarte. Orar es muy sencillo, pero muchas veces lo hacemos difícil. Orar es hablarle a Dios como a nuestro mejor amigo, porque lo es; además él no está buscando palabras rebuscadas ni elocuentes, ni está sincronizando el largo de nuestras oraciones. El Señor mira la sinceridad en nuestro corazón y escucha todas nuestras palabras. Muchas veces oramos como último recurso cuando la situación no va bien, pero Dios nos dice: *Ora primero y encontrarás paz.*[24]

4. Quita de tu vocabulario las palabras de temor

Oye tus palabras. Puede que andes por ahí diciendo: «Tengo miedo, tengo miedo, ¡tengo miedo!» ¿Pero qué tal si reemplazas cada *miedo* con *creo* y *sé*?

Podrías decir:

«Dios, creo que me sacarás adelante».

«Creo que estás conmigo en esto y que eres más poderoso que cualquier problema».

«Sé que me mostrarás un camino y que tendrás algo mejor para mí».

Expresa la verdad de que el Señor es más poderoso que todo temor que podrías experimentar.

PARA AYUDARTE MÁS

Seguro en las manos del Padre

Uno de los recuerdos más agradables que tengo de mi padre terrenal es que le gustaba tomarme de la mano. Incluso de adultos, cuando él y yo caminábamos juntos, alargaba la mano y tomaba la mía exactamente como en mi niñez. ¡Me encantaba!

Recuerdo una ocasión en que éramos niños y nuestros padres nos llevaron en un viaje misionero a Guadalajara. Todos en nuestra familia dormíamos juntos en catres en una habitación, y una noche dormí al lado de papá. Nunca olvidaré que cuando nos acostamos, él tomó mi mano y la sostuvo hasta que me quedé dormida. Eso fue un consuelo para mí porque nos hallábamos en un lugar extraño. Cuando desperté en la mañana aún me sostenía la mano. Me sentía segura en las manos de papá.

Unos días antes de que mi padre muriera, él y mamá vinieron a casa a cenar. Después de la comida nos pusimos a conversar en la sala de estar. Yo me senté de refilón en nuestro sillón con la mano apoyada en la parte posterior. Papá se acercó y puso la mano sobre la mía; la sostenía y la acariciaba mientras yo hablaba con mamá. Nunca olvidaré las amorosas caricias de la mano de papá. Esa fue la última vez que me tomó la mano.

Mi padre terrenal está en el cielo y lo extraño, pero sé que no estoy sola. Hay alguien más que está sosteniendo mi mano todos los días de mi vida: mi Padre celestial. Espero que tú sepas que él también sostiene la tuya.

Hay muchos pasajes bíblicos maravillosos que hablan de las manos de nuestro Padre celestial.

1. **Tu padre celestial te sostiene de la mano.** Salmo 73.23 expresa: «Yo siempre estoy contigo, pues tú me sostienes de la mano derecha». Tal vez no sepas qué es caminar de la mano de tu padre terrenal, porque algunas personas nunca tuvieron ese privilegio. Reconfórtate en el hecho de que tu Padre celestial está sosteniendo tu mano y que nunca la suelta.

2. **El Padre te guía con su mano**. Mientras Dios sostiene tu mano, dirige tus pasos. Puedes confiar en que él te guía a través de la vida: a través de decisiones, conflictos, pruebas y tribulaciones. Pero debes dejar que él tome la iniciativa y confiar en que sabe qué es lo mejor para tu vida. Salmo 31.14-15 afirma: «Señor, en ti confío, y digo: "Tú eres mi Dios". Mi vida entera está en tus manos».

3. **El Padre te moldea y conforma con su mano**. La mano del Señor es transformadora. Isaías 64.8 manifiesta: «A pesar de todo, Señor, tú eres nuestro Padre; nosotros somos el barro, y tú el alfarero. Todos somos obra de tu mano». Él siempre está en acción para mejorarte, moldearte y formarte. Como un alfarero, Dios presionará en ti en las áreas de tu vida que deben cambiar. Debes aprender a ser dócil y flexible en las manos del Maestro Alfarero, permitiéndole que suavice tus bordes ásperos.

4. **La mano del Padre te sostiene**. Salmo 18.35 asevera: «Con tu diestra me sostienes». *Sostener* significa

«sustentar, apoyar, animar» y «evitar caer o naufragar». Dios te sostendrá con su poderosa mano, te apoyará y evitará que caigas. Cuando te acuestas en la noche pensando que no puedes soportar otro día más, recuerda lo que dice Salmo 3.5: «Yo me acuesto, me duermo y vuelvo a despertar, porque el Señor me sostiene». Puedes triunfar, y triunfarás, debido a la mano sustentadora de tu Padre celestial.

5. **La mano del Padre es salvadora.** Salmo 138.7 ratifica: «Aunque pase yo por grandes angustias, tú me darás vida; contra el furor de mis enemigos extenderás la mano: ¡tu mano derecha me pondrá a salvo!» Podrías estar experimentando ahora mismo una prueba que parece abrumadora, pero puedes saber que la mano de Dios no es demasiado corta para ayudarte y rescatarte.

6. **La mano del Padre está abierta.** La mano del Señor no está cerrada para ti, como mucha gente cree. Salmo 145.16 declara: «Abres la mano y sacias con tus favores a todo ser viviente». Cuando nuestros hijos eran bebés no podían caminar, hablar o comer por sí mismos. Pero algo que aprendieron a hacer fue simplemente levantar las manitas para pedir ayuda. ¿Qué estaban haciendo con esto? Expresaban: *Mami, sostenme. Papi, te necesito.* Como hijo amado de Dios debes aprender a levantar las manos hacia tu Padre celestial, quien tiene la mano abierta hacia ti… agárrala. Deja que él sea el padre que nunca tuviste. Permítele sostenerte, cargarte y cuidarte.

5. Actúa en fe a pesar del temor

Saber que el temor es lo opuesto a la fe te dará poder para actuar contra el temor. Sea lo que sea que te diga el temor, ¡haz lo contrario! Si te dice que no tendrás éxito, hazlo de todos modos. Cuando sales en fe, Dios sale contigo. He aprendido que el valor es una decisión, no un sentimiento. Si esperamos la sensación de valor quizás nunca actuemos en contra del temor. La mayoría de actos de valor en realidad se realizan en temor y temblor. Cuando decidí volver a subir al avión una y otra vez, no me sentía bien, pero recordaba las palabras del Señor a Josué: «¡No tengas miedo ni te desanimes!»[25]

¿Sabes? Moisés había muerto y Dios escogió a Josué para que tomara el lugar de liderazgo. Era tarea difícil seguir los pasos de tan gran líder, y el Señor sabía cuánta presión sentía Josué; por eso le dijo lo mismo tres veces, pero la última vez afirmó: «Ya te lo he ordenado: ¡Sé fuerte y valiente! ¡No tengas miedo ni te desanimes! Porque el SEÑOR tu Dios te acompañará dondequiera que vayas».[26]

Esto mismo te está diciendo Dios hoy día: *Te ordeno que seas fuerte y valiente para confrontar tu temor. No le obedezcas al miedo, sino a mí porque yo también estaré contigo.* La Biblia dice que el Señor no nos ha dado espíritu de timidez sino de amor, poder y dominio propio.[27] Nos ha ordenado actuar contra el temor y nos equipó para ser valientes.

El Señor promete: «Cuando cruces las aguas, yo estaré contigo; cuando cruces los ríos, no te cubrirán sus aguas; cuando camines por el fuego, no te quemarás ni te abrasarán las llamas».[28]

El Señor te tiene en sus manos

A medida que yo usaba estas prácticas para controlar mis temores me recordaba constantemente una hermosa promesa que Dios nos hace: «Confío en Dios y no siento miedo. ¿Qué puede hacerme un simple mortal?»[29]

Esa sola promesa me ayudó cuando el temor entraba a hurtadillas en mi vida cotidiana. Me recordó lo que Jesús les dijo a sus discípulos: «Se desmayarán de terror los hombres».[30]

Lo peor que el temor se propone hacer es que desmayes o que tu espíritu desfallezca y pierdas el valor. Pero que te sientas desfallecer o que desmayes de miedo no quiere decir que Dios no esté en control. Él está contigo en tu momento más sombrío, ofreciendo fortalecerte, ayudarte y mantener su mano sobre ti. Jesús estuvo conmigo cuando las luces se me apagaron en medio de la explosión, y estuvo con las personas que hace muchos años se extendieron hacia él en fe sobre el temor.

En una de mis historias bíblicas favoritas Jesús atravesaba en barca de una orilla del lago a la otra.[31] Una gran multitud se reunió alrededor de él, y el dirigente de una iglesia cayó a los pies del Maestro en busca de un milagro. La hija del hombre estaba moribunda.

El dirigente le rogó a Jesús: «Mi hijita se está muriendo. Ven y pon tus manos sobre ella para que se sane y viva». El hombre estaba seguro que había poder incluso en el toque de la mano de Jesús.

Eso también pensaba una mujer entre la multitud que seguía a Jesús. Ella necesitaba sanidad de una aflicción que había sufrido por años, pero debió haber tenido miedo hasta de pedir esa curación. Multitudes como esa que rodeaba a Jesús ese día no recibían de buen modo a los enfermos. Además, la mujer se pudo haber dicho ansiosamente que había muchos otros delante de ella pidiendo milagros. ¿Quién era ella de todos modos para pedir un milagro? Sin embargo, esta mujer creyó en la promesa de Dios de mantener sobre ella la mano victoriosa, de fortalecerla y ayudarla. Así que alargó la mano hacia el Maestro, luchando contra sus temores, y tocó el borde del manto de Cristo.

Y fue sanada.

Jesús la miró de inmediato. Había mucha gente llegando hasta él, tocándole las mangas, dándole toquecitos en el hombro, pidiéndole milagros mientras él se dirigía a la casa del dirigente religioso para hacer que sucediera uno. Pero Jesús supo exactamente quién le había tocado el manto, quién se había extendido hacia él. Él conoce toda solicitud que hacemos; por tanto, conocía la necesidad de esta mujer así como conoce la tuya. Jesús sabe cuándo estás asustado o ansioso en medio de la multitud. Él está listo para ofrecer la mano, y hasta el borde del manto.

Así que Jesús sanó a la mujer camino a casa del dirigente.

Sin embargo, cuando llegó a la casa del religioso, la hija había muerto. Todos lloraban y gemían. Había bastante conmoción.

Le dijeron a Jesús que había llegado demasiado tarde.

«Espera —contestó al hombre—. No tengas miedo; cree nada más». Jesús nunca llega demasiado tarde. Él sabe exactamente cuándo necesitamos más su ayuda. Agarró la mano de la hija del dirigente y le ordenó que se levantara. Ella no solo se levantó sino que comenzó a andar.

Me encanta esta historia porque muestra cómo Jesús tenía más en mente para esta niña y su familia… además de la mujer que encontró en el camino y toda la gente que vio estos milagros y oyó hablar de ellos. Él tenía más en mente para ellos como tiene más en mente para nosotros, si tan solo escogemos la fe por sobre el temor.

Jesús está listo para ofrecer la mano, y hasta el borde del manto.

La simple fe llevó al dirigente religioso ante Jesús, y la simple fe dio nueva vida tanto a la mujer anciana como a la joven niña.

La simple fe también puede hoy día hacer algo por ti. La fe irá contigo cuando atraviesas lugares tenebrosos. Te ayudará a perseverar en medio de los temores que acosan tu mente. La fe te ayudará a aferrarte de la mano de Dios, y cuando no sientas esa mano puedes saber que Jesús está contigo y que te ofrece el borde de su manto, porque estás hecho para más que una muerte lenta por temor. Estás hecho para irrumpir valientemente en este mundo. Estás hecho para no temer, porque Dios está contigo.

7

Cómo hallar más cuando estás desilusionado

Puesto que estás hecho para tener realización,
no para fracasar

Antes de que Kevin y yo nos casáramos tuvimos gran cantidad de largas pláticas acerca de los principales aspectos de la relación, como finanzas, empleos, parientes políticos, ¡y hasta de delincuentes! (Pues sí, estábamos de acuerdo en que cada uno de nosotros se oponía a una vida de crimen.) Decidimos mutuamente cosas como que yo nunca esperaría que él predicara o trabajara en el ministerio, y que él apoyaba el hecho de que yo fuera una predicadora en el ministerio. Hablamos con franqueza de nuestros deseos y nos aseguramos que fueran compatibles y que estuvieran en la misma visión.

Imagina entonces mi sorpresa cuando un año después de nuestro matrimonio Kevin me dijo que sentía deseos de trabajar en la iglesia. Él había tenido un cargo administrativo en una importante empresa constructora y estaba contento con su trabajo. Incluso el año anterior había rechazado cortésmente a mi padre cuando este expresó deseos de que Kevin trabajara en la iglesia porque necesitábamos a alguien con su capacidad. A mí eso me pareció perfecto, pues quería que mi esposo se sintiera feliz en su trabajo.

Admito que cuando Kevin quiso trabajar en la iglesia, de nuevo me pareció más que bien. Me emocioné mucho. Esto venía a ser la cereza doble sobre un ya delicioso pastel: trabajar directamente en conjunto con mi esposo para marcar juntos una diferencia en este mundo.

Pero las cosas no siempre resultan como esperamos. Por mucho que analices, planees o trates cuidadosamente algo en cierto sentido, vendrán desilusiones.

La expectativa que lleva… a ninguna parte

Una de las grandes cosas que habíamos hablado antes de casarnos era nuestro sentir acerca de los hijos. Kevin y yo definitivamente estábamos de acuerdo. Ambos amábamos a los niños y queríamos al menos tres hijos propios, tal vez más. Al ser mellizo, Kevin siempre tuvo deseos de tener gemelos, aunque sabíamos que no eran muy buenas las probabilidades de que eso ocurriera. (Genéticamente, no es tan probable que un hermano gemelo varón fraterno tenga mellizos propios.)

Así que estábamos emocionados de empezar nuestra familia.

Sin embargo, después de tres años de matrimonio no habíamos tenido ningún logro. Buscamos consejo médico. Me hicieron una cirugía exploratoria, la cual demostró que yo padecía endometriosis dilatada y tejido cicatricial en el útero. Los médicos opinaron que era posible que ese tejido fuera consecuencia de la explosión del correo bomba.

En todo caso, mientras yo tuviera tejido cicatricial no podría tener un bebé.

Durante los tres años siguientes me hicieron dos cirugías correctivas y empecé el proceso de fertilidad. Después me la pasé entrando y saliendo en una gran clínica de fertilidad. Experimenté todo: hormonas, inyecciones, fecundación in vitro. Yo sentía como si la clínica fuera mi segundo hogar. Tratar de empezar nuestra familia fue un proceso agitado y continuo.

Después de un intento fallido de fecundación in vitro, el médico nos pidió a Kevin y a mí que acudiéramos a su consultorio. Discutiríamos el siguiente paso. O eso pensé. No sabíamos que estábamos a punto de ser molidos por un montón de ladrillos.

Nunca olvidaré esos cinco minutos siguientes. Así fue de rápida nuestra visita. Puedo representar en mi mente en cámara lenta esos cinco minutos, y aún parecen demasiado truncados y cortos. Nuestro médico miró a Kevin, luego a mí.

—Lisa, hemos tratado de ayudarte, pero basta ya —anunció—. ¡Llega un momento en que tienes que aceptar la realidad y seguir con tu vida! No creemos que podamos hacer algo para ayudarte.

Sentí que el primer ladrillo me golpeó. Tanto el rostro de Kevin como el mío cayeron en estado de shock.

—Además Lisa, he aquí el nombre de una siquiatra —continuó el médico—. Creo que vas a tener que hacer una cita con ella.

Vaya.

¡Ayayay!

Cayó todo el muro de consabidos ladrillos, azotándome cada uno con fuerza en la cabeza y el estómago. Kevin y yo salimos de la clínica sin poder creerlo, no solo por lo que el médico dijo sino por cómo lo dijo. No solamente era el aire frío y vivificante de octubre en el exterior lo que nos aguijoneó el rostro, sino la directa y rápida presentación de la noticia por parte del galeno.

—Lisa, no te desanimes, porque nuestra confianza nunca ha estado en el hombre sino en el Señor —fue lo primero que me dijo Kevin.

Gracias a Dios por un esposo tan consolador. Estuve de acuerdo con Kevin, pues sabía que él tenía razón. Ambos creíamos en el poder y la bondad del Señor, pues lo habíamos visto obrar muchas veces en nuestras vidas.

Sin embargo, durante los seis meses siguientes caí en espiral dentro de una profunda tenebrosidad.

Para el invierno comencé a experimentar síntomas físicos de mi estado emocional. Solo que yo no lo veía de ese modo. A menudo despertaba en la noche con taquicardia. Por dos ocasiones tuve un corto arrebato de lo que creí que se trataba de claustrofobia. Subestimé cada incidente con una serie de excusas: Mi trabajo era excesivo. Las cosas estaban muy agitadas. Esto solo era una condición pasajera…

Entonces los síntomas se intensificaron. Empecé a tener verdaderos ataques de pánico que me alarmaron. Esto no tenía nada que ver con mi personalidad optimista. ¿Había algo malo en mi mente? ¿Me estaba volviendo loca? Quizás debía tomar un descanso en el trabajo. Pasé de ser una persona enérgica y extrovertida a no querer ir a ninguna parte ni hacer nada.

Mirando hacia atrás, Kevin y yo nos dimos cuenta que con todos los tratamientos de fertilidad yo había estado poniendo una enorme exigencia en mi cuerpo, el cual se rebeló, diciendo: *¡Basta!* Mi espíritu estaba fuerte, pero mi cuerpo se hallaba débil. Mi mente también estaba agotada, también. Yo había acumulado una pesada carga de culpa en mi nivel de estrés. Me eché toda la culpa por nuestra incapacidad de empezar una familia. Me decía: *Después de todo Kevin no es el problema sino yo. No podía darle hijos. Quizás nunca podría dárselos.*

A pesar de que yo sabía (¡estaba segura!) que todas las cosas son posibles con Dios, me sentía atrapada en un campo de desilusión. No podía hacer nada al respecto. Qué sensación tan horrible de desesperanza. Qué solos estaban aquellos campos que una vez estuvieron maduros con promesas, y que de repente se convirtieron en terrenos baldíos.

Soledad en los campos de desilusión

Tú conoces esos campos. ¿Cuántas veces en la vida somos llevados a ellos? Las cosas no resultan como las planeamos. No consigues ese ascenso. No aprueban el préstamo para comprar aquella casa. Las vacaciones con que contabas no resultan debido a la cantidad de cuentas pendientes, a muchas cosas qué hacer, y a que no quedó tiempo o dinero para eso. El amigo con que contabas no llama. Aquella persona con quien pensabas envejecer te abandona por alguien más joven. Por mucho que te ejercites, esa abultada panza no parece reducirse.

Todos nosotros enfrentamos tales desilusiones en un momento u otro, y es muy fácil que lleguen a abrumarnos. Empezamos preguntándonos si alguna vez tendremos el futuro brillante que tan profundamente deseamos. Anhelamos un poco de esperanza y paz.

En tales épocas de desilusión, confusión y lobreguez, he descubierto que la verdad de Dios puede tomar el control e iluminar un camino. Eso se debe a que el Señor no desperdicia nada en nuestras vidas: ni la maleza, ni las espinas, ni las zarzas. Ni siquiera la suciedad.

PARA AYUDARTE MÁS

Permite que Dios tenga un sueño más grande para ti

Cuando yo aún atravesaba el proceso de fertilidad, me hallaba muy centrada y decidida a tener hijos. Kevin y yo orábamos de todo corazón y seguíamos poniendo nuestra esperanza y confianza en Dios. Pero después de seis años llegó el momento de rendirme porque la voluntad y el deseo de tener hijos me consumían tanto la vida como todo el pensamiento.

Rendirme para mí significó ponerme de rodillas y orar: «Padre, te he pedido hijos todos estos años, pero quiero que sepas que si nunca los tengo aún te seguiré amando y sirviendo de todo corazón. Deseo hacerte saber que estoy agradecida por todo lo que sí tengo: un maravilloso esposo, una casa, trabajo, familia y amigos. Lo que deseo más que cualquier cosa es hacer tu voluntad. Nunca volveré a orar pidiendo hijos porque hoy día me despojo de esa carga».

Muchas veces pensamos en rendición como abandonar nuestras esperanzas y sueños. Esa para nada fue mi oración ni lo que significa rendirme. Se trata de dejar que el Señor, quien nos conoce mejor de lo que nos conocemos nosotros mismos, tenga un sueño más grande que el nuestro. Seguimos esperando, soñando y llevando esas cargas ante Dios, pero nos disponemos a dejarlas en sus tiernas manos sabiendo que él nos devolverá algo aun mejor.

Esa no es una oración fácil, pero es una verdad que le hace saber a Dios que él es lo primero en nuestras vidas, por sobre cualquier cosa. Y nuestras vidas son preciosas para él, quien promete mostrarnos qué más tiene reservado.

Podrías estar pensando: *He orado y hecho todo lo que sé hacer, pero nada ha cambiado. ¿Qué pasa? ¿Estoy haciendo todo esto para nada?*

No, ¡en absoluto! La verdad es que el Señor toma toda pena, toda dificultad, todo mal resultado y lo atiende, le da un vuelco exactamente como un campesino que labra un campo y lo transforma totalmente para bien, para una cosecha abundante. La clave es mantener puesta la confianza en Dios, quien no está limitado por tus circunstancias ni incapacidades.

Jesús expresó: «Yo les he dicho estas cosas para que en mí hallen [perfecta] paz. En este mundo afrontarán aflicciones, pero ¡anímense [tengan valor, confianza, seguridad y audacia]! Yo he vencido al mundo [le he quitado el poder de hacerte daño y lo he conquistado para ti]».[1]

Eso significa que quien no tiene trabajo, consigue empleo después de un año de estar cesante.

Que el seguro cubre los gastos para reparar tu auto chocado.

Que la terapia física te ayuda a caminar de nuevo a pesar de ese tobillo fracturado.

Que la estéril encuentra plenitud.

Solo algunas cosas de esas resultan de la manera que esperamos.

Cinco verdades para llevarte a la bondad

Es por eso que llegar no solo a los lugares de esperanza, sino de esperanza realizada, requiere de un viaje. En un viaje es necesario dar un paso a la vez. Estos pasos te llevarán a través de campos de desilusión hasta las cumbres que Dios desea que alcances. Cada paso te dará además un entendimiento mayor de tu destino.

1. No culpes a Dios… corre hacia él

¿No es tentador que busquemos un culpable cuando las cosas salen mal? Dios nunca prometió que nuestras vidas estarían libres de problemas. A veces ocurren cosas malas a gente buena. Cuando llegan tragedias o problemas inesperados, el Señor no es la causa. Él no está en contra de nosotros, sino a favor de nosotros.

Recuerda lo que Jesús dijo: «En este mundo afrontarán aflicciones».[2] No obstante, él nos anima: «No desesperen, no claudiquen porque yo he vencido al mundo».

En medio de la desesperación ayuda el hecho de centrarse solamente en una cosa a la vez. Quizás no tengas energía para mucho más. Así que enfócate en que el Señor es bueno todo el tiempo. Es posible que atravieses algo malo. Las circunstancias podrían ser terribles. Quizás no te sientas bien, pero Dios es bueno. Él no es la causa del caos, los problemas o la maldad.[3] Él también es mucho más de todo lo bueno. Mira estas descripciones del Señor hechas por personas que lo experimentaron antes que nosotros: Dios es:

- nuestra ancla.[4]
- nuestra esperanza.[5]
- nuestra paz.[6]

- nuestra sabiduría.[7]
- nuestro liberador y nuestra salida.[8]

Solamente existe Uno que puede liberarte de veras y sanar la desilusión. La Biblia afirma que nuestra ayuda viene del Señor, hacedor del cielo y la tierra.[9]

Dios nos brinda seguridad y refugio de las tormentas de la vida. Corre hacia él, ¡no de él! El plan del Señor siempre es prosperarte, no lastimarte.[10] Él asegura: «Acérquense a Dios, y él se acercará a ustedes».[11]

Reconoce hoy que el Señor está obrando en tu vida y que te ha evitado más calamidades y problemas de los que te puedas imaginar. Confía en que él es bueno y que te sostendrá en cualquier dificultad que pudieras enfrentar.

2. Confía en la sabiduría de Dios, aunque las cosas no tengan sentido en tu mente

Cuando estás desilusionado es muy fácil estancarse o preguntar:

¿Por qué me sucedió esto?

¿Qué hice mal?

¿Por qué tengo que sufrir? Soy una buena persona. ¡Sirvo a Dios!

¿Por qué yo, Señor?

Y así sucesivamente. Lo cierto es que en este lado del cielo nunca entenderemos algunas cosas. Confiar en Dios no significa que siempre tendrás todas las respuestas. Es más, si tuvieras todas las respuestas no necesitarías confiar en él. Por eso la Biblia dice: *No confíes en tu propia visión e inteligencia.* Que comprendamos o no una situación no cambia a Dios ni su carácter. «Lo secreto le pertenece al SEÑOR nuestro Dios, pero lo revelado nos pertenece a nosotros».[12] Si el Señor no te revela algo entonces debe tener una razón, porque lo secreto le pertenece.

Me gusta la actitud de David en Salmo 131.1-2: «No busco grandezas desmedidas, ni proezas que excedan a mis fuerzas.

Todo lo contrario: he calmado y aquietado mis ansias». Él entendía que no le era posible tener todas las respuestas a sus inquietudes. También comprendía que si se la pasaba preguntando por qué, se acercaría a una vorágine de confusión y ansiedad. En lugar de eso, David aquietó sus ansias poniendo su confianza en Dios.

Cuando enfrentas adversidad, tú también puedes hacer lo mismo. Puedes optar por hacer de lado las preguntas sin respuesta y dejar que el alma se calme y aquiete. También puedes estar quieto y saber que Dios es Dios. Puedes confiar en su fidelidad y bondad, y en que siempre tiene tus mejores intereses en su corazón. Puedes optar por seguir adelante y no dejar que tus inquietudes te alejen de tu destino.

He descubierto que hay ocasiones en que miramos hacia atrás en nuestras vidas y agradecemos a Dios que las cosas no resultaran como queríamos. Ese trabajo que deseabas con tanta desesperación te pudo haber consumido y quizás no te hubiera ayudado a pagar las cuentas. Ese auto que creíste que contestaría tus oraciones por transporte podría haber resultado una costosa chatarra. La cita en que pusiste tus esperanzas podría haberte traído muchos pesares en lugar de rosas.

A veces nos damos cuenta que lo que pedíamos o queríamos no es realmente lo que necesitábamos, ni es el mejor plan de Dios para nuestra vida. Pasamos por cosas que no entendemos hoy, pero que comprenderemos mejor en el futuro. Podremos mirar hacia atrás y ver la sabiduría del Señor: cómo él no estaba castigándonos o haciéndonos caso omiso, sino guardándonos y protegiéndonos. Veremos que estaba dirigiendo nuestros pasos desde el inicio. Confía incluso en que aunque no siempre sabes qué es lo mejor para tu vida (aun cuando creas que sí), Dios siempre lo sabe.

3. Espera en que el Señor te reconforte

No tienes que tener una relación muy duradera con alguien para que esta persona te desilusione. En ocasiones ocurre algo sin importancia como que te llegue tarde a una cita o que olvide tu cumpleaños. Otras veces las razones son más dolorosas: esa persona te miente o te traiciona abiertamente. Es posible que la gente te hiera, te desilusione, te desafíe o te rechace, pero Dios nunca lo hará. Él está lleno de amor y compasión, y promete reconfortarte en medio de todos tus problemas.[13]

Cuando los niños pequeños se caen y se raspan las rodillas aunque sea solo un poco, gritan y lloran como si se hubieran fracturado las piernas. Pero cuando los sientas en tu regazo y les colocas una curita infantil, entonces todo está bien. Ya nada les duele. Ya no lloran. Están tan felices como pueden, y salen corriendo a mostrar esa curita para que todos la vean.

Igual es Dios con nosotros. Cuando enfrentamos una desilusión en la vida podemos colocarnos en el regazo de Dios Padre. Él nos sostendrá y nos consolará. Nos dejará llorar un rato, escuchará nuestros temores y calmará nuestros corazones como nadie más puede hacerlo. Lo único que se necesita es un toque de nuestro Padre celestial, exactamente como esa curita, para saber que todo va a estar bien. El amor divino es mucho más grande que nuestro dolor.

PARA AYUDARTE MÁS

Comparte tu esperanza y Dios cosechará esperanza para ti

La Biblia nos dice que cosechamos lo que sembramos. En otras palabras, Dios hará que nos suceda lo que hacemos por otros. Cuando animas a alguien recibirás ánimo. Cuando levantas el espíritu a otro ser humano, el Señor levantará el tuyo. Cuando amas a alguien que atraviesa dificultades, Dios se asegurará de que recibas amor en medio de tus propias angustias.

Algo poderoso ocurre cuando empiezas a ayudar a otros

a pesar de tus propias necesidades y desilusiones. La Biblia menciona específicamente diez cosas que Dios hará (Isaías 58.8-11):

1. Tu luz despuntará como la aurora.
2. Al instante llegará tu sanidad.
3. Tu justicia te abrirá el camino (¡no te llevará hacia atrás!)
4. La gloria del Señor te seguirá.
5. Llamarás, y el Señor responderá.
6. Brillará tu luz en las tinieblas, y tu noche será como el mediodía.
7. El Señor te guiará siempre.
8. Te saciará en tierras resecas.
9. Fortalecerá tus huesos.
10. Serás como jardín bien regado, como manantial cuyas aguas no se agotan.

Estas no son tan solo ideas hermosas; son promesas de Dios, y las hace a cada persona que se atreva a mirar por sobre sus propias necesidades y a extenderse hacia los demás con el mismo amor que el Señor nos brinda.

4. No compares tu vida con las de otros

Es fácil mantener tu enfoque en lo bueno que otra gente tiene. Te toparás con personas que parecen no tener los problemas tuyos. Parecen felices y bendecidas todo el tiempo. Pero tú no, y comienzas a fijarte en sus cargas y a compararlas con la tuya que es muy pesada. Al poco tiempo has puesto la cereza de autocompasión en lo alto de tu helado de desesperación.

Esto es lo que David empezó a hacer en Salmo 73. Básicamente expresó: «Señor, estoy metido en graves problemas, pero cuando veo otras personas me da envidia. Son prósperas. No tienen luchas. Sus cuerpos son sanos y fuertes. Parece que he mantenido en vano un corazón puro».

¿Has pensado eso alguna vez? *¡Dios, he hecho todo lo correcto y aún tengo problemas!*

Pero David comprendió que estaba transitando por el sendero equivocado. Debió cambiar su manera de pensar. Afirmó: «Cuando traté de comprender todo esto, me resultó una carga insoportable».[14]

Cuando nos comparamos con otros, nos oprimimos y nos deprimimos. La comparación no es saludable física, espiritual ni emocionalmente. Podemos descarrilarnos del camino en que Dios nos quiere: vivir en abundancia. Imagínate tratando de conducir en alguna parte en que nunca has estado y que en vez de seguir tu propio sistema GPS, tratas de seguir el del auto que se halla a tu lado. ¿Parece ridículo? ¡Lo es! Ni siquiera sabes a dónde se dirige ese otro vehículo. ¿Cómo puedes esperar que sus instrucciones te ayuden a llegar a tu destino? Tienes que interesarte en tu propio volante, en tus propios asuntos; corre tu propia carrera, sigue tu propio destino. Cada persona tiene sus propias batallas que conquistar.

Dios te guardará en perfecta paz si confías en él.[15] Si en medio de tus desilusiones mantienes fijo tu pensamiento en Dios y no en otras personas, él te mantendrá en ese lugar de perfecta paz.

5. En tu tiempo de escasez suple la necesidad de alguien más

Aunque no te sientas mejor, o más fuerte, aún tienes algo para dar. Enfocarte en ayudar a otros hace que quites la mirada de ti y de tus problemas. Te ayuda a darte cuenta que no eres el único que está triste, lo cual puede evitar que te aísles y te revuelques en autocompasión. Yo hice el esfuerzo de orar por otros y animar a otras personas que enfrentaban problemas de infertilidad. Sembré semillas en medio de mi necesidad, cuidando hijos ajenos. Esto me ayudó a quitar la mirada de mí, me dio gran experiencia con niños, y además bendijo a otros.

6. No te preocupes por cambiar lo que no puedes cambiar

Por mucho que nos cueste aceptarlo, simplemente a veces hay algunas cosas en la vida que no podemos cambiar. Para empezar, definitivamente no podemos cambiar a los demás. (He estado tratando de cambiar a mi esposo durante veintiún años, ¡y aún no he tenido éxito!) En ocasiones no podemos cambiar las circunstancias, el informe médico, o el hecho de que un hijo se haya descarriado. La buena noticia es que servimos a un Dios que sí puede hacerlo.

«Para los hombres es imposible … pero … para Dios todo es posible».[16]

Esto no significa que simplemente nos sentemos en un sillón y no hagamos nada. No, debemos hacer todo lo posible y confiar en que el Señor hace lo que no podemos hacer. Recuerda que Dios nunca te dejará varado cuando pones tu confianza en él.

Cómo el Señor se lleva las «des» y te deja la «ilusión»

Ver eso es lo asombroso de los lugares de desilusión. Dios no te dejará en ellos. Los redimirá usándolos para darte lo que de otro modo no tendrías: un trabajo que solo tú puede realizar, una historia que solo tú puedes contar, una pelea que solo tú puedes ganar. El Señor cambiará tu campo de desolación en uno de esplendor, tu campo de batalla en un lugar de bendición, tu confusión en un mensaje.

Un amigo me dijo una vez: «Lisa, en tu desilusión puedes descubrir la ilusión de Dios».

Este hombre amable estaba expresando: El Señor quitará las «des» y te dará su «ilusión».

Esto fue exactamente lo que nos sucedió a Kevin y a mí. Nos era imposible cambiar nuestra situación, pero podíamos enfocarnos en el hecho de que Dios no estaba limitado por nuestras circunstancias.

Así que aunque estábamos tristes, aunque también nos preguntábamos por qué, decidimos dejar que el Señor hiciera lo suyo, y que haríamos lo que solo nosotros podíamos hacer. Leíamos la Palabra de Dios y repasábamos sus promesas: «Los hijos son una herencia del SEÑOR».[17] Kevin y yo sabíamos que Dios no nos retendría esta herencia. Orientamos nuestros corazones en que el Señor cumpliría esta promesa a pesar de nuestras circunstancias negativas, y en mantener nuestra fe en el Dios que realiza milagros.

Un día durante este tiempo nos llegó por correo una muestra gratis de pañales, pero que en lugar de contener un solo pañal, contenía dos.

—¡Mira, Lisa! —exclamó Kevin, mostrándome las muestras—. ¡Dos pañales para nuestros gemelos!

Esa era la fe de mi esposo hablando. También lo puso por escrito. Agarró un marcador y escribió en el paquete: «¡Nuestros gemelos! Diciembre 17, 1993». Luego guardó esos pañalitos como las promesas de Dios que habíamos ocultado en nuestros corazones. Qué fe tenía Kevin.

Y qué fidelidad nos mostró el Señor, porque todo el tiempo estuvo obrando tras bambalinas a nuestro favor. Él estaba poniendo en orden los acontecimientos mientras yo me desesperaba por no poder quedar embarazada.

Dios me digirió al sabio consejo de un médico y amigo cristiano, el Dr. Reginald Cherry, quien me ayudó a superar esta temporada de mi vida con oración y medicinas para la ansiedad.[18] Mientras tanto, el Señor estaba obrando en otros detalles: los hijos que tanto deseábamos.

Kevin siempre había tenido un deseo de tener y adoptar hijos, pero la adopción no era algo que me llamara la atención porque estaba resuelta a hacer todo lo posible por quedar embarazada.

—Lisa, sabes que siempre podemos adoptar hijos —declaró Kevin un día, volviendo a tocar el tema.

Lo interrumpí con un lamento.

—Lo sé, pero no deseo pasar por otro largo proceso solamente para volver a ser rechazada.

Sin embargo, cuando estuve sola oré al respecto. Manifesté: «Dios, solo tú sabes lo que es correcto. Kevin tiene el deseo de adoptar, pero yo sinceramente estoy cansada y sin saber qué hacer. Necesito tu ayuda porque amo y respeto a mi esposo». Yo no quería cerrar una puerta que el Señor quisiera abrir. A continuación oré algo que nunca había pedido antes o después de ese entonces: «Padre, necesito tener una señal sobrenatural de ti, si la adopción es tu voluntad». Estaba desesperada y necesitaba dirección clara.

En su tierna misericordia el Señor envió una señal.

Todo bebé es realmente un milagro

Pocos años antes de desesperarme a causa de la infertilidad conocí a Nancy Alcorn en una conferencia donde las dos éramos oradoras. Nancy fundó y dirige Mercy Ministries, que ofrece ayuda a chicas con problemas, y me impresionó tanto su historia que fui derechito a saludarla apenas terminó de hablar. Me autografió su libro *Ecos de la misericordia*, y cuando comencé a leerlo simplemente no pude dejarlo hasta que lo terminé. Las historias eran extraordinarias; trataban de muchachas con problemas que hallaban libertad de sus adicciones, baja autoestima, desórdenes de alimentación, y otros asuntos. Nuestra familia e iglesia se contactaron con Nancy, y así seguimos apoyando su maravilloso ministerio.

Sin embargo, nunca se me ocurrió que Nancy fuera el ángel que nos llevara a Kevin y a mí ese mensaje sobrenatural de parte de Dios…

No hasta que ella llamó. Su llamada fue el primer contacto que teníamos en mucho tiempo, y ella no tenía conocimiento de lo que Kevin y yo habíamos vivido en nuestros intentos de iniciar una familia.

—Lisa, quiero que sepas que esta no es una llamada que yo haría en circunstancias normales —comenzó.

Puedes imaginar mi sorpresa por lo que dijo después de hacer una pausa.

—¿Tienen hijos Kevin y tú?

—Aún no —respondí.

—Bueno —continuó ella—. Hay una chica de diecisiete años que acudió a mí porque está embarazada de gemelitas y desea encontrarles un hogar piadoso. La chica tiene algunas exigencias estrictas para los padres potenciales; ha considerado todas las personas que han solicitado en nuestro ministerio, y no ha podido tomar una decisión.

Mi mente ya estaba corriendo. *¿Gemelas?*

PARA AYUDARTE MÁS

Las respuestas de Dios siempre son más

Al mismo tiempo que yo frecuentaba la clínica de fertilidad también lo hacía mi amiga Ruth quien, igual que yo, deseaba tener un hijo. Ella recibió la misma clase de tratamientos, y a menudo nos animábamos y orábamos una por la otra. Pero Ruth tenía una endometriosis peor que la mía. Quedar embarazada parecía incluso menos probable para ella que para mí.

Menos que resulta ser en nuestro pensamiento humano. Dios siempre tiene más en mente de lo que podemos imaginar. Al poco tiempo de que Kevin y yo adoptáramos las gemelas, Ruth me contó que estaba embarazada; ¡y no solo que estaba embarazada sino que ella y su esposo Tim iban a tener gemelos varones!

Dios respondió las oraciones de ambas, pero en diferentes maneras.

Por eso es que no puedes comparar lo que el Señor está haciendo por otros con lo que está haciendo por ti. Él ama a cada persona y está forjando lo que es mejor para cada una.

Pude haber luchado con la trampa de la comparación durante los siete años antes de que Kevin y yo tuviéramos hijos, pues todos mis hermanos y hermanas los tenían, y yo era la hija mayor. Pero mis hermanos menores ya me aventajaban en este aspecto. Todos mis amigos a mi alrededor también estaban teniendo bebés.

Podrías encontrarte en una situación como esa, donde parece que todo el mundo está obteniendo la respuesta que deseas. Por ejemplo: ella tiene el esposo que has ansiado, o él consigue el ascenso para el que te has estado esforzando todos estos años.

Recuerdo la ocasión en que mi hermano Paul habló conmigo:

—Lisa, me siento mal cuando anuncio que vamos a tener otro bebé —me dijo—. ¿Te hace sentir triste no tener hijos propios?

Me conmoví.

—No Paul, ¡estoy feliz de tener otro sobrino! —exclamé.

Sinceramente estaba feliz por ellos.

Colosenses 2.7 RVR60 nos anima a abundar en acciones de gracias, y creo que es interesante que se use la palabra *abundar* porque cuando abundas en acción de gracias empiezan a fluir en ti las misericordias del Señor. Con gratitud comienzas a ver obsequios de Dios alrededor de ti: cómo hacen aquellos que les funcione el matrimonio, cómo aquel compañero consiguió ese ascenso y le está yendo bien en el trabajo. Aprendes que la respuesta de alguien más no es tuya para que cuestiones sino para que celebres. Dios está obrando exactamente en lo que necesitas, y lo está haciendo para dártelo en una manera que no sería correcta para nadie más que para ti; así como la respuesta de alguien más le es entregada en la forma expresamente adecuada para esa persona.

En el caso de Kevin y yo, todas las celebraciones de bebés que habíamos tenido, tanto en las vidas de nuestra familia como de nuestros amigos, nos retornaron multiplicadas por diez. Yo había asistido a muchas fiestas de bienvenida a bebés, y había dado muchos regalos, y ahora íbamos a tener muchos más a cambio. Ni siquiera tuvimos que comprar ropa a Catherine y Caroline durante el primer año. Todos los demás se la dieron como regalos.

Las bendiciones de Dios fluirán en maneras distintas para cada uno de nosotros, pero un aspecto sigue siendo el mismo: Él es misericordioso y generoso, y sabe sin lugar a dudas lo que cada uno de nosotros necesita.

—Lisa —dijo Nancy—. He estado preocupada acerca de esta adopción porque las niñas nacerán en junio. He orado al respecto y sentí fuertemente llamar para ver si Kevin y tú estarían interesados.

Nancy volvió a hacer una pausa, ¡pero esta vez yo estaba lista para manifestarme a través de ese teléfono!

—¿Interesada? —exclamé—. Nancy, ¡reservaste esas bebitas para nosotros, y voy a contarle ahora mismo a Kevin la buena noticia!

Yo estaba tan feliz que casi le cuelgo sin despedirme, después corrí a la oficina de Kevin.

—¡No vas a creer lo que acaba de ocurrir! —expresé, prácticamente rebosante de alegría.

Expliqué toda la conversación con Nancy, y simplemente reímos y agradecimos a Dios por ver lo que acababa de ocurrir.

Sabíamos que fue el Señor quien hizo que esto aconteciera, porque así es nuestro Dios, el Dios de milagros, el Dios que brinda esperanza a cambio de desilusión, el Dios que desea que vivamos de manera expectante.

—Ve a llamar otra vez a Nancy y dile que sí nos interesa —pidió Kevin, radiante.

—Ya lo hice —contesté, también radiante.

—Bueno, ¡ve a llamarla otra vez solo para asegurarnos! —recalcó.

En las semanas siguientes no pudimos borrar las sonrisas de nuestros rostros. Ni el asombro por cómo el Señor nos traía esos bebés. En primer lugar, no solo por el milagro de un bebé sino por los gemelos que Kevin anhelaba; segundo, porque cumpliéramos las exigencias muy específicas de la madre biológica, de que la pareja que adoptara:

1. fuera cristiana,
2. trabajara a tiempo completo en el ministerio,
3. viviera en el sur,
4. viviera rodeada de sobrinos y abuelos,
5. tuviera menos de cuarenta años de edad, y
6. hubiera gemelos en la familia.

—Yo no sé de ningunos gemelos en tu familia, así que hablaré con la madre al respecto —anunció Nancy cuando mencionó el requisito de gemelos—. Quizás ella los libere de ese requerimiento.

¿Liberarnos? Quise volver a estallar de alegría.

—Nancy —le comuniqué con voz repleta de asombro—. No sé si alguna vez te lo dije, pero Kevin es gemelo.

Esta vez fue Nancy quien casi me cuelga el teléfono sin despedirse. Nadie más que Dios pudo haber orquestado este milagro.

Comenzamos el proceso de adopción, esperando con expectativa que nacieran las gemelas.

El Señor hace asombroso todo compromiso

¿Sabías que el tiempo entre la charla de fertilidad que el médico nos dio a Kevin y a mí y la llegada de nuestras gemelas fue exactamente de nueve meses?

¿Cuán asombroso es Dios al instrumentar este tiempo para mí como hace con una madre que lleva su hijo en el vientre hasta el nacimiento? Incluso con este detalle, el Señor estaba obrando tras bastidores. Solo que no lográbamos verlo. Mientras yo estaba en casa sufriendo esos horribles ataques de ansiedad, Dios estaba preparando nuestro milagro.

Es más, incluso antes de que tuviéramos la fabulosa noticia de la adopción, yo aún enfrentaba desafíos de ansiedad. Hubo ocasiones en que creí que iba a ser una mala madre, pero muy en mi interior sabía que yo estaba hecha para algo más que eso, y el Señor me estaba diciendo que estaba hecha para ser una gran madre. Finalmente pude oírlo cuando, durante este período de espera, debí tomar un corto período sabático en el trabajo. No me gustaba ver a Kevin subir al auto e irse porque no quería que me dejara con el temor y la tristeza que me invadían. Así que pasaba tiempo extra leyendo y meditando en la Palabra de Dios. Encontré en la Biblia todos los pasajes que pude acerca de mujeres estériles que recibieron la bendición de tener hijos. Me di cuenta que Moisés, Samuel y Jesús fueron adoptados. Comencé a poner cada vez más mi fe y mi confianza en Dios, y no en cómo me sentía. Y cuando iba a la iglesia sonreía, no porque siempre me sintiera feliz sino porque lo hacía por fe.

Lo asombroso es que la fe se convirtió en realidad. Dios restauró mi alegría y me sacó de una horrible fosa. Me dio una corona en vez de cenizas y traje de fiesta en vez de espíritu de desaliento.[19] Además me concedió tremenda compasión hacia quienes sienten ataques de ansiedad y pánico, los cuales he experimentado de primera mano, y sé que son demasiado reales y espantosos. Pero te puedo decir que son temporales y que los vencerás si pones la confianza en Dios.

Una de las maneras en que el Señor hizo esto fue usando en mi vida la sabiduría de mi padre terrenal. Durante esta época papá me llevaba a dar caminatas para hacerme salir de casa y animarme.

—Papá, oré y leí mi Biblia toda la mañana y me sentía muy bien —le dije en una ocasión—. Pero cuando terminé volví a sentirme mal.

—Lisa, la victoria no siempre viene de la noche a la mañana —contestó él—. Tienes que ser constante en hacer lo correcto, y empezarás a tener éxito con la ayuda de Dios.

Al día siguiente me levanté y pensé en las palabras de mi padre, y resolví permanecer positiva. Decidí poner mi fe, no mis sentimientos, a la vanguardia del día. Así hice al día siguiente y el próximo. Me mantuve diciendo: «Padre, gracias por darme la victoria en esta situación. Sé que esta ansiedad no es tu voluntad para mí, ¡y no claudicaré!» Cuando estaba tentada a sentir desilusión y desesperanza me recordaba la promesa en Salmo 113.9: «Padre, ¡gracias por concederme la dicha de ser madre!»

La victoria no siempre viene de la noche a la mañana. Tienes que ser constante en hacer lo correcto, y empezarás a tener éxito con la ayuda de Dios.

La fe y la persistencia actuaron. La ansiedad cesaba un poco cada día, y en el proceso mi fe crecía.

Podrías decir: «Lisa, ¿cuánto tiempo tardó eso?»

Bueno, para mí fueron varias semanas, pero lo importante es que en tu caso podría tardar mayor o menor tiempo. Pero Dios es fiel, y se llevará tu desilusión y te dará una senda hacia tu destino. Tomará tu actitud de «no puedo más» y la reemplazará con «voy a superar esto». Pases lo que pases hoy día, eso es pasajero y sujeto a cambiar en cualquier momento.[20]

Tú también puedes expresar a diario sobre tu propia vida estas palabras de fe y verás cómo empiezan a afianzarse:

¡Voy a lograrlo!

¡Estoy hecho para algo más que vivir en derrota!

¡Esta temporada en mi vida es pasajera!

¡Voy a cumplir mi destino!

Esto es así porque fuiste hecho para algo más que desilusión y derrota.

Cuando la adopción fue definitiva y recibimos la llamada de Nancy informándonos que nuestras gemelas habían nacido, Kevin y yo vimos cuánto nos amaba Dios. Aunque muy pequeñas, las nenas eran saludables y fuertes. Me convertí en una madre dichosa, ¡y Kevin era un padre eufórico! Al cuarto día de vida de las niñas, las sacamos del hospital y las llevamos a la suite de un hotel, donde viviríamos por diez días mientras concluían los documentos de la adopción. Los miembros de nuestra familia iban y venían para ver a nuestras hermosas bebitas, Catherine y Caroline.

Hoy día nuestras hijas tienen trece años de edad.

Cuando pienso en cómo Dios formó nuestra familia me lleno de humildad y admiración. Es más, tres años después Dios añadió a Christopher a nuestra familia a través de otro milagro entregado por Mercy Ministries, y en la actualidad nuestro maravilloso hijo tiene diez años de edad.

Dios es un Dios fabuloso. Nos ama mucho y muy tiernamente. Le importan nuestros sueños y los deseos de nuestros corazones, deseos que él creó en nosotros. Nada está fuera de su alcance.

Podrías pensar: *Si nada está fuera del alcance de Dios, ¿por qué sencillamente no te abrió la matriz, Lisa, para que tuvieras hijos?*

Sinceramente, no sé por qué. Pero sí sé que Dios es capaz de cualquier cosa, y de todo. Una vez más, sé que el Señor cambió mi *¿por qué?* en *¡guau!* Sé que él ordenó las cosas, antes de la fundación del mundo, para que Catherine, Caroline y Christopher fueran nuestros… y tenerlos es la mayor alegría que Kevin y yo hayamos conocido alguna vez. También me gusta bromear que seguro que no importa que yo no haya tenido que experimentar los nueve meses de embarazo y los dolores, además del mismo parto. ¡Tenemos a nuestros hijos y conservé mi figura!

Más que nada, sé esto: Dios quiere hacer por ti lo que hizo por Kevin y yo. Podría ser un compañero lo que estás deseando, quizás no necesariamente hijos, o un trabajo o misión. Quizás no veas ahora cómo puedan producirse cualquiera de estas cosas porque no han llegado hasta el momento, sin importar lo mucho que te hayas esforzado para que se den. Pero Dios puede cambiar lo que tú no puedes. Él cambiará tus desilusiones y te llevará a un futuro brillante que ha preparado para ti. Él se llevará las «des» y te dará una historia de «ilusión», un mensaje o una misión.

A veces pasamos por cosas que hoy día no comprendemos, pero que en el futuro entenderemos mejor. El Señor podría revelarlas, o podremos mirar hacia atrás y ver la sabiduría y la mano de Dios en nuestra vida. Veremos que él estaba dirigiendo nuestros pasos desde el principio. No siempre sabemos qué es lo mejor para nuestras vidas, pero el Señor sí lo sabe.

Él te da su palabra: «En cuanto a Dios, perfecto es su camino».[21] «Quien en ti pone su esperanza jamás será avergonzado».[22]

Por supuesto, Kevin y yo bromeamos que con ese mensaje también tenemos un par de muestras de pañales. Lo que un anunciante nos enviara como muestra se ha convertido en un pilar conmemorativo: pañales gemelos que proclaman: «¡Nuestras gemelas!»

8

Cómo hallar más cuando no puedes renunciar a las cosas

Puesto que estás hecho para seguir adelante...
y mover montes

Un verano mi hermana menor April, mamá, y yo estábamos solas al cuidado de la casa mientras papá, Tamara y Joel se hallaban en un viaje misionero, y Paul estaba lejos en la facultad de medicina. Mamá se encontraba en casa cuando April y yo, que trabajábamos en la iglesia, recibimos una llamada de un vecino.

«Lisa —avisó el hombre—. Tu madre está bien, ¡pero tu casa se está incendiando y los bomberos están en camino!»

April y yo subimos al auto y salimos corriendo para allá, preocupadas por mamá y por la casa durante todo el trayecto. Se suponía que estábamos al cuidado de nuestra vivienda... ¡y esta se estaba incendiando!

Desde lejos pudimos ver una multitud reunida en nuestra calle. Tan pronto como llegamos hasta donde los curiosos estacionamos el auto y bajamos de un salto para buscar a mamá. Nuestro vecino estaba con ella, y todos observamos cómo los bomberos luchaban incansablemente con las llamas. El vecino me contó que el calentador de agua había explotado, vio el fuego y corrió hacia la puerta. Después de tocar con todas las fuerzas descubrió que nuestra madre se hallaba en otra parte de la casa, ni siquiera consciente de la explosión ni del incendio.

Nos maravillamos de eso, y de que mamá hubiera salido ilesa, mientras los bomberos extinguían las últimas llamas. Cuando terminaron, examinamos el daño. La estructura exterior estaba bien, pero por dentro había cenizas, aunque más fue el daño causado por el humo y el agua que había empapado todo desde el techo y las paredes hasta los muebles y el piso. Al examinar cuidadosamente los escombros vimos que algunos muebles antiguos ya no tenían arreglo. Otros se podrían volver a tapizar, pero muchos estaban en tan mal estado que de todos modos debíamos desecharlos. Lo más doloroso fue hallar valiosos tesoros en el ático, como fotos infantiles, que se habían arruinado. (Me sorprendió descubrir que mi foto de bebé estaba dañada pero rescatable, ¡algo de lo que bromeé con mis hermanos y hermanas como otra prueba de que yo realmente era la favorita!)

En resumen, todo el interior de nuestra casa se había arruinado y era necesario restaurarla por dentro para volver a hacerla habitable. Hasta entonces lo único que quedaba en pie eran los cimientos y las paredes.

Cómo sobreponerse y seguir adelante

El incendio de la casa fue aterrador. Aunque nos sentíamos protegidos de lo que pudo haber sido incluso peor, estábamos tristes por lo que se volvió humo. Nos criamos en esta casa, y era el único hogar que habíamos conocido en la subdivisión Forest Cove de Humble, Texas.

Pero cuando volvimos a mudarnos a nuestra vivienda, ¡fue como si viviéramos en una casa totalmente nueva! Las paredes estaban reconstruidas y recién pintadas. Habían instalado alfombras y pisos nuevos. Incluso conseguimos algunos otros muebles. Esto era asombroso y resultó ser un regalo para nuestra gran familia.

¿No son exactamente así nuestras vidas? Muchas veces intentamos aferrarnos a hábitos, personas o cosas, como un mueble viejo que nos está arruinando. Cuando se arruina algo valioso (como una relación, preciosa igual que una antigua foto de bebé), quedamos devastados. Podemos quedarnos atascados en el pasado, incapaces de renunciar al ayer. Después de episodios aterradores o terribles en nuestras vidas, es fácil aferrarnos a frustraciones, temores, iras o tristezas. Podemos llegar a amargarnos, y hasta llegamos a representar el juego «si tan solo hubiera»: *Si solo hubiera trabajado más duro. Si tan solo hubiera sido más inteligente. Si hubiera sido más hermosa. Si solamente hubiera dado más. Si solo hubiera intentado mejor. Si tan solo hubiera revisado ese calentador de agua…*

Sin embargo, los *si condicionales* no cambian nada. Solo nos mantienen en las cenizas. Hacen que nuestro futuro, igual que el pasado, se haga humo. Pensar demasiado en los *si condicionales* puede convertir nuestros días en un lugar desolado: cubiertos de ceniza, impregnados de ruina… o en un desierto: infinitamente áridos y vacíos.

No logramos ver cómo Dios, similar a todo un equipo de construcción, entra en escena para levantar algo totalmente nuevo sobre nuestro fundamento: el mismo centro de nuestras vidas. Pero si te vuelves a él y escuchas, lo oirás: el sonido de martillos golpeando los clavos en madera nueva, reconstruyendo todo lo que se ha perdido en tu vida, solo que esta vez Dios crea algo nuevo, mejor y más grandioso.

El Señor dice que estamos hechos para algo más que vivir en desiertos y lugares desolados. Sí, él reconoce que llegarás a esos lugares en la vida. Pero mira esta promesa: *Olvida las cosas de antaño; ya no vivas en el pasado. ¡Voy a hacer algo nuevo! Ya está sucediendo, ¿no te das cuenta? Estoy abriendo un camino en el desierto, y ríos en lugares desolados.*[1]

Dios tiene mucho más en mente. Promete abrir un camino en

medio de tu desierto y llevar ríos, frescos y límpidos arroyos, a tu lugar desolado. Él quiere hacer algo que te transforme la vida. El Señor lo expresa simplemente así, ¿recuerdas?

Quiero hacer algo nuevo en tu vida.

¿No te das cuenta?

Lamentablemente, gran parte del tiempo no lo percibimos. Nos atascamos en la misma rutina, las mismas circunstancias, o el mismo ciclo negativo. Nos asimos de nuestro enojo o nuestra frustración. Nos consumimos en la tristeza. No es fácil renunciar a estas cosas; sin embargo, ¿qué pasaría si lo hiciéramos? ¿Qué tal que pudiéramos recuperarnos del pasado y superar cualquier cosa que nos esté impidiendo percibir lo nuevo que Dios nos tiene?

¡Si tan solo (y este es un buen *si*) renunciáramos al pasado! A fin de percibir lo que es nuevo para nuestras vidas debemos olvidar algunas cosas, las cosas antiguas con las que es muy fácil obsesionarnos: pérdidas, vergüenza, culpa, heridas. ¿Cómo podríamos asir alguna vez el futuro si estamos aferrados al pasado?

PARA AYUDARTE MÁS

Una ilustración de renuncia y de dejar que Dios actúe

Una amiga mía, Gabriela, siempre supo que estaba destinada a ser esposa, madre y fotógrafa. Se casó con Abel y tuvieron tres hijos. Pronto Gabriela inició su negocio de fotografía y estaba viendo realizado su sueño.

Sin embargo, con el tiempo su matrimonio comenzó a marchitarse. Abel trabajaba turnos de doce horas. Ambos pasaban los fines de semana en los habituales eventos deportivos de su hijo. Aunque Gabriela trabajaba duro, siempre dejaba lo que estaba haciendo a la una de la tarde con el fin de preparar una gran comida para la familia y mantener limpia la casa: trapear los pisos de baldosa, aspirar y arreglar el jardín. Ella creía que estaba cumpliendo el papel de buena esposa. Esto era lo que su madre hacía para mantener feliz a su papá.

Pero Gabriela no era feliz. Se sentía rechazada y poco apreciada como esposa, y además agotada y frustrada como mujer. Pensaba: *Abel y yo parecemos más compañeros de cuarto que esposo y esposa.* Comenzó a pensar en el divorcio.

Entonces Gabriela recibió devastadores noticias. Su médico le ordenó descanso en cama debido a una disfunción cardíaca. ¿Qué pasaría con su destino, se preguntaba, como fotógrafa, madre y esposa? ¿Habría acabado?

No obstante, en vez de enfocarse en aspectos negativos y aferrarse a lo que solía tener, Gabriela decidió asirse de las únicas cosas que sabía seguras. Primero, sabía que Dios quiere para nosotros más que miseria. Segundo, sabía que le era necesario abandonar sus pensamientos negativos acerca de Abel y comenzar a dar pasos positivos para mejorar su matrimonio. Empezó a enumerar atributos positivos de su esposo y a hacer todo lo posible por ser mejor esposa y por apoyar a su marido.

Con cada paso comenzaron a derribarse barreras. Habló más franca y amorosamente con Abel, y empezó entre ellos una verdadera comunicación que no habían tenido en años. Durante una de sus conversaciones sinceras Gabriela descubrió que a Abel no le importaba si ella cocinaba todas las noches o no. Él se contentaba con una hamburguesa comprada y no tenía idea de cuántas veces su esposa trapeaba o aspiraba.

Gabriela decidió llevar las cosas un poco más allá. Comenzó a enviar a Abel cortos y alentadores mensajes de texto cuando él estaba trabajando. Guardaba cartas especiales de amor para entregárselas en ocasiones especiales. Le escribió una carta pidiéndole perdón por sus deficiencias como esposa. Ella comenzó a esforzarse más en sus relaciones íntimas. Admite: «Nunca antes había usado ropa interior provocativa». Todo eso también cambió.

Paso a paso el matrimonio de Gabriela revivió con el tiempo, y aunque no de la noche a la mañana, recuperó la salud.

Cuando mi amiga rememora cómo su destino como esposa realizada y amorosa casi se descarrila, ella ve la razón. Creía que su esposo deseaba comida muy elaborada y una casa limpia, cuando lo que anhelaba era mucho más. Lo que Abel realmente quería era tiempo con su hermosa esposa. Y al soltar el pasado y mirar hacia el futuro, ella abrió las manos al destino que amorosamente Dios le entregaba.

Conoce al mensajero de «olvidar lo que queda atrás y alcanzar lo que está delante»

Esa es una lista pesada, ¿verdad? Vergüenza y culpa, dolor y fracaso son una parte importante del ser humano. Pero por desgracia son la parte mala, las cadenas que te agobian y te atan a lo que es horrible y triste: aquellas cosas que se han hecho humo en tu vida.

El apóstol Pablo nos habla de esto porque luchó mucho con estas realidades. Él fue apasionado toda su vida y experimentó un pasado intenso de dolor y violencia. Es más, se le llegó a conocer como embajador en cadenas. Renunciar a lo que queda atrás fue una lección que Pablo tuvo que aprender.

Esto dijo a los filipenses: «No que lo haya alcanzado ya, ni que ya sea perfecto; sino que prosigo, por ver si logro asir aquello para lo cual fui también asido por Cristo Jesús. Hermanos, yo mismo no pretendo haberlo ya alcanzado; pero una cosa hago: olvidando ciertamente lo que queda atrás, y extendiéndome a lo que está delante, prosigo a la meta, al premio del supremo llamamiento de Dios en Cristo Jesús».[2]

¿No es esto hermoso? *Prosigo.*

Podrías decir: «Es verdad; sin embargo, ¿fue engañado el apóstol por una ex? ¿Lo maltrató un compañero de trabajo? ¿Lo hirió alguien a quien él amara profundamente?

Bueno, en realidad, sí. Pablo fue maltratado y también maltrató a otros hasta el extremo. Fue herido y también hirió a otros, incluso a Cristo, a quien llegó a amar y a quien dedicó el resto de sus días.

Sí, Pablo debió olvidar mucho. Y Dios lo sabía; pero amaba al apóstol y tenía un plan para su vida. Incluso mientras Pablo obraba contra el Señor y declaraba a Jesús como enemigo, Dios se le reveló mientras Saulo viajaba por el camino a Damasco. Con amor y misericordia el Señor hizo algo nuevo que cambiaría para bien y por siempre la pasión de este hombre de mala a buena.

En el mismo instante en que Dios se mostró, el hombre quedó ciego. La bondad del Señor es demasiado brillante. Fue en esa luz, en medio de su ceguera, que el apóstol comenzó realmente a ver; vio que estaba hecho para algo más, que Dios le tenía reservadas cosas más grandes para su vida. Vio que su pasado de perseguir al pueblo de Dios no lo descalificaba para hacer lo bueno y cumplir tanto su propósito como su destino.

Allí fue cuando Pablo comenzó de veras a vivir con pasión. Lo logró. Dejó atrás sus anteriores fracasos y equivocaciones, sus frustraciones y temores, y siguió adelante.

Céntrate en tu propósito, no en tu pasado

Igual que el apóstol Pablo, es posible que tú también tengas mucho que dejar atrás. ¿No estás listo? ¿Te es útil aferrarte a un fracaso o agravio? ¿Logras algo con eso? ¿Te convierte en mejor persona? ¿Puede eso cambiar tu pasado?

No, aferrarte a terrores o heridas, temores o frustraciones del pasado no logra nada bueno. Es más, te lastima. Puede obstaculizar tu progreso; puede llenarte de amargura y duda. Puede hundir la imagen de ti mismo. El padre que nunca estuvo allí para sus hijos no podrá levantar una nueva relación con ellos hasta que crea que tiene amor para darles, no aversión. El médico que diagnosticó mal a un paciente nunca podrá sanar a otro a menos que decida aprender de su error e intentarlo de nuevo.

Extenderte hacia lo que está delante significa dejar de enfocarte en ti (en todo lo que hiciste o no hiciste) y centrarte en tu propósito y en lo que debes hacer. Significa aceptar que Dios en su Palabra quiere hacer algo nuevo para ti. Significa creer que él cuida de ti, que siempre lo ha hecho, y que siempre lo hará. Significa que en vez de asirte a tu pasado te aferras de la promesa divina de que absolutamente nada te puede separar del amor de Dios. Ni tu pasado ni tu presente.[3]

Así como Pablo, debemos entonces olvidar lo que queda atrás y luchar por lo que está delante. No te debes enfocar en tu pasado sino en tu propósito.

¿Significa eso borrar todo recuerdo? No, olvidar no necesariamente es borrar de tu mente lo que te ha sucedido, sino dejar lo que queda atrás como algo saldado y resuelto. Dios te promete que puedes hacer eso: *No puedes cambiar el pasado, pero lo puedes dejar atrás al reconocer que a mis ojos el pasado está finiquitado y resuelto.*[4]

Seis cosas que se deben olvidar a fin de poder seguir adelante

Si crees que eso es demasiado difícil, considera no creer de ese modo. Si te estás aferrando al pasado, básicamente estás encadenado. Estás arrastrando un pesado grillete con cadena.

¿No es ridículo eso? No solo que parece mal porque los grilletes en realidad nunca se pusieran de moda y las cadenas fueran del año anterior. Arrastrar un pesado grillete con una cadena te desgasta, te derriba, y te mantiene atrapado en un lugar muy limitado. Te ata, lo que significa no llegar rápido a ninguna parte. Te obliga a luchar más y a esforzarte más por menores resultados. Te impide hacer las emocionantes cosas que Dios tiene para que tú hagas. Un grillete con cadena te aprisiona de muchas maneras, pero existen seis eslabones en esa cadena que cuando se rompen te pueden liberar de esa pesada esfera:

1. Renunciar a la culpa

Hace algunos años me hallaba almorzando el día anterior al que tenía planeado irme de viaje para hablar en una conferencia.

—¿Por qué tienes que irte de viaje sin nosotros —preguntó con toda naturalidad nuestro hijo Christopher de siete años en ese entonces.

—Bueno —repliqué—. Una amiga me pidió que hablara en su conferencia.

—Pues bien —objetó en un tono más fuerte—. ¡Pudiste haber dicho no!

Pude sentir literalmente el chapuzón de la culpa. Comencé a explicarle a Christopher que me iría solo durante dos días (¡dos días! ¡Zas!), y que estaría ayudando a unas personas (¡y no a mi familia! ¡Zas! ¡Zas!)

Christopher se quedó en silencio y terminó de almorzar.

Eso pareció satisfacerlo. Pensé: ¡Le expliqué! ¡Lo hice bien! ¡Felicitaciones para mí! Él entendió.

Entonces mi hijo se levantó.

—¡Aún podrías haberte negado! —exclamó mirándome directo a los ojos.

(La gran ola del tsunami chapoteó aquí.)

Especialmente como madre tengo realmente que resistir la tentación de sentir culpabilidad. (Si no tienes cuidado, ¡la maternidad hasta puede hacerte sentir culpable por sentirte culpable!) Es demasiado fácil darme el lujo de emprender un largo viaje de culpa: ¿Por qué pasé hoy tanto tiempo estudiando en lugar de estar más con las niñas? (Ahora estamos llegando a la frontera.) ¿Por qué *me irrité tanto con los chicos hoy?* (¡Ahora estamos dando la vuelta al mundo!)

Cualquiera de nosotros puede emprender un viaje de culpa por cualquier cantidad de razones. Si no tenemos cuidado llevaremos la culpa por todos lados a causa de nuestras debilidades y deficiencias. Nos compararemos con otras personas, sintiendo que nunca estaremos a la altura de ellas. Esa es culpa auto impuesta. Encuentras faltas en ti mismo o culpabilidad y vergüenza. Sueles reprocharte. Te aferras a esa sensación maligna que te hace ver todas las cosas equivocadas o que eres intrínsecamente malo… y eso lo dice todo, porque la culpa no hace sentir bien a nadie. Más bien te hace sentir inseguro, menos confiado, inadecuado e incapaz. Te carcome y te roba el gozo. Impide que disfrutes el presente.

PARA AYUDARTE MÁS

Despójate de las muletas

Renunciar a algo puede ser difícil. Pero en ocasiones nosotros mismos lo hacemos más difícil… a menudo incluso sin que nos demos cuenta. Nos aferramos con toda el alma a ciertas cosas, creyendo que nos ayudarán a desenvolvernos, y hasta a sobrevivir día a día. Pero en realidad nos incapacitan. Nos impiden alcanzar nuestro destino. Estoy hablando de cosas como…

* **adicciones**, todo desde las sospechas comunes acerca de lo que habla la gente, como drogas y alcohol, hasta alimentos y televisión no tan comúnmente mencionados.
* **baja autoestima**, ponernos a creer todo lo que no podemos hacer en vez de creer en lo que Dios puede hacer a través de nosotros.
* **diálogos interiores negativos**, como cuando nos decimos

que no podemos hacer algo mejor, o hacer más, y que las cosas son irrealizables.

Muy a menudo también inventamos excusas personales. Llegamos a consumirnos con cosas pasadas o presentes que no tienen importancia. Permitimos que esos asuntos quiten nuestra atención de lo que Dios tiene en mente para nosotros. Somos exactamente como Pedro en la Biblia.

¿Recuerdas la historia (en Lucas 5.1-11) de cómo Jesús quiso bendecir a Pedro? El Maestro pidió que llevaran la barca de Pedro a aguas más profundas a fin de poder hacer algo especial por su amigo pescador.

Pedro respondió con toda clase de excusas: *Mis compañeros y yo hemos estado trabajando duro toda la noche. Estamos cansados. No solo eso sino que no hemos atrapado ni un solo pez.*

Entonces Pedro comprendió que esas eran muletas y que no lo iban a llevar a ninguna parte, al menos no al gran lugar que Jesús le tenía reservado. Por tanto se despojó de sus muletas y contestó: «Pero como tú me lo mandas, echaré las redes».

Eso era precisamente lo que Jesús esperaba oír. Porque cuando decimos: «Muy bien, Señor, ¡Vamos!», él nos lleva a lo profundo, a lo exquisito, a la *abundancia* que ha tenido almacenada para nosotros desde el principio. Para Pedro, Jesús llenó con tantos peces esas redes que estas se hundían y comenzaron a romperse.

Ese día Pedro no solo se despojó de sus muletas, sino que en su viaje hacia la fe aprendió que con Jesús podía incluso caminar sobre el agua. Pero esa es otra historia…

No obstante, podemos ponerle freno a los viajes de culpa. Aquel día en que Christopher me dijo que pude haber dicho no, supe que debía tomar una decisión al respecto. ¿Adoptaría la culpa o la rechazaría?

Ese día decidí rechazarla. No siempre habría hecho eso, pero estaba aprendiendo que la culpa me roba cosas buenas. Me hunde en un océano de mala sensación hasta que lo único que puedo hacer es nadar en la frustración que yo misma he creado. Eso no hace nada por nadie y solo me impide disfrutar la vida.

A veces tenemos optar por dejar de lado la culpa día a día. Eso significa, situación por situación, opción por opción, aprendiendo a decir: *No puedo agradar a toda la gente. No puedo ayudar a todo el mundo. No puedo hacer todo lo que los demás desean que yo haga. No soy un superhéroe.*

Hace poco vi una cita cómica acerca de esto: «Solo puedo agradar a una persona por día. Hoy no es tu día. ¡Mañana tampoco es que se vea muy bien!»[5]

¿No te anima saber que no tienes que salvar al mundo, o ni siquiera al rinconcito que ocupas en ese mundo? ¡Menos mal! ¡Qué alivio! Podemos negarnos a sentir culpa por lo que no podemos hacer. No tenemos que ser perfectos, solo podemos estar avanzando. Somos libres para enfocarnos en nuestra relación con Dios y con otras personas.

2. Renunciar al dolor de la infancia

Nuestra buena amiga de la familia, Joyce Meyer, cuenta cómo por muchos años mientras crecía, y en su propio hogar, fue víctima de abuso sexual. El horror es inimaginable. Ella lidió por años con toda clase de problemas físicos, emocionales y espirituales; se sintió intensamente indignada; batalló. Todo esto comenzó a controlarla… hasta que decidió hacerlo de lado.

Así es exactamente como Joyce lo describe: Debió tomar una decisión; decidió renunciar al enojo y a estas cuestiones. La libertad no llegó de la noche a la mañana. Con el tiempo Dios la transformó en una hermosa y poderosa ministra que está influyendo en el mundo con las buenas nuevas del Señor. Pero la decisión tardó un instante.

Tristemente, existe un mundo lleno de personas que enfrentan problemas igual que Joyce. Se han criado en hogares disfuncionales y en ambientes negativos. Sin embargo, la disfunción no es rara ni nada nuevo. Comenzó exactamente con la primera familia mencionada en la Biblia. El hijo de Adán y Eva, Caín, mató a su hermano, Abel.[6] Rebeca favoreció grandemente a uno de sus hijos, Jacob, por sobre su hermano gemelo, Esaú.[7] Los hermanos de Moisés tuvieron un problema con la esposa de este, quien era de diferente trasfondo étnico.[8] El hijo del rey David violó a su media hermana, Tamar.[9]

Yo podría continuar, pero no lo haré.

Quizás tú seas uno de los muchos que sufrieron de niño a causa de divorcio, violencia, pobreza, maltrato, incesto o alguna adicción que controlaba a tu familia. Lo siento de todo corazón. Más que eso, el Señor está lleno de compasión por ti. Muchas personas culpan a Dios por los sufrimientos que experimentan, pero la verdad es que él desea tomarte en sus brazos amorosos y restituir lo que te han robado. Él puede curarte las heridas, restaurarte la dignidad, y usarte de verdad para hacer que este mundo sea mejor.

¿Parece imposible? Con Dios todo es posible. Si lo dudas, pregúntale a Reggie.

Reggie se crió con un padre que luchaba con alcoholismo y drogas, y su mamá murió de un tumor cerebral cuando tenía solo veinticinco años de edad. El padre de Reggie se volvió adicto a la heroína, y muchas noches ni siquiera llegaba a casa. Reggie misma comenzó a usar drogas cuando contaba con nueve años.

Una noche a altas horas su padre llegó a casa, la subió al auto, y la dejó en el pequeño departamento de la abuela. Luego se marchó para nunca más volver a involucrarse en la vida de su hija.

A los quince años Reggie intentó asistir al colegio, pero se hallaba demasiado cansada, borracha y avejentada de espíritu para llevar una vida normal de colegio. Abandonó los estudios y se sintió como casa en bares y clubes, trabajando en ellos los quince años siguientes. Beber a diario era ahora parte de su estilo de vida.

A medida que bebía más y más, Reggie perdía trabajo tras trabajo. No podía parar. En su vigésimo quinto cumpleaños entró a su primera reunión de Alcohólicos Anónimos (AA) y estuvo sobria por primera vez en un par de décadas. Comenzó a aprender acerca de Dios y de sus promesas de amor eterno. Por desgracia, su sobriedad no duró porque Reggie siguió volviéndose al alcohol, obsesionada por su horrible infancia y difícil pasado.

En desesperación, buscó a Dios en una iglesia local y lo encontró tanto a él como a personas amorosas que también buscaban al Señor. A los treinta y tres años de edad su vida comenzó otra vez a dar un vuelco.

Reggie pudo haber seguido volviéndose al alcohol, pero el Señor se mantuvo mostrándosele y prometiéndole mucho más. Hoy día ella es una prueba viviente de lo más que Dios tiene en mente, habiéndole ayudado a construir una nueva vida… y a iniciar un nuevo ministerio que comunica la maravillosa gracia de Dios a otros.

Lo que le ocurrió a Reggie te puede suceder a ti. Ella comprendió que el Señor era más grande que su crianza negativa. Decidió creer en el poder de Dios sobre su pasado. Renunciar a ese pasado no significó para Reggie, como tampoco significó para Joyce, dejar libre de culpa a las personas ni minimizar el dolor. Renunciar significa que *tú* decides ser libre para ser quien Dios tuvo en mente que fueras. Significa expresar: *Me niego a dejar que alguien o algún suceso determine mi identidad y mi autoestima.* Significa que tu crianza negativa no te descalifica para vivir de manera bendecida y realizada.

Significa que el gozo puede ser tuyo.

3. Dejar de lado las penas

Hace poco vi una comedia en que una muchacha se golpeaba la cabeza con un bate, diciendo todo el tiempo: «¿Por qué te estás golpeando?» *¡Tas!* «¿Por qué te estás golpeando?» *¡Tas!*

Esa es una ilustración del desconsuelo, exactamente de lo que hacemos cuando nos entregamos al remordimiento. Nos infligimos dolor innecesario. Escogemos confusión y sufrimiento en la mente. Nos mantenemos mirando hacia atrás, hacia lo que pudo haber sido.

Si hubiera hecho las cosas de manera diferente.

Si hubiera sido una buena madre.

Si hubiera tomado mejores decisiones.

Debemos llegar al lugar donde aceptemos el hecho de que no podemos regresar y cambiar nuestras decisiones y acciones.

Hay mejores cosas que podemos hacer, como renunciar a lo negativo. Podemos dejar que el pasado sea pasado de una vez por todas. Podemos aprender de nuestros errores y vivir mejor.

Como mi hermano Joel suele decir: «Deja de mirar por el retrovisor todo el tiempo». En lugar de eso, enfócate en cómo mejorar y en cómo tomar mejores decisiones hoy día.

Mira a Dios y no a ti mismo y anímate, porque Dios es el Dios de otra oportunidad. Él cree en nuestros nuevos inicios. Sus misericordias son nuevas cada mañana. ¿Recuerdas su promesa? *¿Lo percibes? ¡Haré algo nuevo!*

4. Dejar de lado las palabras negativas que otros te han lanzado

Hace unos años me hallaba en un ascensor con una madre y su joven hija. La chica solo estaba siendo una niñita, muy enérgica y alborotada. Quería pulsar los botones ella misma, pero erróneamente pulsó el botón equivocado. Para mi asombro, la madre la regañó y la tildó de estúpida.

Deseé ayudar a esa niña y decirle en voz alta: «No eres estúpida. Eres una persona increíble y Dios tiene grandes planes para ti».

Las palabras de esa madre me partieron el alma. ¿Te puedes imaginar lo que le hicieron a la hija? Al pensar en ese incidente aún me siento triste. Si una persona ultraja a su hijo en público, no puedo imaginarme lo que ocurrirá en la privacidad del hogar.

La gente puede ser muy cruel con sus palabras:

«Nunca llegarás a nada».

«Nunca haces nada bien».

«No eres muy brillante que digamos»

«No eres una buena esposa».

Estas son mentiras difíciles de olvidar. Se hunden en lo más profundo de nuestro ser como una moneda que rueda dentro de la máquina de chicles.

Tintineo. *Soy estúpido.*

Tintineo. *No valgo nada.*

Tintineo. *Nunca llegaré a nada.*

Es muy fácil repasar esas palabras negativas una y otra vez en tu mente, y mientras más lo haces más crees en ellas, y cuánto más las ideas negativas pasan a formar parte de lo que eres.

Pero debes saber ahora que quien pronuncia palabras negativas sobre ti no dice la verdad. No eres lo que la gente dice respecto a ti. Eres creación de Dios y lo que él dice es la verdad. El Señor declara:

Eres una persona increíble, llena de grandeza.

Eres alguien valioso.

Tienes una mente hermosa y única.

Tienes talento como nadie más.

¡Pon eso en tu arsenal de ideas! Repítelo una y otra vez hasta que lo asimiles y empieces a actuar como lo que estás pronunciando.

5. Dejar de lado las pequeñas ofensas

Las pequeñas ofensas se pueden agrandar si no tratamos correctamente con ellas. Muchas veces nos aferramos a pequeñeces que la gente dice y hace, a sabiendas o no, que lastiman nuestros sentimientos. En una escala de uno a diez esas trivialidades son poca cosa, y definitivamente no destrozan la vida.

Creo que las mujeres son más sensibles a las nimiedades:

«¿Viste la manera en que Nancy me miró hoy?»

«Sue no me invitó a su fiesta».

«¡Mi esposo ni siquiera notó mi peinado nuevo!»

Si quieres que tu esposo note tu nuevo peinado, ¡tienes que decirle que tienes uno! ¡Eso es obvio!

No permitas que las pequeñeces se conviertan en una fuente de conflictos en tus relaciones. La Biblia declara que el amor cree lo mejor de cada persona.[10] Dale a los demás el beneficio de la duda. Cree que no tenían intención de ofenderte. Podemos hacer una montaña de un grano de arena en asuntos que realmente no importan. Dejemos de lado esas ofensas y escojamos la paz por sobre el conflicto.

6. Renunciar a la falta de perdón y la amargura

Muchas veces me han preguntado qué hacer cuando te han herido y sientes enojo hacia personas que te han maltratado de veras. Yo también me he preguntado esto muchas veces. Tuve que perdonar a mi ex esposo por querer un divorcio que hasta el día de hoy no entiendo. He debido perdonar a una persona sin rostro y anónima que envió un correo bomba pretendiendo dañar, y hasta matar, a mi padre, y que me dejó llena de cicatrices. He luchado muy a menudo con esta pregunta de cómo perdonar y olvidar… tanto para mí misma como para otros.

La verdad es que si no encontramos una manera de perdonar, la amargura crecerá y se volverá como basura en nuestras vidas. Finalmente se convierte en veneno tóxico que te corroe y te destruye poco a poco el corazón y el espíritu.

Sin embargo, algo asombroso sucede dentro de ti cuando te deshaces de la herida o la ira, de la amargura y la falta de perdón.

Hay un proverbio que afirma: «El que es bondadoso se beneficia a sí mismo».[11] Cuando perdonas y haces de lado la ofensa, te liberas de ese veneno tóxico. Encuentras una liberación que permite a Dios bendecirte y potenciarte de mayor manera. Eso se debe a que la acción de perdonar no tiene que ver simplemente con ayudar a alguien que te ha ofendido. Tiene que ver con ayudarte a ti mismo.

Corrie ten Boom cuenta cómo a ella y a su hermana, Betsie, las pusieron en un campo de concentración nazi por ocultar judíos en su casa durante la Segunda Guerra Mundial. Las maltrataron terriblemente. Betsie murió en aquel lugar. Corrie sobrevivió, intacta su fe en Dios, y se convirtió en conferencista cotizada.

Un día ella estaba en una pequeña iglesia en Múnich, Alemania, hablando de la misericordia y el perdón de Dios.[12] Al final de la reunión un hombre con un abrigo gris empezó a acercarse a Corrie. Algo acerca de la manera de caminar de este hombre hizo que ella se detuviera, y luego comprendió de qué se trataba: él fue uno de los crueles guardias durante aquel encarcelamiento. «El recuerdo llegó en una oleada: el enorme salón con sus fuertes luces por encima de la cabeza, el lamentable montón de vestidos y zapatos en medio del piso, la vergüenza de pasar desnuda frente a este hombre. Pude ver la frágil forma de mi hermana delante de mí, las bien definidas costillas debajo de la piel apergaminada».[13] Corrie se quedó paralizada a medida que

Corrie ten Boom pensó: El perdón no es una emoción. Es un acto de voluntad, y la voluntad puede actuar a pesar de la calentura del corazón.

el guardia se aproximaba.

—Usted mencionó haber estado en Ravensbruck Camp —dijo él cuando estuvo frente a ella—. Yo fui guardia allí, pero desde ese tiempo me volví cristiano. Sé que Dios me ha perdonado, pero le pido que usted me perdone, también.

Corrie se quedó estupefacta. «Recordé la lenta y terrible

muerte de mi hermana en ese lugar —confesó ella—. Y yo, quien había sido perdonada una y otra vez, no podía ahora perdonar».

El hombre extendió la mano hacia Corrie, quien en ese momento pensó: *El perdón no es una emoción. Es un acto de voluntad, y la voluntad puede actuar a pesar de la calentura del corazón.* Sin embargo, ella no quería agarrar la mano del hombre. Silenciosamente oró: Jesús, ¡ayúdame!

Entonces impulsó la mano hacia la de él.

—Te perdono, hermano, ¡de todo corazón! —exclamó ella.

Por un momento el ex guardia y la ex prisionera se quedaron tomados de la mano. Este fue un momento que cambió las vidas de los dos. «Yo nunca había conocido el amor de Dios tan intensamente como en ese momento —narró Corrie—. No fue mi amor... fue el poder del Espíritu Santo el que me ayudó a perdonar».

Cómo renunciar al dolor

Sea que debas perdonar a alguien más o perdonarte para superar tu pasado, hay algo importante que Dios quiere que sepas: a él le encanta el corazón perdonador y te dará el poder para ser libre.

Es más, el Señor te ayudará aquí mismo y ahora mismo. Renunciar al dolor, la amargura y el enojo empieza con una decisión, no con un sentimiento. Así como Corrie se dijo aquellas palabras antes de tomar la mano de aquel guardia, perdonar y renunciar a algo es un acto de la voluntad. Optas por perdonar, no debido a lo que harás por la otra persona, sino debido a que esto es lo mejor para ti.

Optar por perdonar a alguien no necesariamente justifica a quienes te vejaron. Ni siquiera significa que tu relación mejore o se restaure. Pero la decisión trae sanidad y restauración a tu vida y, muchas veces, a la relación misma.

Igual que el peor incendio casero posible, Corrie perdió sus más preciosas posesiones a causa de la posición que tomó por la humanidad. Perdió toda su familia: a su padre, Casper; a su hermano, Willem; a su sobrino, Christian; y a su amada hermana, Betsie. Después de su liberación de Ravensbruck, todo lo que le quedó a Corrie fue residuos de lo que una vez fuera una vida feliz. Ella se pudo haber sentado sobre esas cenizas, y pasar el resto de sus días afligida por tan irremediables pérdidas; pudo haberse aferrado al dolor y la tristeza hasta quedar inutilizada.

En vez de eso Corrie escogió entregar las cenizas a Dios. De todos modos eran demasiadas para cargarlas, afirmó. Cuando entregó esos preciosos restos, dejó que el Señor tomara los fragmentos que quedaban de su vida y ella los llevó por todo el mundo, mientras viajaba y hablaba con sencillez del amor y el perdón de Dios… y se mantuvo diciéndolo hasta que estas palabras llegaron a ser para ella más reales de lo que pudo haber imaginado. Y todo comenzó con una decisión de renunciar a la ofensa.

Desde luego, una vez que tomas esa decisión de dejar de lado todo agravio, seguirán algunas otras decisiones:

- **La decisión de no rumiar la ofensa**. No presiones el botón de rebobinar para repetir la ofensa una y otra vez en tu mente. Cuando haces eso se agitan otra vez la herida y el enojo. En cambio, cuando pienses en quien te ofendió, haz lo que la Biblia te ordena: orar por esa persona.

- **La decisión de no hablar en forma negativa acerca del ofensor**. Escucha tus palabras. ¿Son de enojo y de falta de perdón? ¿O son compasivas? Oí decir esto a alguien y lo creo de veras porque lo he experimentado: Sabes que realmente has perdonado y que te has liberado cuando piensas en esa persona y no te enojas ni hablas negativamente de ella.

- Cuando decides perdonar a alguien estás optando por mostrar misericordia, así como Dios lo hace por ti vez tras vez. La misericordia es simplemente un favor inmerecido.

- Jesús dijo: «Lo que ustedes recibieron gratis, denlo gratuitamente.

Bienaventurados los misericordiosos, porque ellos alcanzarán misericordia».[14] Debes darte cuenta que si quieres misericordia en el futuro, entonces hoy día tienes que ser misericordioso con otros. *Si estás cargando heridas, pide a Dios que te sane el corazón herido.* No tienes que cargar ese dolor emocional toda tu vida. Simplemente debes renunciar a la herida para que Dios pueda sanarte. La Biblia dice que Dios sana a los abatidos y venda nuestras heridas.[15] Corrie ten Boom te diría que el Señor sí sana a los abatidos, y también a ese guardia que le estrechó la mano. Tu Hacedor está en el oficio de reparación, y nada le gusta más que restaurar corazones quebrantados.

La belleza de renunciar a la ofensa

No existe duda de que algunas cosas son más fáciles de abandonar que otras. Para mí estar parada sobre las cenizas de esos cuartos cubiertos de hollín y empapados a causa del incendio de nuestra casa ese verano de 1984, me produjo definitivamente algo de tristeza e incertidumbre. Pero optar por no estar emocionalmente en ese lugar me liberó de la frustración y de más tristeza.

En realidad, optar por mirar hacia adelante y no hacia atrás nos permitió encontrar un poco de alegría en medio de lo que era terrible en ese momento. Durante la reconstrucción vivimos en una suite de hotel, lo cual resultó ser divertido. Después de todo, ¿a qué adolescentes no les gusta tener para ellos camas tendidas y baños limpios, libres de culpabilidad? Qué vida… como estar de vacaciones.

Cuando todo se hubo dicho y hecho, nuestro seguro nos cumplió y nuestra casa fue restaurada con gran belleza. Era casi como llegar a una vivienda totalmente nueva.

Nuestras mismas almas son como lo relatado, en cuanto a los incendios de la vida. Las cosas que nos suceden nos hacen sentir que nos quemamos vivos, que quedamos en cenizas y ahogados en un océano de tristeza y pérdida. Es muy tentador querer aquello que era tranquilo, familiar o amado antes de los incendios en nuestra existencia. Pero cuando nos liberamos del pasado y nos aferramos a la esperanza, vemos cómo Dios cumple sus promesas. Vemos cómo sus promesas son verdaderas. El Señor convertirá tu lamento en baile, y tu tristeza en gozo. Te dará una corona en vez de cenizas.[16]

Dios quiere hacer algo nuevo. Te quiere movilizar hacia tu destino… y mover montañas. Él está listo para dar nueva libertad a los agobiados por la culpa para que disfruten esa libertad. El Señor espera conceder no solo perdón sino otra oportunidad a los pecadores. A los afligidos les otorga alegría. A Reggie le dio un nuevo comienzo; a Corrie, el poder de perdonar.

No se puede saber lo que Dios tiene reservado para ti cuando decides renunciar a las ofensas, pero una cosa es segura: Aquello será maravilloso, hermoso y nuevo.

¿Lo percibes?

9

Cómo hallar más cuando te han etiquetado

Puesto que estás hecho para levantarte por sobre las expectativas de los demás

He luchado casi toda mi vida por pesar aunque sea cuarenta y cuatro kilos. Hoy día esto no es un problema para mí, pero hasta hace diez años parecía un desafío enorme. Conozco muchas mujeres que creen que sería fabuloso ser tan delgada, pero cuando no logras ver más que huesos no es tan fabuloso. ¿Qué chica desea ser una escuálida?

Por un lado, nuestra familia era muy atlética, menos yo. Tal vez debido a mi temprana enfermedad nunca me atrajeron los deportes. Mis hermanos y hermanas competían en todo, y yo disfrutaba asistiendo a sus partidos y viendo a mis hermanas como porristas. Pero yo siempre parecía ser la última en actividades de educación física, especialmente en carreras. El único deporte en que me iba bien era cuando jugábamos «quemados», ¡y eso porque yo era tan flacuchenta que los demás no acertaban toparme con la pelota! Y realmente mi mayor actividad atlética era unirme al equipo de levantadoras de ánimo con mi amiga Betsy.

Mientras tanto, sin embargo, mis compañeros de clase y hasta mis hermanos se burlaban de mí por mi falta de habilidad atlética y mi demacrada infancia. Créeme, he oído todos los chistes de flacos en que puedas pensar…

«Eres tan flaca que apuesto que tienes que saltar en la ducha para poder mojarte».

«Cuando te pones de costado, desapareces».

Uno de los peores apodos que los chicos del colegio me ponían era Olivia Olivo.

¿Has visto alguna vez la tira cómica *Popeye*? Bueno, Olivia Olivo era la figura en forma de vara de los dibujos animados, la chica tan delgada que parecía un mondadientes y que tanto Popeye como su archirrival Brutus amaban. Ella era de aspecto flaco, esquelético y plano. Ser delgada se vería bien hoy, pero no en ese entonces. Así que el apodo de Olivia Olivo no solo era hiriente, sino un insulto.

Olivia Olivo.

Cómo hería ese calificativo… y provocaba.

Por años tuve esa imagen negativa en la mente: que yo era demasiado plana y demasiado flaca. Tú sabes lo crueles que pueden ser los niños, pero yo aprendí a reír con ellos. No obstante, en lo profundo de mi ser ese apodo me horadaba la autoestima. Creía que yo no era aceptable porque no me veía como las otras chicas. Es decir, a las mujeres nos gusta tener algunas curvas, ¿verdad? Y yo solamente era una vara. Solía vestirme para hacer que luciera un poco más llenita. Siempre henchía mi ropa, y me alegré de verdad cuando se pusieron de moda los rellenos de hombros, pues podía usar un poco aquí y allá.

Entonces comprendí que había dejado que esas palabras no solo afectaran el modo en que me vestía sino que controlaban totalmente la manera en que yo pensaba acerca de mí misma y hasta cómo me comportaba. Llegué a aceptar las etiquetas que otros me daban. Y no solamente las aceptaba sino que las creía.

No creas todo lo que oyes

¿Ha tratado alguien de etiquetarte alguna vez? ¿Te han dicho qué no puedes hacer y qué no puedes ser?

A veces permitimos que nos impida avanzar lo que la gente nos dice. Intentan catalogarnos y les permitimos que lo hagan. Aceptamos las palabras que pronuncian sobre nosotros, y dejamos que nos impidan cumplir nuestro potencial. Otras veces somos culpables de etiquetarnos nosotros mismos.

¿Has hecho eso? ¿Estás seguro? Todo el tiempo oigo a gente decir cosas como: «Mi vida es repulsiva». «Detesto mi trabajo». «Si fuera más atractiva tendría más oportunidades en la vida».

Esto es lo que hacemos. Decimos cosas que nos impiden hacer y ser lo que Dios determinó que hiciéramos y fuéramos, cosas que nos refrenan. Ponemos etiquetas a toda nuestra vida.

Por años acepté la etiqueta OLIVIA OLIVO que uno de los muchachos más desconsiderados de la escuela un día me lanzara y repitiera, y que luego otros corearan con los años, incluso yo misma. Algunas personas han puesto etiquetas a sus vidas: PERDEDOR. COBARDE. RETRASADO. FEO. ESTÚPIDO. ABURRIDO. BUENO PARA NADA. EGOÍSTA.

Cuando expresas esas cosas te estás robando tu destino. No impidas tú mismo cumplir el propósito para el cual estás destinado. No permitas que nadie más que Dios determine tu destino.

PARA AYUDARTE MÁS

Reflexiona en lo que está bien contigo

Te puedes enfocar en algo que tú o alguien más dice que está mal en ti. Pero eso no hará más que atascarte, y hacerte sentir mal e indigno respecto a ti mismo. Sin embargo, ¿qué tal si decides pensar en lo que está bien contigo, en que Dios te hizo exactamente como quería y necesitaba, para que hicieras las grandes cosas que tiene en mente para ti?

La Biblia narra la historia de un hombre llamado Amán que enfrentó esa decisión.

Amán decidió creer lo que otros dijeron, y en consecuencia puso su vida sobre la senda de la destrucción. ¿Sabías que debido a tus propias decisiones puedes poner tu vida en el sendero de victoria o de destrucción?

Amán reaccionó de manera totalmente exagerada ante lo único negativo en su vida: que otro hombre, Mardoqueo, no se inclinara ante él. Esto hirió el orgullo de Amán, quien debió haber creído que básicamente Mardoqueo estaba diciendo (lo cual así era): «No eres digno de mi adoración».

Amán tenía ideas más grandes de sí mismo que en realidad eran ciertas. Era rico y se sentía con derecho. Un día fanfarroneaba acerca de su vida ante su esposa y sus amigos, presumiendo de su riqueza, sus hijos y su honra, y se dio cuenta de una verdad: las cosas no lo hacían especial. Si Mardoqueo no se inclinaba ante él, no era el tipo tan fabuloso que se creía.

Amán pensaba en Mardoqueo día y noche, hasta que permitió que el corazón se le llenara de ira. Quería venganza. Pero no la quería solo en Mardoqueo. Eso no era suficiente. La quería sobre todo el pueblo de Mardoqueo. Amán decidió deshacerse de todos los judíos. Como era muy manipulador convenció al rey que los judíos estaban en rebelión contra el monarca. Así que el rey emitió un decreto para eliminar a todos los judíos de Persia.

Lo que Amán no sabía era que la reina Ester, la mujer a la que el rey tanto amaba y que era parienta de Mardoqueo, también era judía.

Pobre Amán. Decidió pensar en todas las cosas equivocadas, las que creyó que le definirían su destino, pero en lugar de eso definieron su perdición. Escuchó sus propios razonamientos y trató de instrumentar lo que creyó que sería el acontecimiento de su vida, en vez de escuchar a Dios.

Muchos de nosotros somos como Amán. Solo podemos ver y oír cosas negativas en la vida. Pero tenemos una alternativa. Podemos dejar que circunstancias o comentarios negativos, que alguien declara o que expresamos nosotros mismos, destruyan nuestra paz y nuestro gozo.

Pero nada de eso vale la pena.

Al contrario, si pensamos en lo bueno, en Dios, él hará una senda para nosotros. Él nos mostrará cosas aun más grandes.

Quizás siempre quisiste enseñar matemáticas, pero alguien te dijo una vez que solamente los eruditos de Harvard deberían hacer eso, y tú llegaste solo hasta un instituto superior. ¿Vas a permitir que ese comentario te impida ir tras tu sueño? ¿O quizás te gusta la jardinería, cultivar plantas, y en secreto sueñas abrir una floristería? Pero alguien te dijo que solamente aquellos con total comprensión de los negocios deben abrir una tienda. ¿Vas a desperdiciar tu habilidad de jardinero y dejar de llevar belleza a otros debido al comentario imprudente que alguien hiciera alguna vez?

Mi hermano Joel pudo haber escuchado a los negativos cuando entró al pastorado en Lakewood. Incluso algunos teólogos predijeron en el diario *Houston Chronicle* que Lakewood no triunfaría bajo el liderazgo de Joel porque él nunca había predicado antes ni asistido a un seminario. También dijeron que nuestro padre fue un líder tan poderoso y carismático que sería una equivocación que Joel tratara de seguirle los pasos. Pero admiro cómo Joel decidió creer lo que Dios le decía y no lo que otros opinaban. No esperes que otras personas entiendan los sueños que el Señor ha puesto en tu corazón, el destino que ha preparado para ti y hacia el cual moverte gradualmente.

No aceptes lo malo que otros dicen respecto a ti

La vida siempre intentará hacerte creer lo peor respecto a ti. Lo que me sucedió en la infancia le ocurrió a mi amigo Damon en una manera más dramática. Aún antes de su adolescencia, él se convenció de que estaba limitado y marcado.

Las cosas comenzaron a girar descontroladamente para Damon cuando tenía doce años. Su padre abandonó a su madre, y esto destrozó anímicamente al chico. Sabiendo que su padre siempre tenía una pistola cargada en la alcoba, un día Damon decidió quitarse la vida. Ideas de desesperanza e impotencia lo plagaron mientras se ponía la pistola en la cabeza. La mano le temblaba cuando se armaba de valor para apretar el gatillo. Clic. Damon oyó que se liberaba el gatillo… pero se dio cuenta que aún estaba vivo. Aunque la pistola de su padre estaba totalmente cargada, no disparó.

Al descubrir el intento de suicidio de su hijo, la madre de Damon supo que fue un milagro que el arma no hubiera disparado. Con lágrimas corriéndole por el rostro, la mujer le dijo: «Damon, Dios tiene un plan para tu vida y nunca lo olvides».

Sin embargo, Damon lo olvidó por un tiempo. Aumentó su enfado ante la desesperanza y se volvió un rebelde. Luchó contra todo y todos. Lo calificaron de buscapleitos, y el rector de su colegio le pronosticó que estaría en prisión para cuando cumpliera dieciocho años. Otro adulto, quién por casualidad oyó a Damon insultando en un evento deportivo, repitió esa predicción: «Te habrán encerrado para cuando tengas dieciocho años».

La rebeldía de Damon lo llevó a unirse a grupos de odio racial, alimentando así su ira y sus actitudes rebeldes. Una noche en una fiesta estalló una pelea y las balas comenzaron a volar. Damon disparó, alcanzando a dos personas. La gente gritaba mientras llamaron a la policía a acudir al lugar de la escena. Al oír las sirenas que se aproximaban, Damon se fugó dentro de la cajuela del auto de un amigo. Este amigo salió corriendo a toda velocidad y dejó a Damon en el bosque, mientras helicópteros sobrevolaban buscando sospechosos.

Yaciendo allí a solas en medio de la oscuridad del bosque,

siendo perseguido, Damon reflexionó en todas las etiquetas que le habían impuesto: CHICO MALO. CRIMINAL EN CIERNES. MARGINADO. ENEMIGO. Su actual circunstancia pareció repentinamente desarrollarse en cámara lenta y pensó: *¿Cómo llegué aquí?*

Entonces, se acordó de lo que su madre le había dicho: "Damon, Dios tiene un plan para tu vida".

Lanzó una oración hacia el cielo: «Dios, si logras sacarme de este infierno en que me encuentro te serviré el resto de mi vida».

Damon creyó en la promesa del Señor relacionada con un plan, y quiso hacerle a su vez otra promesa, y Dios le tomó la palabra.

Después de orar, el joven contó que el temor y la desesperación que estaba sintiendo se derritieron. De repente, una paz que nunca había conocido llenó todos los lugares donde había habido ira, dolor y frustración. Estando allí en la oscuridad por unos instantes, Damon caviló en Dios, y luego tomó su camino a casa. Nunca le preguntaron acerca del incidente, aunque otros, incluyendo su novia de entonces, fueron detenidos por la policía para ser interrogados. Damon tomó en serio la promesa que había hecho en el bosque. Decidió re-etiquetarse. Volvió al colegio para terminar su educación. ESTUDIANTE. Comenzó a asistir a una gran iglesia y finalmente a una escuela bíblica para jóvenes adultos. BUEN HOMBRE. Se dedicó a ayudar a jóvenes y compañeros conflictivos. AMANTE DE DIOS Y DE LA GENTE. Brindó esperanza a otros a quienes también habían etiquetado erróneamente, advirtiéndoles los peligros de las malas amistades. COMBATIDOR DEL CRIMEN.

Damon aprendió que es decisión nuestra creer las palabras negativas que otros nos han expresado, o que podemos decidir creerle a Dios.

Tú no eres un perdedor. *Eres un ganador.*

No eres un fracasado. *Eres valioso.*

No eres un bueno para nada. *Tienes algo único e increíble para ofrecer a este mundo.*

Tu destino no son callejones sin salida o pabellones de muerte. *Tu vida es digna de ser vivida... y de vivirla de modo suntuoso, abundante y sin límites.*

Si tan solo sigues adelante, hacia cosas positivas para ti y para otros, entrarás en el plan de Dios para tu vida. Él es más grande que cualquier problema de novios o novias, que un hogar destrozado, que adicciones a drogas, que pensamientos de suicidio, o que sentimientos de desesperanza. Así como lo hizo con Damon, Dios te sacará de lugares tenebrosos, del bosque de la vida, y te ayudará a re-etiquetarte de acuerdo a como él te ve.

¿Pedirás ser re-etiquetado?

¿Estás listo para una nueva identidad? Me encanta la historia bíblica de un hombre llamado Bartimeo porque quiso ser conocido como Dios lo veía, y no estuvo dispuesto a escuchar lo que otros decían acerca de su destino.[1] Tampoco aceptaría un no por respuesta a sus súplicas de una nueva identidad. Bartimeo estaba sentado a un lado de la calle, mendigando en la ciudad de Jericó, cuando oyó que Jesús venía en camino.

El ciego estaba muy emocionado. Comenzó a gritar a todo pulmón, una y otra vez: «¡Jesús, ten compasión de mí!» Quería llamar la atención del Maestro. No quería perder su momento, pero sus gritos estaban molestando a quienes lo rodeaban. La fe radical de Bartimeo era demasiado para ellos. Por esto reprendieron al ciego, indicándole que se callara.

Estas personas le pusieron esa etiqueta: ESCANDALOSO. FASTIDIOSO. No comprendían en absoluto el sueño de Bartimeo. No tuvieron simpatía alguna por la súplica del mendigo. ¿Puedes imaginar eso? Habrías supuesto que esta gente tendría compasión y ayudaría a Bart. El hombre estaba ciego y no podía llegar hasta Jesús sin ayuda. Estas personas sabían que Jesús podía sanarlo. Acababan de ver al Maestro realizando tales milagros. Pero en lugar de ayudar a Bartimeo, le dijeron que se callara.

Me gusta cómo el ciego no aceptó un no por respuesta. La reacción de la gente hacia él solamente lo volvió más decidido. La Biblia dice que Bartimeo gritó aun más y más fuerte. «¡Jesús, ten compasión de mí!»

Y de repente Jesús se detuvo y dijo: *Oigo el grito de fe. Oigo a alguien extendiéndose hacia su destino. Oigo a alguien que se niega a aceptar un no por respuesta. ¡Tráiganme a Bartimeo!*

Ahora el ciego había captado la atención de Jesús, y las personas a su alrededor mostraron una actitud distinta. Dijeron: *Ánimo, Bart. Jesús te está llamando. Déjanos ayudarte a llegar hasta el Maestro. Ah, y mira lo que hicimos, Jesús.*

Muchas personas intentarán disuadirte, pero cuando alcances tu destino estarán tocando a tu puerta. Actuarán como si tu esfuerzo o tu visión fueran ideas de ellos. Muchos de nosotros somos demasiado inconstantes la mayor parte del tiempo. Por eso es que debes hacer caso omiso de los calificativos que te ponen los demás, y seguir lo que oyes que Dios te está diciendo. Escucha lo que él expresa que eres y puedes hacer.

Para esto se necesita determinación. Se requiere fe inquebrantable en lo que dice el Señor, no otras personas. Bartimeo clamó a Jesús hasta captar su atención. Jesús lo sanó y lo elogió por tan inquebrantable fe. A veces renunciamos con demasiada facilidad. Cedemos ante las palabras que otros nos dicen o que nos decimos nosotros mismos. Decide alcanzar tu destino. Cuando los demás traten de detenerte con sus palabras, simplemente muéstrate más determinado que nunca. Ellos no tendrán poder para alejarte de lo que Dios tiene preparado, a menos que les entregues ese poder.

Quita las etiquetas negativas

Por supuesto que es más fácil decirlo que hacerlo. Siempre habrá individuos que dudarán que seas más de lo que ellos creen que eres. Vivimos en un mundo de personas que cada día plantan tales pensamientos, y a menudo nosotros regamos y hacemos germinar aquello que nos dicen. Hasta los profetas de antaño lidiaron con esto.

Jeremías era un hombre joven cuando el Señor lo llamó a hacer grandes cosas con su vida. Dios declaró: «Antes de formarte en el vientre, ya te había elegido; antes de que nacieras, ya te había apartado; te había nombrado profeta para las naciones».[2]

PARA AYUDARTE MÁS

Jesús puede darte una nueva etiqueta

Esto hizo por Pedro, un pescador que aceptó la invitación del Maestro a seguirlo. Antes de que se encontraran, Pedro era conocido como Simón, un pescador inculto que debía trabajar mucho en su carácter y relaciones. Como ves, a Pedro lo habían etiquetado de CASCARRABIAS, IMPULSIVO, CABEZA DURA. El hombre se relacionaba erróneamente con los demás, soltaba lo que le salía de la boca, hacía cosas a su manera aunque esto le ocasionaba problemas.

No obstante, Jesús no vio esas etiquetas. No vio a Pedro como era en el presente, sino como Dios tenía en mente que fuera, y como el pescador llegaría a ser cuando se relacionara con Jesús. El Maestro etiquetó de esta manera a Pedro: APASIONADO, DECIDIDO, FUERTE.

Jesús le dijo: «Tú eres Simón, hijo de Juan. Serás llamado Cefas (es decir, Pedro)» (Juan 1.42). Jesús quería decir: *Tú eres mi roca. Quizás ahora tu vida sea arena zarandeada, pero cuando yo te tome entonces serás sólido como una roca.*

Eso es lo que Jesús hace por nosotros. Toma lo que somos y nos envuelve. A Jesús le gusta cómo el Padre nos hizo, ve lo que es mejor y saca eso de nosotros, incluso conformando y afilando nuestras mejores cualidades como lo hace el alfarero con la arcilla para crear un objeto hermoso y perdurable.

> Piensa en aquellas palabras que describen lo que eres. Escríbelas. Pon la lista en tu Biblia o pégala en algún lugar visible. Ora por esas etiquetas y por cómo Dios puede cambiar cualquier cosa negativa en positiva. Ora pidiendo al Señor que te re-etiquete y te dé un nuevo nombre.
>
> Dios promete hacer eso: «Le daré también una piedrecita blanca en la que está escrito un nombre nuevo que solo conoce el que lo recibe» (Apocalipsis 2.17). Reflexiona en qué nombre tendrá tu piedrecita.

Vaya. Dios tenía grandes planes para Jeremías, planes que comenzaron incluso antes de que el profeta naciera. Pero él batalló para creerlo. Se había impuesto muchas etiquetas: DEMASIADO JOVEN, MAL ORADOR, NO LO SUFICIENTEMENTE BUENO. Abrió la boca y se metió en problemas. Le dijo a Dios: *¡Espera, Maestro y Dios! Mírame. No sé nada. ¡Solamente soy un muchacho!*

Si tan solo Jeremías hubiera sabido, igual que deberíamos saber nosotros, que cuando Dios habla, debemos saber callar y escuchar porque él contesta: «No digas: "Soy muy joven", porque vas a ir adondequiera que yo te envíe, y vas a decir todo lo que yo te ordene».[3] Dios hablaba en serio porque tenía un destino para Jeremías. Además fue firme al respecto. El Señor expresó: *No pronuncies esas palabras sobre tu vida. Yo te creé, y sé qué eres capaz de hacer. Si fueras demasiado joven, ¿no crees que yo lo sabría?*

El Señor no quiere que te pongas una etiqueta negativa, y hoy te está diciendo: *Deja de decir esas cosas negativas. Es hora de extirpar las etiquetas. Quita las limitaciones de ti. Cuando lo hagas, te sorprenderá lo que halles.*

Busca etiquetas positivas

Felizmente tuve padres que me expresaron palabras positivas de ánimo. Ellos rechazaron las etiquetas de otras personas de lo que no podríamos hacer, comenzando con los médicos en mi nacimiento, quienes dijeron que yo nunca caminaría ni me desarrollaría bien, y que tal vez nunca llevaría una vida remotamente normal.

Gracias a Dios. Debido a que mis padres creyeron en mí y no en las etiquetas, he sorprendido a todo el mundo. Camino bien, y no sé si mi vida ha sido normal o no, pero estoy agradecida de que mis padres también me ayudaran a rechazar esas etiquetas.

Es más, mi madre Dodie dice a menudo: «Haz que tus palabras sean dulces porque quizás algún día tengas que tragártelas».

Las palabras dulces que ella usaba para mis hermanos y yo fueron definitivamente las más adecuadas. Cada mañana cuando salíamos corriendo hacia la puerta para ir al colegio, ella oraba sobre mí (y específicamente sobre cada uno de nosotros): «Gracias, Padre, porque Lisa es bendecida y la rodeas con tu favor. Los ángeles de Dios velan sobre ella. Ningún daño, accidente o fracturas de huesos vendrán sobre ella». Luego solía decir: «¡Ahora vayan al autobús!»

Esa era solo una parte normal de nuestra rutina matinal, y es asombroso lo lejos que un mensaje de ánimo puede llegar. Las palabras de nuestra madre nos sostuvieron en medio de la enfermedad, y ninguno de nosotros se rompió alguna vez un hueso.

Nuestro padre era igualmente generoso en pronunciar buenas palabras sobre nosotros. Todo el tiempo atraía bendiciones sobre nosotros.

—¿No es difícil criar a todos esos hijos? —solían decirle.

—No —respondía papá—. ¡Son regalos de Dios y los disfrutamos!

Cuando yo oía eso me erguía un poco más.

—Solo espera a que se vuelvan adolescentes —decían otros—. Te van a causar muchos problemas.

Pero nuestro padre se negaba a ponernos esa etiqueta de CONFLICTIVOS.

—No voy a temer los años de adolescencia —contestaba—.

Vamos a disfrutar cada año porque todos nuestros hijos son bendiciones.

Eso también me hacía erguir más, y desear ser mejor y de bendición. Las palabras de mi padre levantaban el nivel de mi autoestima.

Cada uno de nosotros puede hacer lo que papá y mamá hicieron por nosotros. Me gusta pensar en esto como si usaras tu pistola de etiquetas verbales... me refiero a esos aparatos que te permiten escribir palabras y producir etiquetas adhesivas. Bueno, ¡te animo a conseguir tu pistola imaginaria de etiquetas y a usarla! Si tienes que hacerlo, cambia las etiquetas en tu vida. Empieza emitiendo buenas palabras sobre tu cónyuge, tus hijos, tus amigos.

Hace unos años yo hablaba con una amiga acerca de sus ideas para sus reuniones de damas, y me llamó la atención su ingenio. «¡Eres muy creativa! —exclamé casualmente—. ¿Cómo se te ocurren todas esas cosas?»

No fue sino hasta hace poco que supe lo que eso significó para ella. Me contó que yo fui la primera persona en decirle que era creativa. En esa época mi amiga tenía casi cuarenta años y nunca había pensado de ese modo acerca de sí misma. Pero ese comentario sincero provocó algo en ella, y se dio cuenta que aquel era uno de los dones que tenía desde que permitiera que el Señor se lo desarrollara más.

Es asombroso cuán lejos puede llegar un mensaje de aliento, y cuánto más hay reservado para y acerca de quien se pronuncian palabras amables.

Seguramente las palabras que otros emiten, o que emitimos, nos alimentan con verdad o mentira, y también alimentan a los demás. Pero comprendo que no todo el mundo está rodeado de tales personas positivas y leales como lo estuve yo con mis padres.

Un hombre llamado Jabés no tuvo esa bendición.

A quien etiquetaron como Jabés

Extraño el nombre de Jabés, ¿verdad? Incluso en tiempos bíblicos este nombre era algo raro, casi tan malo como Icabod. Su madre le puso el nombre Jabés porque significaba «dado a luz con dolor, causa de males, y padece aflicción».

¡Ay! Si creías que tu madre era mala, ¿qué te parece esta? Qué mujer tan amargada como para poner por nombre a su hijo el dolor que tuvo ella al llevarlo en el vientre. ¿No experimenta toda mujer algún dolor al dar a luz?

Lo que la madre de Jabés hizo fue proyectar su dolor y amargura en su hijo. Eso ocurre muchas veces en la vida. Quizás te esté sucediendo a ti. Para Jabés, cada vez que su madre pronunciaba su nombre, le estaba expresando: *Me provocaste aflicción. Nunca olvidaré el dolor que me ocasionaste al nacer.* Esta mujer trató de etiquetar a su hijo y avergonzarlo toda la vida.

Me intriga lo que se escribe acerca de Jabés, cuya historia está casi oculta entre una extensa lista genealógica de las tribus hebreas.[4] El primer capítulo de 1 Crónicas empieza a enumerar la genealogía con Adán para luego continuar enumerando descendientes a lo largo de los capítulos dos y tres. Pero luego llegas al capítulo cuatro y el autor deja de enumerar nombres y hace algunos comentarios notables. Por alguna razón el escritor determinó: *Tengo que contar la historia de Jabés. No puedo decir tan solo su nombre.*

Y eso es lo asombroso. Debido a su mismo nombre, la etiqueta a la que su madre pretendió darle un significado de algo malo, Jabés llegó a ser conocido por lo que simbolizó todo el tiempo: algo bueno.

PARA AYUDARTE MÁS

¿Has etiquetado alguna vez a otros?

¿Has etiquetado a alguien más como MENOS QUE, INDIGNO,

MALO, DESCALIFICADO? Cada uno de nosotros ha juzgado en algún momento la valía de alguien más.

Jesús declaró: «Ama a tu prójimo como a ti mismo» (Lucas 10.27). A menos que aprendamos a amarnos y valorarnos como Dios lo hace, en realidad no podremos amar a otros. Cuando comenzamos a ver el valor que el Señor nos da, entonces comenzamos también a ver el valor de otras personas. Cuando reconocemos lo que Dios ha hecho por cada uno de nosotros, seremos menos críticos y sentenciosos, y más misericordiosos y amorosos.

Dios nos creó a cada uno de nosotros, ¿y quiénes somos para criticar o juzgar lo que él hizo y respecto a lo cual declara como su obra maestra?

Comenzando hoy mismo, decide ser intencional acerca de esto. Piensa en lo que la Biblia nos dice: «No tienes excusa tú, quienquiera que seas, cuando juzgas a los demás, pues al juzgar a otros te condenas a ti mismo, ya que practicas las mismas cosas» (Romanos 2.1).

Cambiar tu manera de pensar de crítico y moralizador requiere simplemente esto: Cada vez que te descubras rebajando a otros o a ti mismo, detente. Eso es todo. Exprésate a ti mismo: *No voy a pensar de este modo. No voy a criticar la obra de Dios. En lugar de eso voy a buscar algo positivo que pensar o decir.*

Esto es vivir como Jesús nos enseñó: Amar a los demás como a nosotros mismos.

La Palabra de Dios nos dice que Jabés era más importante que sus hermanos.[5] Su madre lo llamó Jabés, diciendo: «Con aflicción lo he dado a luz». Pero él oró a Dios: «Bendíceme y ensancha mi territorio; ayúdame y líbrame del mal, para que no padezca aflicción».[6]

Y el Señor le concedió la petición.

Cuando Jabés se extendió hacia Dios, ¡se estaba extendiendo hacia más en la vida! Este hombre se negó a dejar que su propia madre lo rotulara y determinara su destino. En vez de vivir por debajo de su potencial dado por Dios, decidió buscar más en la vida. Pidió en grande. Hizo una oración corta pero transformadora, e hizo al Señor cuatro peticiones poderosas que cambiaron su destino para siempre.

Ora como Jabés por ninguna limitación ni etiqueta

Tú puedes hacer las mismas súplicas que Jabés hizo a fin de cambiar tu vida para bien en cada aspecto.

1. Ora: «Dios, bendíceme »

Cualquiera que sea la familia o comunidad en que te hayas criado, puedes liberarte del dolor, la reputación negativa, y la esclavitud. Dios tiene más para ti, si tan solo se lo pides. Su Palabra nos recuerda esta misma realidad: no tienes porque no se lo pides al Señor.[7] Eso es todo lo que Jabés hizo. Simplemente pidió de este modo: *No deseo llevar una vida de aflicción. ¡Quiero ser diferente a mis hermanos y a mi madre! ¡Sé que estoy hecho para algo más que esto! ¡Anhelo llevar una vida bendecida!*[8]

Y el Señor contestó; bendijo a Jabés de modo que su destino incluso haya llegado a nuestros oídos miles de años después, y aún hoy estamos hablando de él. Dios hizo hermoso el nombre de Jabés, ya no significaba aflicción, porque la Biblia nos dice que a través del linaje de Jabés tuvimos a Jesús.

No debes repetir la amargura o el horrible ciclo de tus padres, de tu crianza o tu comunidad más de lo que hizo Jabés. Y lo único que debes hacer para romper el ciclo es pedir: «Dios, bendíceme», y esperar a ver lo que el Señor hará.

2. Ora: «Dios, engrandéceme»

Jabés quería más que la aversión de su madre. ¿Quieres más tú… más que lo que los demás dicen respecto a ti? ¿Quieres marcar

una diferencia, hacer grandes cosas? ¿Has determinado: *No pre-*
tendo quedarme donde me encuentro hoy día. Estoy listo, Señor, para
que hagas algo nuevo en mí? Entonces pide a Dios igual que hizo
Jabés. Clama en voz alta como hizo Bartimeo:

¡Engrandéceme!

¡Cámbiame!

¡Transfórmame!

¡Úsame!

¡Ábreme puertas!

¡Multiplícame!

¡Agranda mi influencia!

Dios no solo está escuchando sino que es tierno, y las historias tanto de Jabés como de Bartimeo muestran que el Señor te oye
y que te abrirá un camino.

3. Ora: «Señor, ¡que tu mano esté conmigo!»

Jabés no quería ir a ninguna parte sin la presencia, el favor y la
bendición de Dios. Eso significa que comenzó a buscar maneras
de que el Señor estuviera a su lado, en lugar de las palabras de su
madre. Buscó la dirección en Dios a cambio de una etiqueta de
aflicción. Escuchó al Señor en su vida y no a otros.

Tú puedes hacer lo mismo. Puedes renunciar a las etiquetas
que otros te pondrán. Puedes tomar la mano del Señor y él no te
la soltará. Él promete hacerlo.[9]

4. Ora. «Señor, ¡líbrame de una vida de aflicción y dolor!»

Jabés determinó: *No permitiré que mi madre decida mi destino. No*
quiero vivir en aflicción. ¡Quiero vivir para ti, Señor! Deseo ser bendi-
ción para otros. Jabés reconoció el poder de las etiquetas y cómo
su madre trató de usarlas en él. Determinó que su madre no tenía
la autoridad para escogerle el destino, y no quiso causar a alguien
más la aflicción que él había experimentado.

Hace muy poco me di cuenta que debía abandonar algunas

palabras negativas que alguien expresara sobre mí algunos años atrás. Esta persona era una dama bien intencionada, pero manifestó algo negativo acerca de mi futuro, y no comprendí sino hasta mucho tiempo después de ese incidente que aún me hallaba atada por lo que ella dijera.

Yo había permitido que las palabras de esta mujer afectaran mi vida actual. Sin saberlo, había dejado que sus pensamientos, por irreflexivos o bienintencionados que fueran, echaran raíces en mí. Siempre estaban en el fondo de mi mente. Yo no tenía nada en contra de esa señora, pero sus palabras me estorbaron durante veinte años. Ella intentó poner una limitación en mí, aunque sin saberlo.

Por tanto, debí erradicar esas palabras negativas, de las cuales me libré, igual que Jabés. Manifesté: «¡Creo que tengo un futuro bueno y brillante! Renuncio a esas palabras negativas porque no son parte de mi vida o destino». Cuando oré para ser liberada de la angustia y el dolor de esas palabras, experimenté libertad en mi espíritu.

Dios desea que elimines cualquier etiqueta negativa a fin de que puedas ser libre para disfrutar tu vida y cumplir tu propósito. Sin embargo, además de orar como Jabés, ¿cómo haces eso?

Mírate como Dios te ve

El Señor quiere que tengas una buena imagen de ti mismo y que te sientas bien con relación a quién eres. Él te creó y creó tu destino, y tiene una gran etiqueta esperándote. Dios nos insta a presentar nuestros cuerpos como sacrificio vivo, santo y agradable a él, porque esta es nuestra verdadera adoración.[10]

Observa que el Señor no dice que te presentes tú mismo a él, si puedes predicar, o si tienes grandes talentos, o si ya estás etiquetado por otros como ASOMBROSO, GRANDE, MAGNÍFICO.

No, la Biblia declara: *Preséntale tu vida a Dios y deja que él la tome. Hazte disponible para él, y lo que no puedes hacer, él lo hará.*

Hacer esto es una acción que empieza en la cabeza, lo que

significa que debes saber y creer que a Dios le encanta cómo te hizo y que te formó para hacer algo grandioso. Las imágenes que tienes de ti mismo afectan tus acciones y reacciones, tus relaciones y todo aspecto de tu vida. Por eso es que debes levantar tu autoimagen de acuerdo con lo que Dios dice, no otras personas. Él no quiere que vayas por la vida apaleado y oprimido, teniendo pensamientos negativos respecto a…

- **tu relación con él**, porque Dios desea que sepas que te ha aceptado y te ha escogido. En realidad te eligió para sí mismo.
- **tu personalidad**, porque con amor te hizo tal como eres: maravillosamente. El Señor te dio ciertas cualidades y características que nadie más posee como la absoluta combinación que hay en ti; además, él tiene planes solo para ti.
- **tu apariencia física**, porque tu valor y tu belleza no se basan en tu apariencia exterior. Tu valía se basa en el ser interior del corazón. Calidez y bondad salen de tu espíritu. Eso no significa que no debas cuidar de ti ni tratar de lucir lo mejor que puedas, pero debes enfocarte más en lo que tienes internamente.
- **tu habilidad o falta de habilidad**, porque Dios quiere que te pares erguido como su hijo o hija, que tengas confianza y seguridad en él. Podrías decir: «No siento confianza. No tengo habilidad». Comprendo. A veces yo me siento un poco nerviosa cuando voy a hablar, sintiéndome inadecuada. En esos momentos hago lo que sé que funciona: Doy un paso en fe (podrías llamarlo un salto, ¡una zambullida!) Busco confianza en que Dios me ayudará. Lo que cada vez aprendo de nuevo es que si no sales en fe y haces algo, el Señor no te puede ayudar, y no conocerás la emoción de averiguar lo que él puede hacer a través de ti.

Para comenzar a trabajar en lo que estas cosas significan en tu vida cotidiana existen tres elementos que puedes poner en práctica ahora mismo.

1. Escucha lo que tú mismo dices acerca de ti

No puedes controlar lo que otros dicen respecto a ti, pero sí puedes controlar tus propias palabras. Muchas veces nosotros mismos somos nuestros peores calificadores, y nos atrapamos diciendo cosas como:

- «No gusto de mí mismo». La trampa: Si no gustas de ti, empiezas a pensar que tampoco debes gustarle a otros.
- «No puedo hacer nada bien». La trampa: Si crees que todo lo haces mal, pierdes confianza en ti mismo.
- «No tengo hermosura alguna». La trampa: Si crees que no tienes atractivo para otras personas, empiezas a actuar según tu creencia, luego lo crees, y creas falsas ilusiones de lo que es hermoso.

Tales expresiones y pensamientos negativos te arrojarán a una espiral de lobreguez. Mientras más aspectos negativos pronuncies acerca de ti, más llamas la atención hacia ti y tus debilidades. Al poco tiempo lo que dices se vuelve cierto y otros comienzan a verte como débil, y vives a la altura de eso… o lo mezquino de eso.

Todos tenemos defectos, pero debemos aprender a enfocarnos en nuestras fortalezas. Una de mis amigas solía hablar siempre de su nariz grande. Yo creía que esta mujer era hermosa, pero muy a menudo hablaba de lo que consideraba un defecto.

—¡Odio mi nariz! —solía decir mi amiga—. Tiene joroba.

Todos tenemos defectos, pero debemos aprender a enfocarnos en nuestras fortalezas.

—¡Ni siquiera me he dado cuenta! —le rebatía yo—. Deja de pensar en eso.

Por desgracia, después de señalarme una y otra vez su nariz imperfecta, yo también comencé a fijarme en ella. Empecé a notar la joroba. Demasiadas veces nos quejamos de cosas que otros ni siquiera notan. Por tanto, ¡shhh! No se lo digas a nadie y aprende a acallar esa mala voz en tu propia mente.

En realidad la nariz de mi amiga no era tan grande, pero sus comentarios la hacían visible porque en ellos voceaba su inseguridad vez tras vez. Yo no habría notado en absoluto esa nariz si mi amiga no se la hubiera pasado hablando mal al respecto.

¿Cuáles de tus debilidades, incapacidades e inseguridades estás resaltando... tanto a ti como a los demás?

Si no puedes hablar nada positivo en tu propia vida, entonces declara lo que la Biblia afirma respecto a ti. ¿Sabías que ella se refiere a ti? ¡Así es! Mira esto. La Palabra de Dios expresa: «Diga el débil, fuerte soy».[11] Eso significa: No digas lo que sientes y ves en ti. En vez de eso di lo que el Señor señala acerca de ti:

- «Soy hijo de Dios y tengo bendición».[12]
- «Soy talentoso e inteligente, y tengo dones».[13]
- «Mi belleza viene de mi interior... de la persona oculta del corazón».[14]
- «Dios me ama y me valora; me ha aceptado y yo me aceptaré».[15]

Tú te animas o te desanimas con lo que expresas. Puedes levantar o disminuir tu autoestima con tus propias palabras. Así que escucha lo que estás formulando acerca de ti.

2. No te compares con otros

Nunca te sentirás bien acerca de ti mismo mientras te fijes en otras personas y te compares: «Quisiera ser así. Quisiera poder hacer eso. Quisiera ser una madre como esa. Quisiera poder tener un negocio como el de él. Quisiera parecerme a ella».

No, si los deseos fueran peces, ¡esa clase de perorata te haría oler muy mal! En otras palabras, amontonar sobre ti deseos como esos es pésimo. Si Dios hubiera querido que fueras como alguien más, te habría hecho como esa persona. En vez de eso te hizo... ¡a ti! ¡Único! ¡Especial!

Por supuesto, hay ocasiones en que miramos a alguien más y

pensamos: *Qué gran mamá. Qué gran papá. Qué gran cocinera. Qué creativo. Cuán atlético.* Y quisiéramos ser esa persona. Yo hago eso. Pero estoy aprendiendo a detenerme y decirme: *Eso es lo que hace especial a esa persona. Aprecio esas fortalezas en ella, pero las mías son distintas. Tengo diferente personalidad y voy a ser aquella persona que Dios creó para que yo fuera.*

Alguien dijo una vez que le gustaría que yo predicara más como Joel. Cuando oí eso, lo primero que pensé fue: *No quiero predicar como Joel porque no deseo ser una imitación de alguien. Soy un original.* Además, Joel tiene su estilo único. Es más, todos mis hermanos y hermanas predican, pero nuestros estilos de comunicación son diferentes. Desde luego que existen similitudes porque somos de la misma familia, pero el Señor hizo a cada uno de nosotros único a nuestra manera. Si he de cumplir mi potencial tengo que ser yo… y tú tienes que ser tú. Dios desea que sepas que no hay nadie como tú, y que solo tú eres impresionante y poderoso en tu propia manera de ser. El hecho de que tengas algunas de las mismas fortalezas o dones de alguien más no significa que haya algo malo contigo.

3. Reconoce tus propias cualidades y dones especiales

Dios te hizo único. Te hizo especial. Podrías tener inclinaciones musicales, pero ni siquiera Beethoven fue hecho igual que tú.

Cuando medito en unicidad me viene a la mente una de nuestras voluntarias en Lakewood, quien arma los más asombrosos paquetes de información. Ella está bendecida con dones naturales de organización. No todo el mundo tiene ese don, y ella lo está usando precisamente para nosotros.

La Biblia dice que de su gran variedad de dones espirituales, Dios nos ha dado a cada uno un don y que debemos usarlo para servirnos unos a otros.[16] ¿Captas eso? Has recibido un don, algo que otras personas no tienen exactamente como está en ti. El Señor añade: «Ejercita el don que recibiste».[17]

La etiqueta final

Cuando empiezas no solo a ver cuáles son tus dones sino a calificarte con ellos y a usarlos, tu vida se transformará. Mirarás hacia atrás y pensarás: *¿Cómo podría yo tener una mala imagen de mí cuando Dios ha hecho tanto por mí?* Te preguntarás: *¿Por qué era más fácil ver destino y propósito en las vidas de otros y no en la mía?* Dejarás de usar esas etiquetas de la infancia o la adolescencia, diseñadas por el enemigo y tu propio diálogo interior, de que no eres suficientemente bueno ni lo serás. Empezarás a escuchar las etiquetas que Dios tiene para ti. Él es el Diseñador Final. Hablando de usar las etiquetas del diseñador, usa las etiquetas de Dios:

ESCOGIDO.[18]

PRECIOSO.[19]

CREACIÓN ADMIRABLE.[20]

NIÑA DE MIS OJOS.[21]

JUSTO.[22]

BENDECIDO.[23]

PRÓSPERO.[24]

Dios nos dice que quiere dar a luz algo nuevo en nuestras vidas. Él afirma: *De un solo hombre hice todas las naciones para que habitaran toda la tierra; y determiné los tiempos establecidos para ustedes y los lugares exactos donde deberían vivir. Esto lo hice para que todos me busquen y, aunque sea a tientas, me encuentren. En verdad, no estoy lejos de ninguno de ustedes.*[25]

¿Leíste eso? Dios está cerca. Él tiene la mano sobre ti. Te ha puesto en el tiempo y lugar correcto. El Señor quiere que te alejes del dolor que te producen las etiquetas de otras personas y que entres al gozo del propósito que tiene para ti. Recuerdo el día en que decidí preferir lo que Dios dice acerca de mí en lugar de vivir bajo todas esas antiguas etiquetas OLIVIA OLIVO. Ya que el Señor me ve como su maravillosa creación decidí vivir según eso, aunque me pareciera un poco a Olivia Olivo. Eh, Popeye amaba a Olivia. ¡Quizás otros también! Yo no iba a permitir que alguien robara mi autoestima a causa de lo que algunas personas ignorantes me dijeron. Superar las etiquetas dadas a nosotros es la decisión que cada uno debe tomar. Nadie puede hacerlo por ti.

Cuando estuve en Florencia, Italia, con algunos amigos, encontré un anillo que tiene un retrato de Olivia Olivo. Es grande y ovalado, y el retrato de Olivia está rodeado por diamantes de imitación. ¡Incluso ella usa aretes de diamantes en esa joya! Me gusta usar este anillo. Olivia Olivo solía ser una imagen negativa en mi mente, pero hoy día me inspira a ser yo misma. Este anillo me recuerda que nadie me etiquetará alguna vez ni controlará mi destino. Y la verdad es que cuando miro hoy día a Olivia Olivo pienso que ella es muy hermosa.

Así es Dios. Él tiene un plan para ella, para mí, y para ti. El suyo es un plan sin limitaciones y con solo buenas etiquetas de MÍO, AMADO Y PERFECTO para ti y para mí.

10

Cómo hallar más cuando fracasas

Puesto que estás hecho para triunfar y fomentar el éxito

Hace poco me hallaba en un pequeño pueblo con vista a una de las hermosas playas de California. Un grupo de señoras de una conferencia en que yo era una de las oradoras me llevó allá, y quise tener una foto con todas. Le pedí a un hombre que pasaba casualmente por allí que nos tomara la foto. Nos hizo el favor con gusto y entablamos una conversación.

—¡Me encanta ese Joel Osteen en Houston! —exclamó él cuando averiguó que yo era de Texas.

Sonreímos, y le revelé que Joel era mi hermano.

El hombre se puso eufórico. Con sonrisa radiante y lágrimas de alegría me narró cómo los alentadores mensajes de Joel le habían ayudado a superar un ataque de cáncer.

—¿Asiste aquí a una buena iglesia? —le pregunté.

El hombre inclinó la cabeza.

—Me avergüenza volver a la iglesia —respondió—. Cuando estaba pasando por la quimioterapia regresé a las drogas.

El corazón se me quebrantó ante la vergüenza del hombre y el hecho de que estuviera atascado a causa de su recaída con drogas. Él creía estar acabado totalmente, arrastrado como una de esas piedras en la arena, azotado y lanzado por las olas sobre la playa del océano. Todo el grupo abrazó al hombre y oramos por él.

—Dios le ama —le aseguramos—. El Señor no lo ve a usted como un fracaso. Él hizo que tanto el sendero suyo como el nuestro se cruzaran, porque le quería hacer saber que él cree en usted, a pesar de todo. Dios lo ve como alguien que él ama y con quien desea pasar tiempo… eternamente.

Mientras hacíamos los arreglos para que el hombre asistiera a la iglesia donde yo estaría hablando ese fin de semana, me asombré de tan inesperado encuentro. Yo estaba sacando tiempo de lo que creí que era el verdadero ministerio de mi fin de semana. Este hombre solo estaba pasando junto a un grupo de mujeres mientras caminaba por la playa, pero Dios lo amaba tanto que quiso animarlo. Por tanto el Señor me usó en ese preciso lugar y en el momento exacto, a más de dos mil doscientos kilómetros de Houston.

Lo divertido del asunto es que yo creía que iba a California para cumplir con mi ministerio de hablar en esa conferencia, pero Dios estaba pendiente de un hombre que estaba sufriendo. ¿Quién podría asegurar que quizás mi más grande ministerio no fuera simplemente estar allí para esa persona en la playa?

Si hoy día tú eres «esa persona», Dios también está pendiente de ti, y se desvivirá por encontrarte donde te halles, a fin de ayudarte seguir adelante otra vez en la dirección correcta. El Señor siempre se desvive por ayudarnos. Sin embargo, ¿por qué es tan difícil ver eso cuando fallamos?

Necesitamos el uno al otro

En medio del fracaso, la vergüenza tiene gran parte de la culpa cuando se trata de extendernos a otros. Demasiada gente siente vergüenza de pedir ayuda. Creemos que pedirla es admitir que somos menos que perfectos. Sin embargo, ¡somos menos que perfectos! ¡Somos *imperfectos*! ¿Por qué creer que debamos conservar cualquier otra fachada? Somos humanos, y el Dios que nos creó de ese modo lo entiende.

La Biblia dice que Jesús comprende nuestras debilidades porque él pasó por las mismas pruebas y tentaciones que nosotros, pero nunca pecó.[1] Me gusta la manera en que la Biblia *Message* explica estas palabras: Dios no está fuera de contacto con nuestra realidad, así que caminemos directamente hacia él y obtengamos lo que está listo a darnos. Aceptemos su misericordia y su ayuda.[2]

¿No es fantástico esto? *Aceptemos su misericordia y su ayuda.* Dios nos concede una mano compasiva. Sin embargo, ¿cómo podemos recibir ayuda divina, a menos que aceptemos nuestras faltas y solicitemos ese auxilio?

Cuando pienso en la respuesta a esto me llega el recuerdo de la primera vez que Kevin y yo cargamos a nuestras niñas gemelas en el cuarto de niños del hospital cuando ellas solo tenían un día de nacidas. Una de las enfermeras de turno ese día nos contó una preciosa historia que siempre recordaré, una historia acerca de la necesidad.

La enfermera nos refirió que después del nacimiento no lograban consolar a Caroline. Las enfermeras la alimentaban, la cargaban, y la cuidaban, pero cuando la ponían en la incubadora, ella lloraba. Continuamente. ¿Qué podría estar pasando? La niña estaba alimentada, el pañal estaba limpio, y se hallaba calientita y segura.

Finalmente esta enfermera comprendió lo que pasaba y, en contra de las reglas del hospital, puso a Caroline en la incubadora de Catherine de modo que las gemelas estuvieran juntas. Caroline no volvió a llorar. Es más, las niñas engancharon brazos y durmieron pacíficamente durante los tres días siguientes.

Cómo necesitamos unos de otros. Hasta los bebecitos nos muestran esta necesidad primordial. Fuimos hechos para relacionarnos. Puesto que fallaremos, en nuestras vidas necesitamos personas que enganchen brazos con nosotros, que nos animen y que estén a nuestro lado. Cada uno de nosotros fracasará en algo en algún momento. Y cuando nos encontramos caídos somos más vulnerables. Estamos abatidos. Nos cuesta volver a levantarnos. Por eso es importante que te involucres en una buena iglesia local con un pastor que se preocupe por ti. También debemos ser la clase de personas que animan y apoyan a otros cuando se hallan en necesidad.

La naturaleza humana de fracaso

Todos estamos en proceso de transformación, es decir que cometemos equivocaciones a medida que nuestros cuerpos, mentes y espíritus crecen. Esa es parte del crecimiento: leves tambaleos, grandes caídas. Dios no espera que seamos perfectos, pero sí espera que aprendamos y nos esforcemos, que mejoremos y nos neguemos a permitir que el fracaso nos derrote. Pero entendamos primero algunas verdades con relación al fracaso:

El fracaso podría ser un desvío temporal, pero no es una vía sin salida

Toda persona en el planeta ha experimentado fracaso, pero solo porque falles no significa que seas un fracaso. Si hay algo que deseo que entiendas respecto al fracaso es que este no es definitivo; se trata de una demora, no de una derrota… de un desvío, no de una vía sin salida. Estás hecho para elevarte por encima del fracaso y tener éxito.

Me gusta la forma en que Paul J. Meyer, un hombre de negocios que llegó a ganar millones, manifiesta esto: «Noventa por ciento de todos los que fracasan no son individuos derrotados. Simplemente dejaron de insistir».[3]

Una querida amiga mía, Penny, no pudo haber sido más feliz cuando ella y su esposo comenzaron a pastorear una gran iglesia en Texas. En el colegio ella era la porrista popular a quien todos amaban… y llevó el mismo entusiasmo a su reciente iglesia. En su mente, Penny era como una parte de la gran fiesta de Dios todos los domingos, y todas sus amistades estaban asistiendo. ¿Por qué no? La vida tenía por objeto celebrarse, y la de ella no podía haber sido mejor.

Por desgracia la situación cambió. Amigos de toda la vida se fueron de la iglesia sin motivo aparente. Penny se sintió rechazada y abandonada. Trató de razonar con ellos, pero en vano. Ella comenzó a lidiar con pensamientos de fracaso, culpa y remordimiento: *Quizás hice algo malo. Tal vez no soy capaz de llevar a cabo esta tarea.*

Penny se resignó ante pensamientos negativos y falsos, y de pronto se vio en cama, tan deprimida que no podía levantarse en la mañana. Pasó de saltar de la cama los domingos, emocionada por animar y alegrar a la congregación, a que su madre la obligara a vestirse para luego llevarla a la iglesia.

Síntomas de enfermedad comenzaron a agobiar el cuerpo de mi amiga, aunque los médicos no lograban averiguar qué pasaba con ella. Esto continuó durante un año hasta que un día Penny decidió que ya era suficiente. Determinó que ella no era un fracaso y que el hecho de que algunos amigos se hubieran ido no le cambiaba el plan original de Dios para su vida.

Penny se pudo haber quedado en cama, pero día tras día decidió creer que no estaba hecha para fracasar sino para volar, para remontarse hacia su destino. Hoy día ella y su esposo están viviendo en ese destino. Dirigen una creciente iglesia en medio de dos complejos de apartamentos en el centro de Angleton, Texas, y están marcando una diferencia para personas que necesitan esperanza.

Creo que tú tienes ese mismo espíritu de mi amiga Penny de «levantar y animar a los demás», creo que no eres un derrotista. El mismo hecho de que estés leyendo este libro e interesándote por más en la vida es una señal de que mañana querrás ser mejor de lo que eres hoy. Con ese espíritu nunca fracasarás, y Dios te llevará a donde quiere que estés.

El fracaso es algo que sucede, no una persona

Cuando reflexiono en individuos que se sobrepusieron al fracaso, pienso en Pedro, uno de los discípulos de Jesús. Pero no creo esto porque Pedro personifique el fracaso, pues no es así. El fracaso no es lo que somos o aquello en lo que nos convertimos, sino uno o varios hechos en nuestras vidas que van y vienen. El fracaso es un acontecimiento que las personan superan.

Pedro era esa clase de individuo, de la clase que la mayoría de nosotros podemos entender: con quien nos podemos relacionar. Él era un pescador tosco e insolente, propenso a enojarse con facilidad y a decir exactamente lo que pensaba y sentía precisamente cuando lo sentía, sin importar qué sentimientos estuvieran en juego. Pero Jesús vio gran potencial en Pedro. Es más, el Maestro creía tanto en él que le dio ese nombre: Pedro, que significa «piedra». Cuando ambos se conocieron, el nombre de Pedro era Simón, pero Jesús vio la fortaleza del hombre como de una piedra, y así lo llamó.

Eso es muy animador porque Pedro experimentó muchos fracasos personales, y sin embargo eso no es lo que Dios ve cuando nos mira a alguno de nosotros. Él no ve el FRACASO como un distintivo en una camisa o como un nombre en una gorra de béisbol. Cuando el Señor nos mira, observa nuestros corazones y ve tanto lo que somos como aquello en lo que nos estamos convirtiendo.

> *Dios no ve fracaso cuando nos mira. Observa nuestros corazones y ve tanto lo que somos como aquello en lo que nos estamos convirtiendo.*

Ve la posibilidad en nosotros, una fortaleza tan fuerte como la roca: el potencial.

Dios vio muchas virtudes en Pedro, quien trabajó fielmente con Jesús durante tres años. Sin embargo, este hombre también le falló al Maestro. Pedro cometió toda clase de equivocaciones, algunas pequeñas y otras grandes. En una ocasión no le gustó lo que Jesús estaba diciendo y comenzó a corregirlo y reprenderlo. ¿Te puedes imaginar corregir a Jesús? En otra ocasión Pedro se enojó tanto que le cortó la oreja a un hombre. Jesús sanó misericordiosamente al herido, pero ese grave hecho mostró una tremenda falta de dominio propio en Pedro.

A pesar de las deficiencias de Pedro, Jesús nunca perdió las esperanzas en él. Amaba a Pedro, y mucho antes de que ambos se conocieran, Jesús sabía que el hombre le iba a fallar. Lo que es grandioso y debería animarnos es que cuando Pedro falló, Jesús no lo expulsó como discípulo, no lo regañó, ni le sacó en cara todas las equivocaciones. Otras personas podrían reaccionar así, pero no Jesús.

En vez de eso, el Maestro oró por Pedro y le mostró confianza; además le hizo saber que él, el Hijo de Dios, conocía las debilidades del discípulo y le hizo saber que de todos modos lo amaba. Y oye esto: Jesús incluso dijo: «Yo he orado por ti, para que no falle tu fe».[4]

¿Captaste eso? Dios siempre se está desgañitando por nosotros. Él no está contra nosotros, esperando que arruinemos todo para poder regañarnos. No, él está por nosotros, y cree en nosotros. Jesús incluso ora por nosotros.[5]

No, el fracaso no es una persona, y el amor de Dios por Pedro lo prueba. No mucho tiempo después de que Jesús dijera que estaba orando por Pedro, este negó incluso conocer a su Maestro. Cometió esta equivocación no solo una vez sino tres. Seguidas.

¿Has hecho alguna vez algo de lo que te arrepintieras profundamente, así como Pedro? Yo sí. Supongo que todo el mundo lo ha hecho… o lo hará. Pero lo bueno que podemos aprender de Pedro, lo que me encanta, es que él no perdió la fe en sí mismo sino que admitió su fracaso. Debido a eso pudo seguir adelante, sabiendo que Dios no lo ve como un fracaso sino como un aprendiz; porque, como nos muestra Pedro, el fracaso no es lo que somos. Tan solo es un acontecimiento (o dos o tres) en nuestras vidas.

Dios nos entiende, especialmente en medio del fracaso

Un día, años atrás mientras yo trabajaba en la oficina de la iglesia, un hombre de nuestro personal vino con su hijo adolescente para ver a papá. Este padre estaba muy enojado con su hijo por algo malo que el jovencito había hecho. El hombre esperaba que en términos muy claros papá enderezara a este hijo.

Mi padre escuchó la queja del padre y las acciones del muchacho, entonces le pidió al hijo que saliera por un momento mientras hablaba con el padre.

Luego papá se volvió hacia el padre del muchacho y le sonrió dulcemente. «No seas tan duro con tu hijo —le manifestó—. Es un adolescente. ¿Por qué sencillamente no le muestras misericordia? ¿Por qué no le das otra oportunidad?»

Ese adolescente nunca olvidó lo que papá hizo. Yo tampoco. Mi padre mostraba misericordia porque tenía un gran ejemplo: Dios es un Dios de misericordia.

Olvidamos eso gran parte del tiempo. Pero la verdad es que Dios está cerca de nosotros y sabe cómo nos sentimos. Él no emite juicios de valor; es comprensivo y misericordioso, lento para la ira y grande en amor.[6]

Dios nunca pierde la confianza en nosotros

¿En cuántas personas hemos perdido la confianza debido a que nos desilusionaron? Juzgamos a alguien basándonos en un suceso de su vida, sin darle una segunda oportunidad.

Estoy feliz de que Dios nunca pierda la fe en nosotros, de que no pierda la confianza en nosotros. Aunque podamos perder la confianza en nosotros mismos, el Señor cree en nosotros.

¿Crees en la promesa de Dios tanto como él cree en ti? ¿Qué pasaría si lo hicieras?

Pedro nos ofrece un gran ejemplo en respuesta a esta pregunta. Él pudo haberse amargado y derrotado a causa de sus fracasos, pero no lo hizo. Sabía que Jesús tenía fe en él, y en realidad Pedro llegó a ser esa firme roca que Jesús expresó que sería. Pedro se convirtió en un líder destacado y en un embajador del gran amor de Dios. Incluso hoy día las enseñanzas de este hombre nos alientan en la Biblia. Aunque Pedro cometió algunas equivocaciones graves, aunque falló, no permitió que sus fracasos lo alejaran de su destino.

¿Qué tal si tuvieras esa clase de confianza después de cometer tus propias fallas?

¡Quiero decirte hoy que Dios cree en ti!

Yo creo en ti; estás hecho para algo más que vivir atascado en el fracaso. Fuiste creado para triunfar. Tú también puedes pasar del fracaso y la desilusión a experimentar tu destino.

No permitas que un momento se convierta en toda una vida

Desde luego, la pregunta natural es: ¿cómo? Después de una equivocación, ¿cómo continúas hacia lo bueno? ¿Qué debemos hacer cuando fallamos?

1. Ser sincero y admitir tu falta

He oído decir que las personas fuertes cometen tantas equivocaciones como las débiles. La diferencia es que quienes son fuertes admiten sus errores y aprenden de ellos. Así es como se hacen fuertes. Tú puedes tratar de ocultarte detrás de una fachada de perfección, pero nunca vivirás a esa altura.

Adán y Eva trataron de ocultar su maldad a Dios porque estaban avergonzados y abatidos.[7] ¿No es cómico eso? Nadie se esconde del Señor; él todo lo sabe y todo lo ve.

Aunque Adán y Eva intentaron esconderse, Dios aún fue tras ellos porque los amaba a pesar de que fracasaron. Hubo consecuencias del fracaso de nuestros primeros padres, pero estas no cambiaron la manera en que el Señor se sentía con relación a ellos.

PARA AYUDARTE MÁS

El verdadero arrepentimiento

Pedro le pudo haber fallado muchas veces a Jesús, pero también demostró arrepentimiento verdadero y sincero.

—Tienes que pedirle perdón a tu hermano o hermana —suelo decir a nuestros hijos cuando pelean.

—Lo siento —contestan riendo muchas veces.

—No, ¡dilo de nuevo y actúa como si lo sintieras! —les exijo, conociendo su falta de sinceridad.

Les desaparece rápidamente la sonrisa del rostro.

—¡Lo siento, hermano o hermana! —expresan entonces humildemente.

De igual modo debemos humillarnos ante Dios; no podemos tomar el asunto a la ligera, y eso es lo que aprendemos de Pedro.

El apóstol pecó en grande cuando negó a Jesús, quien incluso le predijo que iba a fallar, pero Pedro discutió con el Maestro y le dijo: «Jesús, ¡jamás te negaré!»

A veces deseamos hacer lo correcto, pero de todas maneras fallamos. La manera en que reaccionamos ante el pecado es lo que marca toda la diferencia en el mundo. Proverbios 28.13 afirma que quien encubre el pecado no prospera, pero que quien lo confiesa y lo deja halla misericordia.

Pedro lloró amargamente debido a su pecado, mostrando verdadera desolación y arrepentimiento. La Biblia dice que si confesamos nuestros pecados, Dios, quien es fiel y justo, nos perdonará y nos purificará (1 Juan 1.9). El verdadero arrepentimiento produce perdón y restauración… y nos muestra que Dios puede usarnos para hacer grandes cosas para él, aunque a veces estropeamos todo.

¿Sabías que Jesús estaba pensando en Pedro y que se hallaba preocupado por él después de que el apóstol pecara? Luego de la resurrección de Jesús, un ángel habló con las mujeres que buscaban al Maestro en la tumba vacía, diciéndoles: «Jesús no está aquí, ha resucitado». Luego añadió: «Vayan a decirles a los discípulos... y a Pedro».

Me encanta eso. Dios quería que Pedro supiera que había recibido perdón y restauración. ¿No sabes que Pedro se puso feliz al oír esas palabras?

Quiero animarte a que te humilles ante el Señor y te arrepientas de tus pecados. Arrepentirse significa dar media vuelta y hacer cambios. Si estás teniendo dificultades por vencer un pecado particular, no lo ocultes o de lo contrario nunca saldrás victorioso. Admíteselo al Señor y pídele que te ayude.

Cuando Kevin y yo nos casamos discutimos porque él manifestó algo que hirió mis sentimientos. Su comentario no era grave y sin duda no tenía intención de ofender, pero me molestó. Sin embargo, Kevin no veía su error. Es más, no creía en absoluto que estuviera equivocado.

Yo me enojé con él, y debía ir a un evento, así que salí furiosa de la casa. No me gusta hacer eso, pero a mi entender él tenía toda la culpa.

Cuando llegué a casa Kevin me esperaba en la puerta usando una camiseta blanca en que había escrito en letras realmente grandes: ¡ME EQUIVOQUÉ! ¡LO SIENTO!

Me gustó aquello. Su gesto me derritió. Me puso muy feliz que él admitiera su error. Después de eso estuve más que dispuesta a perdonar y olvidar. Ni siquiera me importaba ya acerca de qué habíamos discutido. Yo solo quería besar a mi esposo y hacer las paces.

Así es como Dios debe sentirse cuando dices simplemente: «Señor, la regué. ¡Sé que me equivoqué! Lo siento y no quiero volver a hacerlo». Dios nos tiene misericordia cuando llegamos ante él con esta actitud. Nos restaura para él.

Hay quienes creen que Dios está enojado con ellos cuando han pecado, pero esa idea no puede estar más lejos de la verdad. Lo cierto es que Dios te ama y te busca. En todo caso, cuando pecamos el Señor se aflige porque el pecado es lo que nos separa de él... y esto ocurre porque Dios no puede pecar. El Señor es pura bondad. Él quiere tener una relación con nosotros, y no desea que nuestras equivocaciones se interpongan en el camino.

Como dijera nuestro amigo de la familia, Israel Houghton: «Dios no está indignado contigo. ¡Él está locamente enamorado de ti!»

2. *Separar la acción de tu identidad*

No debemos permitir que un fracaso, o acontecimiento, defina quienes somos. Tú podrías haber fracasado, pero no eres un fracaso.

Cuando pasé hace años por un divorcio no deseado debí esforzarme mucho para limpiar de mi mente tanto la disolución como la mentalidad de fracaso. Al principio me veía como UNA DIVORCIADA, es decir, como alguien que había fallado en el matrimonio y a quien siempre etiquetarían de ese modo. Pero debí cambiar la manera en que me veía. Tuve que comprender que Dios siempre me ofrece un nuevo comienzo. Él puede tomar una circunstancia negativa y transformarla para nuestro bien.

Hoy día no me siento como una víctima ni como una simple etiqueta de DIVORCIADA. No, debido al amor y a la tierna misericordia de Dios, me veo de acuerdo con esta otra etiqueta: VENCEDORA.

Tú puedes hacer lo mismo, sin importar cuál sea tu propio fracaso. Puedes optar por no permitir que un suceso defina quién eres o que te aleje del futuro brillante que Dios ha proyectado para ti.

3. Cambiar de enfoque

Más importante es que gastes tus energías haciendo lo que le agrada a Dios. Si te enfocas continuamente en tu fracaso lo revives una y otra vez.

No permitas que un momento se convierta en toda una vida.

Muchos de nosotros permitimos que un fracaso se adueñe de nuestras vidas. Qué desperdicio. En lugar de enfocarnos en nuestras debilidades debemos centrarnos en nuestras fortalezas. Debemos enfocarnos en nuestras metas: crecer; ser buena madre, buen padre, buena esposa, buen esposo, buena persona o buen amigo; trabajar con excelencia; y hacer lo que le agrada al Señor. Esa clase de enfoque anulará el fracaso y nos llevará a las grandes cosas que Dios nos tiene reservadas.

Enfréntate al fracaso con fe

¿Cómo entonces reaccionar al fracaso? Cuando nuestros amigos, compañeros de trabajo, y seres queridos nos fallan, ¿les repetimos todas sus faltas? ¿Nos concentramos en lo que salió mal?

¿Y si pensamos primero en el individuo, no en sus errores? Después de todo, las personas son lo más importante para Dios. Nuestro Padre celestial siempre se extiende con amor y misericordia hacia los heridos para que estos se puedan levantar de cualquier caída. Piensa en lo que significa para ti que cuando cometes una equivocación te vuelvan a tener confianza.

Dios siempre se extiende con amor y misericordia hacia los heridos para que estos se puedan levantar de cualquier caída.

Así como el hombre que me encontré en la playa, demasiados de nosotros sufrimos en soledad debido a que estamos avergonzados por nuestro fracaso. Y con mucha frecuencia, cuando estamos al otro lado, presenciando el fracaso de alguien, no nos extendemos al caído porque no sabemos qué hacer.

Extenderse con compasión, no con juicio

He visto los efectos de esto. Tengo una amiga que hace algunos años pasó por un divorcio bastante conocido y devastador. Recibió muchas críticas y juicios. Aunque yo no la conocía muy bien, quise animarla. Yo sabía cuán doloroso podía ser un divorcio, sin el daño público añadido al dolor privado. Por correo electrónico le envié un mensaje animador y lleno de esperanza. Le hice saber que estaba orando por ella.

La mujer me contestó de inmediato. Casi ávidamente me agradeció por mi apoyo. Expresó que había significado todo para ella.

Finalmente nos volvimos amigas, y después me contó que solo otra persona y yo nos habíamos extendido hacia ella durante esa tragedia.

Qué triste. ¿Por qué es tan fácil juzgar a otros, tirar piedras a gente que de pronto se encuentra en casas de cristal a causa de fracasos que se vuelven públicos? La Biblia dice que conoceremos a las personas por sus frutos o sus acciones.[8] Una vez leí algo elaborado en esta idea: «Conocerás a otros por su fruto, pero por sus raíces buscarás entenderlos y no juzgarlos». No sabemos qué han experimentado otras personas o qué problemas han afrontado, o cómo habríamos actuado nosotros si hubiéramos estado en la misma situación.

A veces reaccionamos con una actitud religiosa o farisaica. Tratamos a quienes no han vivido a la altura de nuestras expectativas como si fueran ciudadanos de segunda clase. Creo que es bueno preguntarnos: «¿Y si esa persona fuera mi hija, o mi hijo?» O, «¿Y si ese fuera yo?» En más de veinticinco años de trabajar con gente he aprendido que juzgar y condenar no cura a nadie.

Sin embargo, la misericordia triunfa por sobre el juicio, y el amor nunca falla.[9]

Ser un héroe para los heridos caídos

¿Cómo practicas compasión frente al fracaso?

- Trata de entender a las personas en lugar de juzgarlas.
- En vez de hablar de alguien que ha caído, habla con esa persona.
- En lugar de reaccionar con observaciones sobre cómo ese individuo se equivocó o sobre cómo debió haber hecho las cosas, ofrécele una actitud de amor y una mano amiga.

La naturaleza humana es criticar y encontrar defectos. Pero estamos hechos para algo más que eso. Cuando dediqué tiempo a conocer a mi amiga, me asombré de la adversidad y el sufrimiento que debió soportar. El fracaso también puede aislarnos en gran manera. Pero brindar ánimo ayuda a liberar a las personas para que sigan adelante con la vida.

Debemos entrenarnos para ver y creer lo mejor en las personas. Tú tienes el potencial para extenderte y levantar a otros adondequiera que vayas.

Deja caer tus piedras

También tienes la posibilidad de practicar restauración. Empiezas cuando concedes a la gente la libertad de fallar, porque todo el mundo falla en algún momento de su vida. Si esperas perfección de los demás, quedarás muy desilusionado.

La Biblia narra una asombrosa historia acerca de una mujer sorprendida en adulterio.[10] Algunos religiosos pensaron que era su deber humillar en público a la mujer y matarla a pedradas. (Aún me pregunto por qué no llevaron al hombre. Es decir, ¿qué pasa con eso?) Los hombres la arrojaron a los pies de Jesús para ver qué haría él.

El modo en que Jesús los sorprendió revela el corazón de Dios. Se volvió hacia la iracunda multitud de acusadores, luego comenzó a escribir en el suelo con una vara mientras decía: «Aquel de ustedes que esté libre de pecado, que tire la primera piedra».

¿Qué? debió haber pensado cada hombre. Uno a uno, desde el más viejo hasta el más joven, todos fueron soltando las piedras y se marcharon.

No sabemos qué escribió Jesús en la arena ese día, pero ¿qué tal que fueran las faltas que cada uno de estos hombres había cometido? Tal vez Jesús garabateó en la arena: MENTIROSO. LADRÓN. CALUMNIADOR. CHISMOSO. TRAMPOSO. No lo sabemos, pero lo que sí sabemos es lo que él hizo a continuación. Levantó a la mujer. Miró hacia donde se alejaban los hombres.

—Mujer, ¿dónde están los que te acusaban? ¿Ya nadie te condena?

—Nadie, Señor.

—Tampoco yo te condeno. Ahora vete, y no vuelvas a pecar.

Es hora de que dejemos caer nuestras piedras e intentemos levantar a quienes han fallado. Toda persona merece otra oportunidad. Por eso es tan importante para ti y para mí tratar de restaurar al caído y no simplemente desecharlo. La Biblia afirma: «Así que en todo traten ustedes a los demás tal y como quieren que ellos los traten a ustedes».[11] A estas palabras llamamos la Regla de Oro, pero en realidad son divinamente inspiradas por nuestro amoroso Padre celestial.

Piensa en la restauración, no en la retribución

Después de todo, eso es lo que Dios quiere: amarnos, restaurarnos a su amor. Quiere que practiquemos tal amor y restauración como él mismo brinda.

Llevar restauración a otros puede ser tan sencillo como:

• enviar una nota de aliento.

- llamar para mostrar tu preocupación.
- estar allí para escuchar.
- amar sin importar qué suceda, sin condición.

Toda persona necesita recibir ánimo. Lo que haces pasar a otros te pasará a ti. Cuando te extiendes para restaurar a quienes han caído estás sembrando semillas para tu propio futuro y equipándote para ganar. Muestra amabilidad a aquellos que están heridos, y encontrarás amor, restauración y bondad en tu futuro. Cuando extiendes la mano con el fin de levantar del fracaso a otros, te estás llenando de poder para levantarte por sobre cualquier fracaso y adversidad y entrar en los maravillosos planes que Dios ha preparado para ti.

Este es tu día para conseguir apoyo

Oí decir a alguien: «O estoy en lo alto o volviendo a levantarme».[12] Esa es la actitud que deberíamos tener. Ni siquiera te pongas a pensar en permitir que el fracaso te derrote y te someta.

Qué gran definición de verdadero fracaso, porque fracasar no es cometer una equivocación. Todos hacemos eso: pisar en falso, caer, fallar. Sin embargo, ¿optar por no volver a levantarse? Eso sí que es verdadero fracaso.

La Biblia dice que aunque fallemos siete veces, debemos volvernos a levantar.[13] Dios nos está diciendo: *Yo no miro tus fracasos. Miro tu corazón y tu progreso.*

¿No es alentador eso? El Señor no lleva un registro de todos nuestros errores, como un juez olímpico. Es más como el entrenador en la línea de llegada haciéndonos señas para que crucemos con gran éxito. Nos está haciendo barra. Dios nos quiere de pie, corriendo hacia triunfos mayores y mejores, mostrándonos incluso que podemos ser los ganadores que él nos llamó a ser.

Todos estamos en entrenamiento. Cada uno de nosotros es una obra en progreso. Quizás debiéramos tener letreros en la frente que dijeran: ZONA EN CONSTRUCCIÓN, porque la Biblia declara que somos hechura de Dios, y que él aún no nos ha concluido.[14] Cada día, comprendámoslo o no, estamos creciendo y progresando en nuestras vidas. Verás que las debilidades que tienes hoy pronto serán cosa del pasado, si te niegas a dejar que el fracaso te detenga.

Desde luego que esto podría ser lo más difícil acerca del fracaso: perdonarnos por las equivocaciones que cometemos. A menudo somos mucho más duros con nosotros mismos de lo que alguien podría ser. No obstante, cuando fallamos debemos optar por perdonarnos.

Si nuestros hijos se nos acercan a Kevin y a mí para pedir perdón por algo que han hecho mal, qué triste sería que después de obtener ese perdón bajaran la cabeza en medio de la desesperación y dijeran: «Sencillamente no podemos perdonarnos. Nunca superaremos esto. ¡Somos unos verdaderos fracasos!»

¡Eso nos partiría el alma!

Así ocurre con nuestro Padre celestial. Cuando nos aferramos a nuestro propio fracaso (o al de otros), se le parte el corazón. Él anhela que nos liberemos de nuestras fallas y mantengamos la cabeza en alto llenos de confianza. Quiere que volvamos a empezar. Dios desea que sepamos, como yo quise que ese hombre en la playa supiera, que no estamos varados por el fracaso.

Es cierto que nuestras equivocaciones nos hacen caer. Como una piedra que se hunde en el océano, el fracaso puede agobiarnos. Pero Dios traerá olas de misericordia que nos regresen a una nueva playa. Él tiene un gran plan en mente, así como Jesús lo tuvo para Pedro, la roca… porque lo gracioso acerca de esas olas y todos esos sacudones es que suavizan todos los bordes ásperos. Te humillan. Te vuelven admirable y comprendes lo fuerte que eres, y luego te encuentras en una nueva playa, listo para algo nuevo que Dios tiene reservado, listo para levantar a alguien más cuando cae.

11

Cómo hallar más cuando te sientes incapaz

Puesto que estás totalmente equipado para hacer y ser más

Es una bendición conducir un auto maravilloso, el Lexus de doce años de mi padre. Después de su muerte en 1999 la familia decidió que yo debía usar su auto, lo que ha sido un regalo. Sin embargo, ¡conduje el auto durante ocho años antes de descubrir por accidente dos características que no sabía que existieran! Me enteré que podía usar el control remoto para bajar las ventanillas, y que había un botón para ajustar los apoyos de la cabeza. ¿Puedes creerlo? Yo los había estado ajustando manualmente, y es asombroso que no los hubiera dañado porque no se ajustaban sin bregar. Si hubiera leído el manual habría podido disfrutar estas características todos esos años.

Eso es exactamente lo que ocurre con nosotros. A veces desaprovechamos que Dios nos haya equipado totalmente para nuestro propósito en la vida. Él nos ha fortalecido para nuestro destino. Pero olvidamos leer nuestro manual, la Biblia. Pasamos por alto que el Señor nos haya hecho aptos para más de lo que nos damos cuenta. Nos atascamos creyendo que nos falta algo. O creemos que somos limitados e incapaces porque otros no nos aprueban o no nos aprecian.

Dios dice: *No eres incompetente. Te hice para más de modo que puedas correr tu carrera. No eres inepto. Te hice completo para lo que debes ser y hacer. Te hice el mejor para tu destino exclusivo. Eres mi modelo máximo.*[1]

Cada uno de nosotros somos como Lexus; sin embargo, ¿por qué nos creemos inútiles? Hoy día quiero que te empieces a ver como alguien totalmente equipado y apto para cumplir tu destino.

Tú eres lo que me gusta llamar un individuo EUA:

Escogido.

Ungido.

Aprobado.

Dios ya te ha escogido, ungido y aprobado para hacer grandes cosas, a fin de marcar una diferencia en tu mundo. Cuánto se pierde el mundo y Dios (¡y nosotros mismos!) cuando no nos energizamos con las promesas de él a este respecto.

Debes saber de qué estás hecho

Tracey perdió muchísimo durante gran parte de su vida. Nunca vio sus habilidades y grandezas, su atractivo tipo Lexus. Ella se crió en un hogar cristiano con lo que describe como una infancia encantada, haciendo incluso a los ocho años de edad el compromiso de seguir a Cristo. Entonces la crisis golpeó a su familia.

Un accidente automovilístico les alteró la vida dejando parapléjico a uno de sus dos hermanos. Luego, siete días antes de que Tracey cumpliera quince años, su padre murió de un ataque al corazón. Por tanto, la madre de Tracey perdió a su compañero, protector y proveedor, y los hermanos perdieron a un excelente amigo y modelo a seguir. Mi amiga afirmó que ese fue el inicio de su pérdida personal. No sabía cómo sufrir o llorar. Al no haber recibido atención terapéutica o consejería, luchó durante los años de colegio y universidad con una profunda sensación de pérdida y dolor.

«Los quince años posteriores a la muerte de mi padre se convirtieron simplemente en un tiempo de manejo del dolor —explica ella—. Alcohol, drogas y sexo se volvieron algo de todos los días. Siguieron otras conductas para enfrentar el odio por mí misma: adicción a la adrenalina, obsesión por dominar, fobia a los gérmenes, dimorfismo corporal, agorafobia, obsesión por el trabajo y perfeccionismo. Todos esos comportamientos tuvieron un respectivo asidero en algún momento de mi vida. Me sentía tan devastada por completo que hasta llegué a negar mis inclinaciones naturales y creé una nueva personalidad para mí misma».

De naturaleza tranquila, precoz y creativa, Tracey comenzó a exhibir extrema ira y agresividad. Se volvió bulliciosa, desagradable, audaz y descarada. «Enmascaraba todos mis verdaderos talentos, habilidades, dones e intereses —expresa ella—. Con el tiempo mi propia personalidad se convirtió en los colores del camaleón. Con cada nueva transformación yo creía que las cosas iban a mejorar para mí, y luego que sería el siguiente cambio el que me arreglaría, y luego que lo siguiente me haría mejor».

En la confusión de tratar de ser alguien, cualquiera, menos su yo herida, Tracey perdió el deseo de vivir. Pero algo en ella le recordaba al Dios de su juventud.

«Comencé a rogar a un Dios muy lejano, histórico e irrelevante que me dejara morir —continuó Tracey—. Me resigné a la idea de que la muerte sería mejor que el dolor emocional y el caos con que me había acostumbrado a vivir todos los días».

Desesperada, encontró su camino a la iglesia. Necesitó falso valor para llegar allí. Tracey confiesa: «Odio admitir que me hallaba químicamente alterada durante esas primeras visitas». Sin embargo, anhelaba ser libre. Ella quería darle otra oportunidad a Dios.

«Incluso en ese estado alterado —declara ella—. Oí de Dios. En esa misma primera visita, oí que Dios decía: *Te veo*».

Tracey se preguntó: *¿Es real lo que estoy oyendo?* La curiosidad la llevó nuevamente a la iglesia. Y otra vez. Al mes quiso ver si lograba oír de Dios cuando no estuviera alterada por drogas en su cuerpo. «Tenía que saber si esa voz era real y no imaginación o mis alucinaciones».

La voz era real. Ella oyó: *Te amo. Estoy muy orgulloso de ti.* El Señor le dijo a Tracey que la había hecho para algo más, y que la había designado y equipado para una vida de victoria y libertad.

«Esas fueron palabras que había estado ansiando durante quince años —sigue diciendo esta mujer—. En ese momento Dios me deshizo hasta la misma médula y lo ha venido haciendo cada día desde entonces».

Tracey comenzó a buscar activamente al Dios que la vio, que la creó y que la conocía mejor de lo que ella misma se conocía. Empezó a trabajar en la liberación de sus adicciones y mecanismos de lucha, y a descansar en la libertad de un Dios que le concedía poder. Ella afirma ahora: «Experimentar una verdadera relación personal con Dios se volvió algo muy superior a cualquier otra realidad».

Un día le preguntaron a Tracey cómo sería su vida un año después… o aun más, dentro de cinco años. Ella esperaba y soñaba poder ayudar a otros, llevar una buena vida, ser alguien que agradara a Dios.

Pasaron cinco años, y Tracey afirma que no es una beata, solo alguien que se siente amada, fortalecida y equipada para hacer y ser más. «Podría decir que no reconozco mi vida, pero eso sería faltar a la verdad. Soy más como la niña pequeña que fui antes de perder a mi padre terrenal. Dios me ha restaurado aquella preciosidad, creatividad y calma que experimenté de niña. Los muros de la fachada que yo había construido se han derribado ladrillo por ladrillo con el paso de los años, dejando al descubierto la belleza, la verdad, el amor, la libertad y la esperanza que fueran enterrados en lo que parecería ser hace toda una vida. Lo que encuentro interesante es que el Señor está usando las experiencias de mi desvío de quince años hacia la desesperación y la confusión, para ayudar a quienes me rodean. Anhelo cada día y sus citas divinas. Todavía hay más que aprender, más que añorar, más que experimentar, y esa es mi oración: *Más, Señor, más, por favor.* Él sigue obrando en mí, ubicándome donde me encuentre, exactamente como siempre ha hecho. Y cuando la situación se pone difícil simplemente pido valor, a lo cual Dios responde al instante: *Te veo, pequeña, y te amo muchísimo*».

Tracey concluye que justo cuando se sentía más perdida que los perdidos, fue hallada.

El Dios que ve

Eso es lo que el Señor espera que todos descubramos: Que no estamos perdidos para él, que nos ve y nos conoce, y que nos convierte en personas EUA. Eso significa que te ha creado como un Lexus en medio de un mundo caído. Dios te equipa con todo lo que necesitas para vencer obstáculos y adversidades, y así cumplir tu destino. Él te ve como parte vital de su plan, y allá afuera hay personas que necesitan lo que tú tienes para ofrecer.

La Biblia afirma: «Sabemos que Dios dispone todas las cosas [calzándolas en un plan] para el bien de quienes lo aman, los que han sido llamados de acuerdo con su propósito».[2] El Señor está diciendo: *Tú estás llamado y diseñado para mi propósito. Fuiste elaborado específicamente para tu destino: una misión ordenada por mí y que solo tú puedes cumplir.*

Dios no te da simplemente un propósito y te envía a lo desconocido para que lo lleves a cabo. No, te equipa con lo que necesitas, cuando descansas en él, a fin de que cumplas tu destino. El Señor está orgulloso de ti y te ama tal como te creó, incluso con lo que no te gusta de ti mismo.

Tu timidez, por ejemplo, podría simplemente ser el diseño del Padre que te brinda el corazón para llegar a otros que son tímidos con el fin de que se abran y hablen. Tu tendencia a dar batalla podría ser el proyecto de Dios para que puedas soportar grandes ataques en una oficina pública y nunca darte por vencido o consentir en lo malo. Tu hipersensibilidad podría ser el plan divino para tu facultad perceptiva como artista.

A veces no te das cuenta de qué estás hecho, y no ves cuán

completo te ha diseñado Dios. Otras veces hay personas que te dicen cosas acerca de ti a fin de hacerte creer incapaz, inepto o no calificado para las mismas cosas que el Señor ha diseñado que hagas.

A veces no te das cuentas de qué estás hecho, y no ves cuán completo te ha diseñado Dios.

Una imagen perfecta de esto se encuentra en la película *La novicia rebelde*. ¿Recuerdas la escena en que todas las demás monjas se quejan acerca de María? Ella llega tarde. Ella sueña despierta. Ella corre por las colinas y montañas y se extravía en medio de la naturaleza. Ella canta en el jardín sin pedir permiso, y hasta en la abadía cuando no es momento de hacerlo. Pero cantar, soñar y llenar apasionadamente el día con toda aventura posible es lo que hace maravillosa a María. Esas cualidades llaman la atención del capitán hacia María, a quien todo esto le permite reunificar las relaciones en la familia… y soportar todos los crueles días atravesando los Alpes para huir de los nazis. Las mismas cosas acerca de las cuales sus compañeras novicias se quejaban al principio de la película son las que ellas cantan acerca de la gloria de María en el día de su boda. Son las mismas cosas que a ella le permiten ayudar a su nueva familia para que todos alcancen su destino.

He pasado por temporadas en las que me convencí de no estar equipada para hacer algo por Dios. Pensaba que no poseía tal o cual característica necesaria. Muchas personas en la Biblia también actuaron así. Moisés creía que no podía hablar con elocuencia.[3] Zaqueo creía que era demasiado pequeño para ser visto por Jesús, por no hablar de hospedarlo un día.[4]

Pero Dios no comete equivocaciones. Él ha hecho un maravilloso trabajo en cada uno de nosotros.[5] El Señor hace todo perfecto para el momento oportuno, y a veces el problema no es que carezcamos de algo sino que no nos sintamos calificados o confiados para tal o cual cosa. El Señor te dice: *Tú estás calificado porque yo te equipé. No estás solo porque te he otorgado mi Espíritu Santo para que viva y habite en ti.*

Jesús nos dice que el Espíritu Santo es tu:

- Abogado Defensor.[6]
- Consolador.[7]
- Maestro.[8]
- Abogado.[9]
- Fortalecedor.[10]
- Intercesor.[11]
- Defensor.[12]
- está a tu lado, siempre listo a permanecer contigo.[13]

¡Vaya! El Espíritu Santo, quien mora en ti, está realmente a tu lado para ayudarte en tu viaje por esta vida. ¿Ves lo totalmente que el Señor te ha equipado para vencer todo obstáculo y correr tu carrera? Debes creer que eres una persona EUA:

Eres escogido.

Eres ungido.

Estás aprobado.

Eres escogido para cumplir tu destino

Has sido escogido por Dios, elegido por él para tareas específicas: *Tú no me escogiste sino que yo te elegí para que vayas y lleves mucho fruto*.[14] Somos embajadores del Señor, y él tiene asignaciones para cada uno.[15]

Cualquiera que sea ese llamamiento, gózate en Dios. Quizás estés designada para ser mamá, así que pasas la mayor parte de tus días cocinando y alimentando a tu familia, limpiando y cuidando de los tuyos. Entonces a tu hijo de dos años de edad le da una rabieta y sientes que pierdes la paciencia. Pero la gracia te inunda y te equipa para manejar la pequeña tormenta, y entonces eres consciente: *¡Puedo hacer esto!* Y llega gozo.

O quizás eres un hombre de negocios cansado de trabajar con personas antipáticas… y no solo eso, estás estresado por tu horario abarrotado. Justo cuando piensas: *Ya no soporto más*, Dios te susurra al oído: *Tú puedes lograrlo. Estás marcando la diferencia. Sé fiel porque me estás representando.*

Cualquier cosa que se te haya asignado hacer es importante porque fuiste elegido y llamado por Dios para ser su representante en la tierra.

La Biblia declara: *Todo lo que hagas o digas, hazlo como un representante del Señor Jesús, dando gracias a Dios el Padre por medio de él.*[16] Eso significa que eres las manos y los pies del Señor para hacer su obra en casa, en el trabajo, o dondequiera que vayas. Así que hazla con todo el corazón. Sé el mejor que puedas ser en aquello que haces. Dios promete usarte, con todas tus fortalezas y debilidades, en lo que él se ha propuesto.[17]

Nosotros como individuos podemos cambiar nuestro mundo para mejor si estamos dispuestos a cumplir las asignaciones que el Señor tiene reservadas para nosotros.

Sam Martin, compañero de colegio de mi padre, sabía esto. Sam amaba a Dios y extendía el amor del Señor por todas partes. Llegaba a clases temprano y escribía versículos animadores en la pizarra. Muchas veces hablaba con mi padre acerca de conocer a Dios en una manera personal, pero papá se avergonzaba un poco de Sam, y lo evitaba cuando le era posible. Sin embargo, la persistencia de Sam hizo mella en mi padre.

Una noche, a los diecisiete años de edad, papá venía de un club nocturno a casa en Fort Worth, Texas, cuando comenzó a cavilar acerca de la eternidad. Él sabía que le faltaba algo en la vida, que había un vacío que nada ni nadie podía llenar. Esa noche llamó a Sam y le pidió que se vieran en la iglesia la mañana siguiente. Papá llegó al lugar antes que su amigo, y después de la reunión mi padre se juntó con el pastor y entregó la vida al servicio de Dios.

Esa mañana la vida de papá cambió para siempre y fijó un nuevo rumbo. Él había abandonado los estudios, pero los retomó, y sus notas mejoraron en gran manera. Igual que Sam, comenzó a hablarle a todo el mundo acerca de la vida y la libertad recién descubiertas por él. Ese año papá comenzó a predicar el Evangelio donde quiera que fuera bienvenido, y finalmente ingresó a la universidad y al seminario. Hasta que murió en 1999, mi padre predicó el evangelio a miles de personas cada semana en Lakewood, y a millones más por medio del programa de televisión *John Osteen*.

Todo debido a que Sam reconoció que fue asignado por Dios como un embajador para su compañero. Piensa solamente en cómo Sam cambió la vida de mi padre, mi vida, y finalmente millones de vidas en todo el mundo. Una persona, tú, puede influir en tu mundo y en generaciones venideras cuando reconoces que estás asignado por Dios para representarlo en esta tierra.

PARA AYUDARTE MÁS

Cómo asumir una asignación de Dios: Un ejemplo

Sea lo que sea que el Señor te haya llamado a hacer puedes realizarlo con excelencia, gozo y un corazón agradecido, reconociendo que cada persona tiene una tarea distinta.

Mi amiga Debra es apasionada en llevar a personas a Cristo. Todos estamos llamados a llevar gente a Jesús, pero creo que Debra tiene una asignación especial de Dios en este campo. Ella y yo podríamos estar almorzando afuera en algún lugar, y lo siguiente que sé es que mi amiga está dedicada a llevar al Señor a nuestra mesera.

Una vez Debra estaba en su casa y vio a un grupo de adolescentes jugando básquetbol. Se sintió impelida a compartirles el Evangelio. Ella no conocía a ninguno de ellos, pero sabía que esa era su asignación.

Así que se les acercó y les dijo: «Chicos, soy su vecina y necesito decirles algo».

Terminó llevando al Señor a cada uno de esos muchachos. Luego, de manera asombrosa, algunas de las madres de los chicos salieron y pidieron a Debra que orara también por la salvación de ellas.

Mi amiga simplemente estaba siendo obediente a su tarea, y Dios la usó de un modo poderoso. Él también te usará a ti, si tan solo sales de tu comodidad y obedeces al Señor en cuanto a tu tarea.

Dios promete que si le eres fiel en las cosas pequeñas, él te confiará aun más (Lucas 14.12-14). Y todo empieza cuando sabes que Dios te elige y te designa para cumplir con tu destino.

Tu tarea podría cambiar

No obstante, entérate de esto: Una vez que encuentres tu asignación, esta puede cambiar. Por eso debemos estar dispuestos a escuchar a Dios y a movernos hacia la siguiente tarea. Eso es parte de cumplir con tu destino.

Durante diecisiete años serví a mi padre y a mi madre en la Iglesia Lakewood. Mientras mi hermano Joel trabajaba en el departamento de televisión, yo era la directora de los ministerios. Esa era mi asignación, y le entregué lo mejor de mí.

En 1999 mi asignación cambió. Nuestro amado padre murió y fue a estar con el Señor. Ese suceso fue duro para mí porque no solo perdí a papá sino también a mi jefe, mi mentor y mi pastor. Durante la primera semana luego de su muerte pensé: *¿Qué voy a hacer ahora?* Como iglesia nos estábamos aventurando hacia lo desconocido. *¿Quién será el pastor? ¿Cuál será mi posición? ¿Seguirá la gente asistiendo a la iglesia?* Ahora todo era muy distinto.

El siguiente domingo Joel se levantó y decidió predicar. Nos quedamos extasiados. Antes de subir a la plataforma estuvo sentado en primera fila donde papá solía sentarse. Yo estaba detrás de él y me incliné para decirle algo, exactamente como había hecho muchas veces con nuestro padre.

En ese instante Dios me fijó en la mente: *Así como serviste a tu padre, te estoy encomendando ahora que sirvas a tu hermano.*

Las palabras fueron tan reales, el plan del Señor fue tan real, que sentí esa conocida oleada de gozo. De pronto vi cómo Dios tenía más en reserva para todo el camino que recorrer. Mi asignación no había concluido. Sencillamente había cambiado. En la forma en que había apoyado a mi padre ahora yo podía apoyar a mi hermano. En los días siguientes comencé a hablar en las reuniones de los miércoles de modo regular y a ayudar en nuevas áreas. Cuando me había estado preocupando por los cambios, Dios me tenía algo más grande por delante. Por eso debemos ser flexibles y estar dispuestos a hacer cambios de acuerdo a cómo Dios nos dirija.

Eres alguien ungido

La palabra *unción* es un poco misteriosa, pero en pocas palabras resulta ser el poder de Dios obrando en ti y a través de ti. La mejor descripción que puedo dar de la unción es esta: Gracia, fortaleza, habilidad y poder de Dios para hacer lo que él te ha llamado a hacer. Esta unción te fortifica para que seas todo lo que él te ha llamado a ser; y no solo te fortalece para usar tus dones sino también para superar cualquier dificultad que puedas enfrentar.

Esta unción mora permanentemente en nosotros. No es algo que nos llega de vez en cuando. No tienes que orar y pedir unción. No tienes que trabajar por ella ni ganártela. Eres alguien ungido porque perteneces a Dios y su Espíritu mora en ti. Eres templo del Espíritu Santo de Dios.[18] Al respecto, la Biblia declara: «La unción que de él recibieron permanece en ustedes».[19]

Medita en esto por un momento. La Palabra de Dios te está diciendo que eres un contenedor del poder de Dios. Su gracia, poder, fortaleza y habilidad están siempre a disposición tuya. Cuando piensas en ello de este modo es más fácil entender que estás ungido y fortalecido sobrenaturalmente para tu vida diaria. El Señor pone su poder en tu naturaleza para que puedas lograr las mismas cosas que él te ha llamado a hacer.

Ser ungido significa que Dios te vigoriza cuando no te sientes capaz

¿Significa eso que haya ocasiones en que no nos sintamos capaces de hacer lo que el Señor nos tiene reservado? ¡Por supuesto! Somos humanos. Todos tenemos temporadas en que no nos sentimos ungidos para hacer lo que el Señor nos ha llamado a hacer, pero allí es cuando debemos confiar en la Palabra de Dios por sobre nuestros sentimientos.

Nunca olvidaré la primera vez que mi padre me pidió que predicara en su lugar mientras él estaba de viaje. Ocurrió en 1985. Nuestra iglesia tenía cerca de cuatro mil personas, y esta sería la primera vez que yo me pondría en lugar de papá, y reemplazarlo no sería tarea fácil. Sentí como si las personas estuvieran esperando mucho y tuvieran curiosidad, y también como si se estuvieran preguntando: *¿Es ella buena para hablar? ¿Puede una muchacha hacer aquello para lo cual su padre es un profesional?* Me hallaba muy nerviosa.

Por tanto, me preparé y estudié. Yo sabía que quería hablar acerca de la armadura de Dios y de cómo estamos equipados para toda prueba en la vida, enfrentemos lo que enfrentemos.[20]

Ese domingo, a pesar de que me había preparado y estudiado poniendo todo el corazón, el primer minuto y medio detrás del púlpito no me sentí equipada para nada. Batallé. Las piernas me temblaban y la voz se me entrecortó mientras me aferraba al púlpito y a mis notas. En un momento de desesperación retrocedí un leve paso del púlpito y dije en mi corazón: *Dios, ¡necesito tu ayuda!*

Lo que ocurrió a continuación es difícil de describir. Durante años no he contado esta historia a nadie porque es muy personal.

Pero ahora comprendo que lo que Dios hizo por mí es una ilustración de lo que hace por cada uno de sus hijos.

Cuando retrocedí del púlpito, de repente fue como si estuviera fuera del cuerpo mirando hacia abajo y observándome predicar. Me vi luchando por pronunciar las palabras adecuadas, y luego vi y sentí algo casi invisible, pero tangible, que venía por encima y me cubría. Sé que parece extraño, pero en ese momento supe que Dios me estaba permitiendo ver que él me había ungido y equipado para el trabajo al cual me había llamado. Sentí una sensación poderosa, como si Dios estirara la mano y me envolviera en su gracia y en un enorme manto.

Cuando regresé al púlpito sentí una diferencia definitiva. Tenía un valor y una fortaleza que no había sentido antes. Me sentí más confiada y segura: *Puedo hacer esto.* ¡Supe que Dios estaba conmigo! Me di cuenta que estaba ungida.

Tú también estás ungido.

Jesús dijo que el Espíritu Santo es nuestro ayudador, y podemos confiar en que él nos fortalece en nuestro tiempo de necesidad. Jesús sabía esto como hombre. Cuando caminó sobre esta tierra confió en que el poder del Espíritu Santo le ayudaría a cumplir su misión.[21] Así es como Dios desea que vivamos: dependiendo totalmente del Espíritu Santo en cada aspecto de nuestras vidas. El Espíritu Santo nos guiará, nos enseñará, nos dirigirá, orará a través de nosotros, y nos fortalecerá.

Jesús incluso nos dice por qué estaba ungido y por qué nosotros también estamos ungidos: «El Espíritu del Señor está sobre mí, por cuanto me ha ungido para anunciar buenas nuevas a los pobres. Me ha enviado a proclamar libertad a los cautivos y dar vista a los ciegos, a poner en libertad a los oprimidos, a pregonar el año del favor del Señor».[22]

Podrías estar pensando: *Sí, pero se trata de Jesús.* Sin embargo, en sus propias palabras él nos dice: *Todo aquel que cree en mí hará las obras que yo hice.*

¿No es eso maravilloso? Jesús estaba ungido para ayudar a las personas, y ahora está diciendo: *Tú también estás ungido para hacer lo que debes hacer*. Dios te ha dado poder con el fin de usarte para liberar personas. Quizás no trabajes de tiempo completo en el ministerio, pero estás ungido para ayudar a la gente dondequiera que vayas.

Hace poco tiempo me hallaba en el centro comercial cuando un hombre me detuvo y se me presentó como miembro de la Iglesia Lakewood. Me comenzó a hablar de algunas dificultades que él estaba pasando.

—Oraré por ti —ofrecí, y le tomé las manos.

—¿Vas a hacerlo ahora mismo? —inquirió.

—Sí, si no te importa —contesté.

Él estuvo de acuerdo y luego salió animado.

No quise perder una oportunidad de ayudar cuando se necesitaba ayuda. Sé cómo la oración cambia cosas… y creo que estoy ungida para ayudar a las personas.

Hoy día tú puedes ser la cita divina para alguien

Cuando empiezas a comprender que eres una persona EUA (escogida, ungida y aprobada) comienzas a ver cómo Dios dispone citas divinas por todas partes. Estoy hablando de esos encuentros e interacciones que algunas personas podrían denominar coincidencias pero que tú sabes que vienen de parte del Señor.

Un ejemplo ocurrió hace un par de años, cuando mi madre y yo nos dirigíamos al aeropuerto. El tráfico era pesado, y el reloj se movía pero nosotras no. Estábamos haciendo lo que sabíamos hacer como personas EUA: en camino a hablar en una conferencia organizada por amados amigos. Pero el tiempo parecía estar contra nosotras. Incluso cuando al fin llegamos al aeropuerto, todos los estacionamientos estaban totalmente llenos. Estuvimos dando vueltas y vueltas, y cuando por fin encontramos un espacio supimos que estábamos en peligro de perder nuestro vuelo.

De nada sirvió el control de seguridad, allí había una enorme fila.

Cuando comenzábamos a inquietarnos, un caballero amigable reconoció a mi madre.

—¿Cómo están ustedes? —preguntó.

—Estoy preocupada porque vamos a perder nuestro vuelo —admitió mamá.

—¡Síganme! —exclamó el hombre sin titubear mientras tomaba a mamá por el brazo.

El caballero nos hizo pasar por seguridad en un instante y nos escoltó hacia nuestra puerta de embarque. Pero él era grande, fornido y atlético, y rápidamente se nos adelantó muchísimo. Nos costaba seguirle el paso… y el hombre se dio cuenta. Divisó una silla de ruedas desocupada.

—Sra. Dodie, súbase y yo la llevaré hasta su puerta —le dijo a mi madre.

Mamá rehusó cortésmente, pero este amigo no aceptaría un no por respuesta.

—Adelante —le dijo a mi madre—. Yo iré justo detrás de usted.

Cuando este hombre arrancó, empujando a mamá en la silla de ruedas empecé a tener problemas para mantener el paso. Al comenzar a rezagarme otra vez (¡te dije que este tipo era veloz!), nuestra escolta lo notó, y de inmediato encontró otra silla de ruedas.

—Lisa, ¡suba! —exclamó.

Mi orgullo aplicó los frenos. De ninguna manera me subiría a esa silla de ruedas.

—No hay problema —declaré—. Ya me reuniré con ustedes.

Pero nuestro amigo no tomaría un no por respuesta.

—Si no deja que le ayude entonces perderá su avión —expresó mientras prácticamente me instalaba en la silla de ruedas.

Él tenía razón, así que me acomodé y él salió corriendo, una mano en cada silla de ruedas, empujándonos por el terminal. ¡El hombre era increíble, fuerte y rápido!

Y yo estaba avergonzada de que me empujaran en silla de ruedas cuando podía caminar. Busqué a tientas mis gafas de sol para pasar al menos un poco desapercibida.

—¿Qué demonios estás haciendo? —me preguntó mamá.

—Ponte tus gafas y agacha la cabeza —contesté—. No dejes que cualquiera vea quiénes somos, ¡que estamos recibiendo un trato especial!

Ella asintió sin cuestionar más, mientras nuestro benefactor seguía empujándonos, sin poner atención a nuestros esfuerzos por ser invisibles. Él tenía una misión y se negaba a distraerse. El hombre fue un encuentro divino enviado con el fin de ayudarnos a llegar hasta nuestra puerta de embarque justo a tiempo para alcanzar nuestro vuelo.

Nuestro benefactor quizás no se vio así ese día, pero con su amabilidad nos ayudó a mamá y a mí a cumplir nuestra cita divina en aquella conferencia. Tú también puedes ser hoy día la cita divina para alguien, y mientras seas fiel para ayudar a otros, Dios siempre permitirá que tus citas divinas estén esperándote.

Ser ungido significa que puedes servir a Dios aquí y ahora mismo

Eso es lo que significa ser ungido: Tienes un llamado para actuar justo cuándo y dónde seas necesario. Cuando eres llamado, ¡lo eres dondequiera que estés!

Un incidente parecido sucedió hace un par de años cuando fui a hacerme arreglar las uñas. Mi manicurista me saludó cálidamente y me pidió que pusiera a su hermana en nuestra lista de oración en Lakewood. Su hermana, una madre de hijos pequeños, acababa de enterarse que tenía un cáncer agresivo. Su pronóstico no era positivo, y estaba programada para cirugía de urgencia. Por supuesto, ella y su familia estaban devastadas. Le dije a esta dama que definitivamente pondría a su hermana en nuestra lista de oración.

Pero cuando la manicurista estaba terminando de arreglarme las uñas no sentí que yo hubiera completado mi asignación. Después de todo, me hallaba en una cita divina, y esta mujer estaba visiblemente acongojada por su hermana.

—¿Podemos orar ahora mismo? —dije tranquilamente sin saber cómo reaccionaría ella.

—Sí —concordó.

Entonces me le aproximé al oído y oré, pidiendo a Dios que sanara a la hermana de esta dama, que hiciera que la operación tuviera éxito para que ella pudiera criar a su familia y cumplir su destino.

Cuando terminé, la mujer me miró.

—Nunca he experimentado algo así —manifestó—. Nunca antes había oído a alguien orar de esa manera.

Fue la unción del Espíritu Santo lo que tocó el corazón de la mujer. Dios te avivará a ti también, así como un Lexus que sigue rodando mientras tenga gasolina, para que te aceleres y desempeñes correctamente tu cita y tu asignación.

Curiosamente, dos meses después, cuando volví donde

la manicurista, ella me contó que su hermana había ido a que le practicaran la operación como estaba programada, pero que había sucedido algo increíble. Los médicos quedaron asombrados cuando revisaron las nuevas radiografías y las compararon con las anteriores. No había señales de cáncer en las nuevas radiografías. La familia estaba eufórica. Tomaron el milagro como una respuesta directa a sus oraciones.

—Lisa —dijo la manicurista—. ¡Quiero contarle a todo el mundo lo que Dios hizo por mi hermana!

El poder de Dios obrará a través de ti cuando reconozcas que estás ungido para ayudar y animar a las personas dondequiera que vayas.

Estás aprobado para cumplir tu destino

Al final de mi primer año de universidad decidí aplicar para un cargo de capellán en nuestra residencia universitaria. Esto significaría supervisar a un grupo de aproximadamente treinta chicas, animarlas, orar con ellas, y dirigir devocionales. Mi hermano Paul era en ese tiempo director de capellanes, y a mí siempre me gustó oír acerca de la riqueza de su experiencia en este campo.

Así que llené la solicitud para el trabajo y pasé la entrevista. Luego esperé.

La noticia llegó: No me aprobaron para ser elegida como capellán. El equipo de contratación no creyó que yo estuviera lista, y añadieron que les parecí demasiado tímida.

¿Demasiado tímida? Suspiré por dentro. Sabía que eso era cierto. Yo *era* tímida. Quizás no estaba lista, y sin embargo, y sin embargo… sentía deseos de ayudar a la gente. En todo caso, decidí simplemente renunciar a la idea de que podía hacer este trabajo, y fui a casa para las vacaciones de verano.

Dos semanas antes de que empezara el semestre de otoño recibí una sorpresiva llamada del departamento de capellanes. ¿Quería yo aún ser capellán en la residencia estudiantil? ¿Podía empezar con el período de otoño que estaba a punto de iniciarse?

Al principio no podía creerlo. *¿Estaba oyendo bien?* Entonces me explicaron que una de las chicas aprobadas como capellán de la residencia no volvería a la facultad. Se había retirado y su cargo estaba a disposición. El departamento necesitaba a alguien que la reemplazara.

¡Yo estaba tan feliz! Fui la segunda opción, pero conseguí el trabajo, aunque sea porque la otra persona no se presentó.

Según aprendí en la universidad, la gente no siempre te aprobará. Quizás no siempre vean potencial en ti. Pero Dios sí, y su aprobación dará paso a su plan.

¿Crees eso para tu vida? Eres aceptado y aprobado por Dios para toda la eternidad. Eso significa que tienes el sello divino de aprobación en tu vida. La Biblia dice que Dios «nos ungió, nos selló como propiedad suya y puso su Espíritu en nuestro corazón, como garantía de sus promesas».[23] Los discípulos de Jesús expresaron: «Hablamos como hombres a quienes Dios aprobó y les confió el evangelio».[24]

Dios te ha sellado

¿Has pensado alguna vez en el significado del matasellos en las cartas que recibes en el correo? Ese pequeño círculo impreso en la estampilla verifica la fecha y el lugar desde donde fue enviada la misiva. El símbolo es verificación de que la carta es auténtica, de que el costo de la entrega se ha pagado, y de que en realidad esa carta tiene un destino al cual se ha enviado por medio de una autoridad: el Servicio Postal Estadounidense.

Así ocurre contigo y conmigo. Llevamos el matasellos, estamos sellados y estampados por Dios. Su marca muestra tres cosas: su autoridad, autentificación y destino. Él nos sella con su autoridad para nuestros destinos, los cuales creó y designó. Cuando el Señor piensa en nosotros y nos mira, exclama: *¡Aprobado!*

¿Intentarías discutir con tu Creador, diciendo: «Pero Dios, no estoy calificado. ¿Qué pasará con mi pasado? No creo que pueda hacer eso».

El pasado no importa —declara el Señor, ¡y a continuación pone el sello!— *¡Ya estás aprobado! ¿Y tu temor? Mi Espíritu te ayudará con eso. ¿Y tu incapacidad? Donde eres débil, yo soy fuerte.*[25]

Hace muchos años vi un comercial gracioso que nunca he olvidado. Un hombre estaba obsesionado con su nueva fábrica de etiquetas y fue sorprendido con las manos en la masa. No solo había etiquetado todos sus archivos sino que se había adherido etiquetas por todo el cuerpo. Eso mismo pasa cuando pienso en que Dios me ha aceptado y aprobado, ¡veo en mi imaginación su sello de aprobación por todo mi yo! No hay nada respecto a mí que él rechace. Me acepta, con fallas y todo.[26] Desea usarme sea que yo esté capacitada o no. El Señor ha decidido escogerme, ungirme y aprobarme.

Piensa en eso. El Dios todopoderoso, el creador del universo, el único perfecto, te aprueba hoy. Eso significa que tienes su incondicional aceptación, amor y bendición. No importa de dónde vengas, qué hayas hecho, o lo que cualquier otra persona haya dicho de ti. Eres aprobado por el Todopoderoso Dios.

La aprobación del Señor te libera de comparaciones y avenencias

Cuando entiendes que estás aprobado por Dios, esto te libera de tratar de compararte con los demás.

Sí, es bueno recibir ánimo de otros, pero cuando el Señor te dice que hagas algo no es necesario que te desgastes tratando de agradar a la gente. No tienes que quedar devastado si no te dan su aprobación. Cuando Dios tiene un plan hará que suceda en el tiempo indicado y en la manera correcta. ¿No es liberador eso? No tienes que idearlo todo. ¡Él ya hizo eso!

¿Sabías que eso también significa que el Señor no te ungió para que te conviertas en alguien más?

Dios nos dice: *No te atrevas a compararte con otros.*[27] Él te ha ungido para ser tú. No tienes que mirar las fortalezas de otras personas para, en vez de apreciarlas, degradarte. Sé feliz con los triunfos de otros y celebra con ellos. Pero también debes celebrarte tú, pues también eres aprobado por Dios. Ten confianza en quién hizo el Señor que tú fueras.

Si miras a mi madre y a todos mis hermanos y hermanas, somos muy parecidos en muchas formas. Y sin embargo cada uno de nosotros tiene su estilo exclusivo de hablar y ministrar. Todos somos diferentes. Me encanta la manera en que Dios hizo eso. Celebra la forma en que Dios te hizo siendo tú mismo. A él le gusta la manera en que te hizo, y tú estás diseñado para tu propio destino. Dios no nos llama para que seamos imitamonos. Nos llamó a ser originales.

Tu rango EUA empieza en tus comienzos

Cuando yo era una muchachita no había soñado en convertirme en maestra bíblica, predicadora y ministra. Pero esos indicios llegaron mientras crecía.

Al rememorar, veo cómo siendo adolescente tuve deseos no solo de leer la Biblia sino de estudiarla. Mis padres nos enseñaron mediante el ejemplo a leer a diario la Biblia. Se levantaban temprano, y mi madre nos preparaba el desayuno antes de que fuéramos al colegio. Pero mientras corríamos alrededor de la casa alistándonos, ella y papá se sentaban en sus sillones reclinables a leer sus biblias y a orar.

Mis hermanos, hermanas y yo veíamos la fidelidad de nuestros padres para escuchar a Dios y conocerlo. Presenciamos la paz que esto daba tanto a ellos como a nosotros, a nuestra casa, y a quienes se cruzaban en sus caminos. Nosotros anhelábamos tener esa misma paz. Cada uno intentó seguirles los pasos. En ese entonces para nosotros leer nuestras biblias cada mañana era simplemente un asunto como vestirnos para el día. Ahora puedo ver que Dios usó aquello para poner en cada uno de nosotros un amor por él. En cuanto a mí, también me agitaba un intenso deseo por estudiar la Biblia, y cuando pasé una época difícil como mujer joven, distraída por mi propio quebrantamiento y mis sentimientos de haber sido indignamente descalificada, Dios estaba obrando otra vez.

Él ya me había aprobado y ungido. Ahora estaba clarificándome mi asignación. Me hizo empezar en maneras pequeñas, primero orando con otros, luego enseñando, y después predicando.

Recuerdo haber escuchado predicar a mi padre, primero como niña y luego como jovencita. Cuánto lo amaba. Cómo me conmovían su amor y su relación con Dios. Desarrollé un deseo por predicar. Y Dios estaba haciendo el camino para eso, así como ha estado abriendo el camino para ese ligero ardor que hay en ti.

¿Qué es esa agitación? ¿Será por comenzar tu propio negocio? ¿O un anhelo de marcar una diferencia en la esfera política?

Tu destino ya está en movimiento.

Tú ya eres un EUA: escogido, ungido y aprobado. Dios tiene el mapa de este futuro. Él te dará las instrucciones, y puedes encontrar su guía en la Biblia, a través de la oración y de escucharlo en tu vida cotidiana. Él te ha preparado para que estés equipado y listo, y lo que no puedas hacer él lo hará por medio de ti en su gracia. El Señor te ve como vio a Tracey: el verdadero tú, el maravilloso tú. Él conoce tu propósito, igual que conocía el mío incluso antes que yo lo supiera. Él cree en el bien que puedes hacer por otros. Dios está haciendo todo lo necesario para mostrarte que puedes llegar hasta el final, como el mejor Lexus, porque desde el principio te ha equipado con *más*.

12

Cómo hallar más cuando estás listo a renunciar

Puesto que estás hecho para seguir avanzando... y ganar

A mis once años de edad me gustaba visitar a una amiga que vivía en la calle contigua a la nuestra. Ella tenía caballos, y me enseñó a cabalgar y a hacer algunos trucos de salto.

A mi amiga también le gustaba burlarse de sus caballos, y un día me animó a unírmele en las burlas. Fingimos dar de comer al caballo una manzana; sin embargo, antes de que le diera el dulce mordisco retiramos la fruta, dejando a ese pobre animal dándole mordiscos al aire. Entonces salimos corriendo, tratando de que el caballo nos persiguiera.

Bueno, la broma funcionó. El noble bruto se enojó con nosotras. Resopló y echó a correr. Corrió con mucho vigor.

Riendo, miré hacia atrás. Vi ese caballo viniendo tras nosotras, con las fosas nasales dilatadas y tragando saliva. Me detuve riendo y volví a mirar al frente. *Caray*. Una cerca. Altísima. *No puedo saltar esa cerca*, pensé, y la mente me empezó a correr tan rápido como las piernas. *¡Es demasiado alta!* Entonces volví a mirar por sobre el hombro. El caballo estaba ganando terreno. Todo en mí gritaba: *¿Cómo puedo saltar esa cerca? ¡Ese caballo me va a morder el trasero!*

¿Sabes? Es asombroso cómo puedes hacer cosas que te parecen imposibles.

Cuando llegué a la cerca, la adrenalina ya había hecho efecto, porque puse un pie en el tablón inferior y salté por encima mejor que nadie. Podrías decir que ese fue mi momento Michael Jordan. Salté esa cerca exactamente como Michael haciendo una clavada de básquetbol: en un solo impulso.

Ahora puedo reír de eso, cuando es cómico porque estoy lejos de ese caballo y no estoy cercada dentro de algo alto. Sin embargo, en ese tiempo simplemente me sentí aliviada. No creí que pudiera saltar la cerca, pero lo hice.

Al parecer había en mí más de lo que yo creía.

Tienes en ti más de lo que crees

En los días difíciles de la vida, Dios me recuerda ese incidente. Ha habido muchas ocasiones en que creí que no podría soportar un día más.

Tú has vivido esos días. Estás cansado y consumido, débil en cuerpo, mente y espíritu. Te sientes deshecho e incapaz. Entonces algo se activa en ti y te ayuda, y te encuentras luego en el futuro. Lo lograste. Puedes seguir andando. Tienes dentro de ti más de lo que creías.

Ese *más* es Dios. Ese *más* es su gracia.

La Biblia nos dice que el Señor nos sustentará: Te puedes acostar y dormir en la noche y volver a despertar porque él te sustenta.[1] ¡He aprendido que lo mejor que puedo hacer cuando estoy tentada a sentirme abrumada al final del día es irme a dormir! Porque cuando me levanto en la mañana descubro que Dios me sustenta. Logré superar otro día exactamente como él prometió. Y seguiré superando muchos más.

El Señor es fiel. Promete no dejar que seas tentado, tratado y probado más allá de tu capacidad, fortaleza y poder para soportar. Él te ayudará a ser fuerte y poderoso, a soportar con paciencia.[2]

Dios nos dice a cada uno: *Tienes en ti más de lo que te das cuenta. Estás hecho para ganar, no para ser derrotado.*[3] *Estás hecho para recibir mi promesa.*[4]

Todos nosotros atravesamos dificultades en esta vida. Las tuyas podrían ser particularmente duras. Cualquier cosa que sea aquello con lo que estés tratando, tienes que saber que nada es demasiado difícil para Dios. Podrías estar cansado y consumido, pero él te llevará a través de todo esto. Dios promete: *Lo que estás pasando es temporal y sujeto a cambiar. Pero una cosa no cambiará y esa es mi Palabra, mis promesas, las cuales son eternas.*[5] A menudo voy al Salmo 23 en busca de consuelo, porque en ese sencillo cántico del pastor se halla una gran promesa: aunque andemos por valles (lugares tenebrosos y malos) la verdad es que Dios nos ayudará a atravesarlos. Él desea que nos mantengamos siguiéndolo para así, como el buen pastor que es, poder llevarnos a cumbres montañosas. El Señor dirigirá nuestros pasos y nos hará llegar a un lugar donde otra vez haya esperanza, y hará real esa esperanza.

David, el pastor que escribió el Salmo 23, expresó: «Mi cuerpo también vivirá en esperanza».[6] Muy a menudo demasiados de nosotros hemos hecho que nuestros cuerpos vivan en un lugar de desesperanza.

Sin embargo, Hebreos 10.35-36 expresa: «Así que no pierdan la confianza, porque esta será grandemente recompensada. Ustedes necesitan perseverar para que, después de haber cumplido la voluntad de Dios, reciban lo que él ha prometido».

Hay una estrategia en esa promesa para enfrentar y ganar las batallas de la vida. Existe un camino para atravesar la angustia, la ruina financiera o la enfermedad que podrías estar enfrentando ahora. Hay un camino para vencer la desilusión que sufres, o la herida causada por tus hijos o por las personas que creías amigas. Existe un camino más allá de la desesperación al haber perdido personas o lugares que amabas... y esto es simple de entender, aunque a veces es desafiador practicar.

Pero hasta en la práctica de esta estrategia Dios está allí con otra promesa, con la promesa de ayudarte a saltar los obstáculos, porque él no es un Dios de promesas vacías. El Señor quiere hacerte bien en cada una de esas promesas que tiene justamente para ti, y justamente para mí. Él se goza viéndonos probar la dulzura de sus promesas, si al menos:

- mantenemos nuestra confianza en él,
- perseveramos con paciente fidelidad, y
- hacemos su voluntad.

Mantén tu confianza en Dios

Si vives lo suficiente sabrás que la vida intentará robar tu confianza en el Señor. Suceden cosas que nunca soñaste. La tragedia ataca. Bombas explotan. Se pierden amores. Surgen problemas de salud. Mueren sueños.

En medio de los problemas, al atravesar toda aflicción estás tentado a renunciar a tus sueños, a ti mismo y a Dios. Los obstáculos parecen demasiado profundos. El costo parece exorbitante. Debes ceder el control que nunca tuviste. Debes creer que el Señor hará que todo obre para tu bien. Debes hacer todo esto aunque el momento parezca malo y el camino sea tenebroso e incierto, aunque creas que las cosas no van a cambiar, aunque te sientas atrapado en tu situación, aunque pienses: *¿Cómo puede pasar algo bueno alguna vez?*

Esto se debe a que Dios tiene un plan. Él está obrando a tu favor, está contigo. Quiere que resistas porque está preparando algo bueno, y a veces se necesita llevar a cabo cierto esfuerzo: algo de trabajo en ti y alrededor de ti, algunas cosas que quizás nunca veas o te enteres.

No importa. El Señor aún está obrando en ti y en este mundo para cumplir su Palabra. La Biblia nos dice: «Esta es la confianza que tenemos al acercarnos a Dios: que si pedimos conforme a su voluntad, él nos oye. Y si sabemos que Dios oye todas nuestras oraciones, podemos estar seguros de que ya tenemos lo que le hemos pedido».[7]

Esa es la clase de confianza inquebrantable que podemos tener en Dios.

PARA AYUDARTE MÁS

Puedes lograrlo con oración

Hace veinte años Kevin y yo acompañamos a mi padre en un viaje a India, junto con Joel y Victoria. Nos encantó India: reunirnos con la gente, animar a los líderes, y enseñar la Biblia. Sin embargo, este viaje fue el más desafiador que yo había enfrentado. Para ir a una nación extranjera siempre se deben hacer algunos ajustes, pero yo no estaba preparada para lo que eso significaba allí.

Nos quedamos en una residencia gubernamental que en realidad era grandiosa en comparación con la empobrecida tristeza que vimos incluso fuera de las puertas de esa vivienda: personas en harapos, mendigando centavos. Pero una cosa es pensar cuando eres joven: *Ayudaré a esta gente a salir de su miseria física y espiritual*, y otra es enfrentar la realidad de vivir en tales condiciones.

La residencia gubernamental era sencilla, de hormigón, y cada habitación estaba equipada con camas gemelas que tenían colchones de cinco centímetros, rotos en varios lugares. La roída alfombra parecía varias veces mayor que nosotros. No pude ducharme durante cinco días porque me sentía más limpia que el cuarto de baño y también a causa de nuestros continuos visitantes: lagartijas y cucarachas. Afuera de nuestra alcoba muchos astutos monos trepaban por los árboles, pero nuestro anfitrión nos advirtió que conserváramos la distancia porque los animalitos eran peligrosos, transmitían enfermedades y podrían ponerse agresivos.

Nuestro entorno era inquietante para mí. Nos entregamos de lleno a servir en el ministerio, enseñando y pasando tiempo con la gente en las mañanas, en las tardes y durante cada noche. Después el momento más difícil era tener que volver a nuestro cuarto. Para mí no había descanso. Una noche al regresar encontré cucarachas arrastrándose por todo mi colchón.

Tampoco comíamos bien, atormentados por tanta gente muerta de hambre y con tantas diferencias en la alimentación. Dependimos de atún enlatado y mantequilla de maní que habíamos llevado en nuestras maletas, y botellas calientes de Coca-Cola. En una única ocasión, sin embargo, comimos pescado fresco y un curry maravilloso en un restaurante con tenue luz, y nos emocionó especialmente ver pastel de manzana en el menú.

—Pediré un pedazo y veremos si nos gusta —informó Joel.

Eso nos pareció bien a Victoria y a mí. Después de comerse la mitad de la porción, disfrutando cada bocado, Joel nos brindó la otra mitad. Pero cuando empujó el plato hacia nosotras había más luz en nuestro lado de la mesa. Pudimos ver lo que Joel no vio. Esa rebanada de pastel estaba llena de moho verde cubierto de vellos.

Victoria y yo soltamos la carcajada, incrédulas y sorprendidas de que Joel ya se hubiera comido la mitad de este pedazo de pastel.

—Bueno —comentó él sonriendo—. Acabo de comer pastel de manzana al moho.

Yo no estaba tan conforme con nuestro viaje. Los dos primeros días lo único que hice fue quejarme ante Kevin.

—No puedo creer lo malo que es este lugar. No creo que pueda soportarlo durante cinco días.

La idea de cucarachas y lagartijas arrastrándose por encima de mí mientras dormía me producía escalofríos, y me hacía querer levantarme y salir… solo que afuera estaban esos peligrosos monos. No lograba descansar.

—Lisa, podrías muy bien dejar de quejarte porque eso no cambiará nada en absoluto —me confrontó finalmente Kevin—. Además, no nos iremos antes de lo planeado.

Odié admitirlo, ¡pero él tenía razón! Así que decidí dejar de decir que no podía soportar más. En lugar de eso comencé a decirme: «Todo lo puedo por medio de Cristo que me fortalece. Su gracia me está ayudando».

La noche siguiente me desafié con las promesas de Dios y en realidad pude dormir mejor. Luego la siguiente dormí como un bebé. En la quinta y última noche me desperté y sentí que la cama oscilaba de un lado al otro, pero me volví a dormir.

Alarmado, Kevin despertó.

—Lisa —exclamó—. ¿Sentiste eso?

—Sí —murmuré soñolienta.

—¡Creo que es un terremoto! —expresó él frenéticamente.

—Yo también —contesté bostezando, y me volví a dormir al instante.

Kevin pasó despierto el resto de la noche, y en la mañana supimos que los temblores durante la noche se debieron realmente a un terremoto a más de trescientos kilómetros de distancia.

Así es como Dios actúa. Cuando creemos que ya no podemos

soportar más, él nos brinda fuerzas y gracia para sobrellevar moho, cucarachas, lagartijas, monos y hasta un terremoto.

Tú también puedes hacer más que de lo que crees. Estás hecho para algo más. Una oración y una alternativa de creer en las promesas del Señor te llevarán allá.

Cuando tengas dudas, recuerda que los creyentes son receptores

Mira a David, el joven pastor que enfrentó a un gigante que estaba matando al pueblo israelita, junto con su esperanza.[8] David enfrentó a Goliat solamente con cinco piedras pequeñas y una honda. Al menos eso fue lo que la gente en el campo de batalla vio ese día. Pero el muchacho tenía una enorme arma secreta que ni el pueblo ni los adversarios o Goliat mismo pudieron ver. David estaba lleno de algo más poderoso que una pistola. Poseía confianza en Dios.

Por tanto, el joven mató al gigante con una sola piedra porque cuando la arrojó con fe, el Señor dirigió esa diminuta roca hacia la frente de Goliat. David nunca podía haber hecho eso con sus propias fuerzas o su habilidad. Pero la fe y la confianza en Dios que tenía el pastorcito lo llenaron con algo más: la promesa del Señor, la habilidad para ganar.

Dios quiere llenarte con esa misma confianza. Lo único que debes hacer es elegir la fe en el poder del Señor.

Sin embargo, podrías cuestionar: «Mis gigantes son enormes». Quizás tus deudas sean superiores a tus cheques de pago de un año, o tal vez ahora ni siquiera recibas cheques de pago. Es posible que tu desesperación parezca más profunda que cualquier esperanza que alguna vez hayas tenido. ¿Entonces qué?

Haz lo que hizo David cuando enfrentó a Goliat. Haz lo que otro rey hizo cuando un enorme ejército empezó a atacar al monarca y a su pueblo.

Cuando no sabes qué hacer, mantén la mirada en Aquel que sí sabe

¿Has oído la historia de Josafat?[9] Sé que el nombre es cómico, pero este tipo era el rey de Judá.

Josafat recibió la mala noticia de que un enorme ejército venía contra él. Desde luego que esto le preocupó. Pero lo primero que este hombre hizo fue buscar al Señor. El rey proclamó ayuno y comenzó a preguntarle a Dios qué debía hacer. Entonces oró: «Nosotros no podemos oponernos a esa gran multitud que viene a atacarnos. ¡No sabemos qué hacer! ¡En ti hemos puesto nuestra esperanza!»

Esto es tener plena confianza en Dios, es poner la mirada en él. Es llegar ante él en oración, reconociendo sin ninguna sombra de duda que el Señor hará lo que tú no puedes… ¡sea lo que sea!

Tú sabes lo que pasó con esta historia. Josafat puso su confianza en Dios, entonces Dios envió confusión al campamento enemigo. De pronto esos soldados no pudieron ver correctamente; su manera de pensar enloqueció, y comenzaron a destruirse unos a otros y no al ejército de Josafat y a su reino, a quienes habían ido a derrotar.

Josafat ni siquiera tuvo que pelear la batalla. Dios lo hizo por él.

Persevera en fe

La Biblia dice que resistencia paciente es lo que necesitas. Ahora mismo, en medio de tu adversidad, es cuando debes perseverar.[10] No te resignes. No te desanimes. Ahora mismo debes permanecer fiel, firme y constante.

Podrías querer insistir: «¡Estoy cansado de esperar que las cosas cambien! ¡Lo único que quiero es claudicar!»

Está bien. Insiste. Desahógate… todos nos fatigamos a lo largo de camino de la vida. Queremos desistir. Nos alistamos para arrojar la toalla. Dios sabe eso. Pero puede hacerse cargo de todo cuando llevas ante él estas cosas. En realidad él quiere que lleves tu desaliento ante él y le entregues tus cargas.[11]

Por tanto, dile al Señor que te quieres dar por vencido… y

entonces, después de desahogarte, ya no lo haces. Decides no renunciar. Toma la decisión, aunque no sepas cómo vas a seguir decidiendo entre qué hacer o no. De eso se trata la fe: decides una y otra y otra vez sin ninguna garantía o nada seguro. La fe no es fe si no esperamos ciegamente, creyendo de todos modos, decidiendo perseverar cuando todo te dice que hagas lo contrario.

La Biblia dice: «Manténganse firmes e inconmovibles, progresando siempre en la obra del Señor».[12]

Cuando reflexiono en cómo ser inamovible pienso en Stax, el perro inglés de mi amiga Susan, que es un personaje al que le encanta montar en monopatín, pero sus veloces maromas pasan a un segundo plano cuando de mantener un objeto en la boca se trata. Ese perro se convierte en una roca y un luchador. No avanza ni se da por vencido. Cada vez que mastica ruidosamente un juguete, más te vale que no intentes quitárselo porque el perro...

- **...no flaquea en la posición que toma.** Planta las patas traseras en posición de defensa y no las mueve.
- **...no suelta la presa.** Usa la parte frontal del cuerpo para jalar lo que agarra, luego lo sostiene firmemente entre las quijadas y no hay quien se lo haga soltar.
- **...fija la mirada en el objeto.** Está tan enfocado en lo que está haciendo que no le preocupa nada de lo que pase a su alrededor, ni siquiera que lo amenaces. (¡Susan afirma que eso es un milagro en el caso de Stax!)
- **...no se ve afectado por el tiempo que dure la prueba.** Simplemente sigue jalando hasta que consigue el objeto de su deseo.

Cuando de nuestra fe se trata debemos tener la tenacidad de un buldog como Stax. Debemos plantar nuestros pies en la Palabra de Dios, mantener la mirada en el premio, no soltarnos de la Biblia, y ser pacientes mientras esperamos el tiempo del Señor.

Hay victoria. Para Stax es el juguete o una amenaza. Para nosotros, el premio es muchísimo más valioso: nuestro destino.

Toda promesa requiere persistencia

Siempre que pienso en persistencia me viene a la mente Job en el Antiguo Testamento. Satanás destruyó todo lo que el hombre tenía, quitándole la familia y tratando de eliminarle la fe. Pero Job no desistió; no renunció.[13] Satanás continuó atacando a Job durante un año, quitándole el hogar y el negocio, y hasta la salud.

Job se mantuvo firme prueba tras prueba.

Toda esa persistencia fue seguida por la promesa de Dios. El Señor nunca abandonó a Job, y al final liberó totalmente al hombre de su aflicción. Es más, le dio el doble de lo que había tenido antes de sus tribulaciones.

El doble. Esa es la clase de Dios a quien servimos: el Dios que mantiene un registro de las maldades y pérdidas personales que hemos soportado y que nos da el doble por nuestra aflicción: doble paz, doble gozo, doble fortaleza, doble cantidad de amigos… y de ideas. Para Kevin y yo, hasta el doble de niñas: ¡Gemelas!

Dios recompensó ricamente a Job, a quien amaba, y a quien la Biblia se refiere de este modo: «Ustedes han oído hablar de la perseverancia de Job, y han visto lo que al final le dio el Señor. Es que el Señor es muy compasivo y misericordioso».[14]

La fe persistente, las oraciones persistentes, y la gratitud persistente te acondicionan para las promesas de Dios. La Biblia afirma que es por medio de la fe y la paciencia que heredamos esas promesas.[15] Y esa es la siguiente clave en cómo persistir.

Para recibir la promesa, practica la paciencia

Tienes que esperar con paciencia el tiempo del Señor, y durante la espera él obrará en tu corazón y en tu vida. Te desarrollará, te madurará y te engrandecerá. Él no permitirá que seas tentado más allá de lo que puedes resistir.[16]

Proverbios 19.11 declara que el buen juicio de un hombre le produce paciencia, y el buen juicio afirma: *No me voy a salir del curso. No voy a refunfuñar ni a quejarme. Mantendré mi enfoque en Dios y en las cosas de Dios.*

Eso es lo que Job hizo durante la mayor parte de ese año de sufrimiento intenso. Aunque sus amigos le dijeron que desista, que culpe a Dios o que reconozca que estaba haciendo algo mal, Job decidió ser paciente. Decidió ser sabio. Él sabía que aunque no podamos sentir a Dios o verlo en acción, u oír su voz, el Señor todavía está con nosotros. Aún está observando. Él está dirigiendo nuestros pasos, cuando decidimos dar cada uno de ellos con paciente fe.[17]

Esa es la verdadera carrera de la que la Biblia habla, la que tomas con cada paciente paso. La Palabra de Dios dice que corras con perseverancia la carrera que está marcada para ti.[18] No desistas... corre y termina. Nadie más puede hacer eso por ti. Solamente tú puedes correr tu carrera. Solo tú puedes reclamar el premio, la promesa que Dios ha planeado con tu nombre en ella. Y Dios está contigo en la carrera. Él permanece *contigo, en* ti y *para* ti. Te ha rodeado, tanto por detrás como por delante.[19] Te tiene cubierto.

Para recibir la promesa, levántate... y levántate de nuevo

A veces la perseverancia es más cuestión de tenacidad. Yo entiendo de este asunto. Hubo ocasiones en que quise ceder a la depresión. Me sentía horrible. No podía ver mi camino. Perseverar en realidad significa soportar. Mi mente y mis emociones querían ceder a la desesperanza. Me llegaban pensamientos como: *Mi situación es desesperada. No puedo soportar otro día más.*

Tuve que negarme a creer esos pensamientos y, a cambio, creer la verdad: «¡Puedo alcanzarlo! ¡Tengo la gracia de Dios para lograrlo!» Tuve que pronunciar mucho esas cosas. Debía levantarme cada uno de esos días depresivos y proclamar estas promesas para mí misma y para Dios, promesas de perseverar, de seguir adelante... y en el proceso sucedió algo interesante.

Con el tiempo, la decisión de levantarme una y otra vez obró maravillas. Mis mañanas comenzaron a llegar con esperanza, no con desesperación, y con gloria en vez de las grises cenizas de la depresión.

PARA AYUDARTE MÁS

Ocho cosas que Dios promete

El Señor te ama muchísimo. Él hace estas ocho promesas a quienes confían en él, e incluso pone su Palabra en ello. Dale una mirada a estas palabras en la Biblia:

1. **Dios es bueno y te bendecirá**. Salmo 34.8-9: «Prueben y vean que el Señor es bueno; dichosos los que en él se refugian. Teman al Señor, ustedes sus santos, pues nada les falta a los que le temen».

2. **Estás rodeado de misericordia**. Salmo 32.10: «Muchas son las calamidades de los malvados, pero el gran amor del Señor envuelve a los que en él confían».

3. **Serás redimido totalmente**. Salmo 130.7: «Espera al Señor. Porque en él hay amor inagotable; en él hay plena redención».

4. **Dios te concederá los anhelos de tu corazón**. Salmo 37.4: «Deléitate en el Señor, y él te concederá los deseos de tu corazón».

5. **Puedes ser feliz**. Proverbios 16.20: «El que atiende a la palabra, prospera. ¡Dichoso el que confía en el Señor!»

6. **Puedes deleitarte en tu vida**. Salmo 36.7-8: «¡Cuán precioso, oh Dios, es tu gran amor! Todo ser humano halla refugio a la sombra de tus alas. Se sacian de la abundancia de tu casa; les das a beber de tu río de deleites».

7. **Dios quitará toda vergüenza de ti**. Salmo 25.3: «Quien en ti pone su esperanza jamás será avergonzado».

8. **No quedarás defraudado**. Isaías 49.23 DHH: «Reconocerás

> que yo soy el Señor, y que los que en mí confían no quedan defraudados».
>
> El amor de Dios es eterno y sus recompensas son copiosas. ¿Quién no podría hallar gozo en esta afirmación?

Los caminos de Dios siempre funcionan. Él nos dice: «¡Levántate [de la depresión y postración en que te han mantenido tus circunstancias… ¡levántate a una nueva vida!] y resplandece [sé radiante con la gloria del Señor], que tu luz ha llegado! ¡La gloria del Señor brilla sobre ti! Verás esto y te pondrás radiante de alegría; vibrará tu corazón [ante la gloriosa liberación] y se henchirá de gozo».[20]

¿Te mantienen por el suelo tus circunstancias? ¿Estás postrado, sintiéndote exhausto, indefenso y totalmente derrotado? Ese es el mejor lugar para que le digas a Dios: «Ayúdame». Y es el mejor lugar desde el cual levantarse. Todo será más hermoso una vez que estés otra vez erguido, porque la gloria del Señor te levantará.

Si observas la palabra *gloria* en el lenguaje hebreo, sugiere que el esplendor, el favor y el honor de Dios están en abundancia sobre ti. *Ya se encuentran sobre ti.*

Cuando somos débiles, Dios es fuerte en nosotros. Su gracia nos levantará y nos llevará a la meta.[21]

Haz la voluntad de Dios

Sea lo que sea que estés soñando o por lo que estés orando hoy, no desistas en esas cosas. Es fácil caer en la trampa del desánimo o la desesperanza, pero esa no es la voluntad del Señor para ti. ¿Significa esto que él contestará siempre tus oraciones y te dará cosas exactamente en la manera en que las pides? No. Sin embargo, Dios tiene algo grande en mente para ti. Él te tiene reservado más para cada día de vida que te ha dado. En momentos de desánimo, recuerda estas tres verdades:

Dios ama tanto la fidelidad que te llevará a un gran avance

¿Qué hacer cuando sientes que deseas darte por vencido, cuando estás cansado de mostrar paciencia y los desafíos siguen llegando? Aquellos son tiempos en que simplemente obedeces; en que decides obedecer a Dios. No renuncies al Señor aunque creas que él ha renunciado a ti... porque no es así. Él nunca lo hará. Nunca te dejará, jamás te abandonará.[22]

La Biblia nos recuerda que la voluntad de Dios es: Estar siempre alegres, orar sin cesar, dar gracias a Dios en toda situación, porque esta es su voluntad para nosotros en Cristo Jesús.[23]

Por tanto, cuando no sepas qué más hacer, sigue haciendo lo que sabes que debes hacer según la Palabra de Dios. Quizás no sientas los efectos positivos mientras haces lo bueno, pero sigue haciéndolo aunque parezca que te sucede todo lo malo. Con regularidad recuerdo que los simples actos diarios de fiel obediencia establecen toda la diferencia en el mundo. Aspectos como:

- mantener una actitud positiva de fe y expectativa.
- seguir siendo agradecido por lo que tienes.
- ir a la iglesia donde te puedes animar semanalmente.
- rodearte de amistades piadosas.
- pasar tiempo cada día con Dios.
- pronunciar palabras llenas de fe sobre tu vida y tu destino.
- conservar tu paz y saber que el Señor promete pelear tus batallas por ti.
- estar quieto y saber que él es el Señor.

Opta por seguir adelante, por estar haciendo lo que Dios quiere que hagas, y decide creer la promesa divina para ti: *Tengo reservada la victoria para el justo. Soy como un escudo para los que caminan rectamente, porque yo guardo las veredas de los que hacen justicia y preservo el camino de los que viven en santidad.*[24]

Dios desea tanto tu éxito que envía ayuda celestial

Me encanta la historia de Daniel en la Biblia.[25] El profeta está que no cabe en sí. Necesita ayuda; su pueblo necesita ayuda. Por tanto se pone a hacer lo que está en su poder al momento. Debe leer las Escrituras. Está pidiendo ayuda a Dios en oración. ¿Y sabes lo que ocurre mientras ora?

Se le aparece el ángel Gabriel. Un ángel. De verdad.

Gabriel, el mensajero de Dios, le dice a Daniel: «Levántate, Daniel, pues he sido enviado a verte. Tú eres muy apreciado, así que presta atención a lo que voy a decirte».

No sé tú, pero si un ángel como Gabriel se me aparece ahora mismo y me dice que me levante y le ponga atención, ¡yo saltaría como lo hice aquella vez por encima de esa valla cuando ese caballo me estaba persiguiendo!

Eso fue exactamente lo que hizo Daniel. La Biblia nos dice que se puso de pie, temblando.

Sin embargo, el ángel estaba lleno de buenas nuevas. «No tengas miedo, Daniel —le dijo—. Tu petición fue escuchada desde el primer día en que te propusiste ganar entendimiento y humillarte ante tu Dios. En respuesta a ella estoy aquí».[26]

Aquí vemos cuatro verdades para nosotros hoy día, y todas empezarán con cómo Dios ve el corazón obediente:

1. **El Señor te aprecia en gran manera.** Esto es lo primero que Gabriel le dijo a Daniel. Así es como Dios te ve: muy apreciado. Él te ama y observa tu vida. No te hace caso omiso ni te rechaza.

2. **Cuando hablas, ¡Dios escucha!** Gabriel manifestó: «Tus palabras fueron oídas». El hecho de que no obtengas una respuesta inmediata no significa que el Señor no te haya oído. Si profundizas en el pasaje, Gabriel incluso le explica a Daniel que por un tiempo fue frenado, pero que Dios lo estaba escuchando desde el principio, asegurándose que le llegara ayuda.

3. **El Señor envió la respuesta el primer día en que Daniel oró.** Cuando oras en fe, Dios responde. El mismo día en que oras, el Señor envía la respuesta.

4. **¡Tenemos respaldo!** Gabriel había estado trabajando tras bambalinas para llevarle la respuesta a Daniel. La Biblia nos cuenta incluso cómo lucía aquel ángel: un hombre vestido de lino, con un cinturón del oro más refinado y con un cuerpo como topacio: brazos y piernas como de bronce bruñido y ojos como antorchas encendidas, y una voz que resonaba como el eco de una multitud.[27] ¡Vaya! ¡Ese sí que es un verdadero refuerzo!

Observa de nuevo que hubo una demora, y Dios permitió que Daniel viera eso. ¿Ves cómo el Señor quiere saber lo que está sucediendo en el reino invisible? Gabriel enfrentó oposición en llevarle la respuesta a Daniel, pero no te preocupes porque Gabriel agarró su teléfono celular y llamó a Miguel, su ángel colega.

Mike —dijo Gabriel—. ¡Te llamo para pedirte apoyo! Necesito tu ayuda.

Y Miguel llegó al rescate.

Bastante asombroso, ¿verdad? Dios nos está ayudando con ángeles, quienes se están auxiliando entre sí… a fin de ayudarnos. ¡No estamos solos! Existen fuerzas más poderosas a nuestro favor que en contra.

Lo que es maravilloso es que Daniel obtuvo su respuesta porque no renunció el primer día o la primera, segunda o tercera semana de su tribulación. Perseveró hasta que obtuvo respuesta. Dios está en acción todo el tiempo para cada uno de nosotros… ¡él ama muchísimo su creación!

Lo que Daniel nos muestra es que nosotros no sabemos lo que está sucediendo tras bastidores. Sí sabemos que el día en que oramos, Dios comienza a actuar a favor nuestro. ¿Por qué estás orando hoy día? ¿Por un hijo rebelde y pródigo? ¿Mejor salud?

¿Un empleo? ¿Ser libre de una adicción? No desistas hasta que obtengas tu respuesta, la cual está en camino.

El Señor sabe que a veces la fe es una lucha

Estamos inmersos en una batalla y el enemigo quiere robarte la fe. Quiere quitarte tus bendiciones y tu gozo, tu familia y tu destino… todo lo que pueda. Pero tú tienes que pelear la buena batalla de la fe. Pablo compara la batalla de la fe con una carrera, y nos anima a pelear la buena batalla, a mantenernos en la fe.[28]

> *Dios está en acción todo el tiempo para cada uno de nosotros.*

Cuando hablo a grupos acerca de esto llevo una gran pancarta que coloco en la plataforma detrás de mí, y que dice: LÍNEA DE LLEGADA. Me gusta que las personas tengan una imagen visual que describa la línea de meta.

Piensa en tu carrera. Cavila en todo lo que te desanima ahora mismo, todo sueño destrozado, toda angustia, pérdida y esperanza no cumplida. ¿Qué te está impidiendo seguir adelante, qué está amenazando hoy con robarte tu gozo y tu fe? ¿Cómo estás peleando aquello? ¿Has intentado orar? ¿Estás leyendo la Palabra de Dios? ¿Estás aún tentado a desistir, a darte por vencido?

Imagina ahora esa gran línea de llegada frente a ti.

¿Puedes ver tu respuesta al otro lado? ¿Puedes ver tu sueño cumplido? Está exactamente delante de ti. Este no es el momento de renunciar. Quizás estén sucediendo cosas detrás de ti, o a tu lado. Tal vez no logres ver porque todo es un poco borroso cuando te hallas en medio de una tormenta, o el viento está soplando demasiado fuerte en tu rostro. Sin embargo, ¿puedes sentir lo cerca que estás de la línea de llegada? ¿Qué tal si en obediencia, durante la lucha por tu vida, das un paso hacia adelante? ¿Qué tal si, sin saber nada de lo que Dios está urdiendo a tu alrededor o a los costados o incluso adelante, aprietas el paso una vez más?

Fe significa no renunciar

Más. De eso es lo que trata la vida con Dios: más de la vida, más de él, más del destino que creó para ti.

¿Renunciarías realmente cuando podrías estar a solo un paso de distancia de todo eso que anhelas? ¿Cómo no saber que el próximo paso que des sea el que te lleve allí?

Dios nos dice: *¡No pierdas la confianza! ¡No te vuelvas atrás! ¡Yo recompensaré grandemente tu fe! Cuando perseveres… ¡recibirás de mí!*[29]

El Señor te ama tanto como para buscarte. Él desea darte a ti, la niña de sus ojos, lo que ha prometido. En la Biblia nos dice una y otra vez:

Con amor eterno te he amado.[30]

Cuánto te he amado.[31]

Te amo.[32]

Él no quiere que desistas; desea que pruebes la dulzura de sus promesas… que muerdas, no el aire, sino tu propio destino, para saborearlo y vivirlo, para alimentarte del Señor para siempre.

Y lo único que tienes que hacer es dar un paso. Y uno más, y después otro más.

A medida que Dios te hace más

Una oración para ti

Querido Padre celestial:

Vengo ante ti tal como soy, y sé que me oyes y me aceptas.
Te pido perdón por todos mis pecados. Reconozco que
Jesucristo, tu Hijo, sacrificó la vida por mí a fin de que yo
pudiera tener perdón, vida eterna, y existencia abundante
en este mundo. Acepto a Jesús como mi Señor y Salvador.
Deseo vivir para ti y cumplir el destino que tienes para
mí. Te agradezco porque soy tu hijo(a) y porque dirigirás
mis pasos en tu perfecta voluntad.

Te amo,

Nombre _____ Fecha _____

Notas

Introducción

1. Cantar de los Cantares 8.6: «Fuerte es el amor, como la muerte».

1. Cómo hallar más cuando la situación explota

1. Proverbios 18.14.
2. Juan 10.29.
3. Romanos 8.28.
4. Salmo 121.1–8, especialmente versículos 3 y 4.
5. Salmo 121; Isaías 41.10.
6. Salmo 139.7–12.

2. Cómo hallar más cuando te sientes defectuoso

1. Salmo 103.5.
2. Salmo 139.
3. Efesios 1.11; 2.10.
4. Génesis 1.
5. Efesios 2.10.
6. 1 Corintios 10.13.
7. Salmo 37.23–24.
8. Salmo 90.12.
9. Efesios 1.17–19.
10. Santiago 1.5.

11. Éxodo 6.10–13.
12. Proverbios 19.21.
13. Gálatas 5.7.
14. Salmo 25.12.
15. Filipenses 3.3.
16. Efesios 1.11.
17. Efesios 2.10.
18. 2 Reyes 6–7.
19. Proverbios 3.5–6.
20. Apocalipsis 19.14.

3. Cómo hallar más cuando las personas te fallan

1. Génesis 37–47.
2. Proverbios 27.6; Salmo 141.5; Efesios 4.15.
3. 1 Corintios 2.9.
4. Hechos 7.9–10.
5. Filipenses 4.13.
6. 2 Corintios 12.9.
7. Jeremías 29.11.
8. Salmo 25.3.

4. Cómo hallar más cuando estás distraído

1. Salmo 37.4; 20.4.
2. Proverbios 29.18.
3. 2 Timoteo 1.6.
4. Romanos 8.28.
5. Jeremías 29.11–14.
6. Habacuc 2.2–3.
7. Ibid.
8. Lucas 4.17–19.
9. Ibid.
10. Habacuc 2.2.
11. Santiago 1.6–7.
12. Salmo 78.19.
13. Romanos 10.17.

14. Marcos 11.24; Mateo 12.37.
15. Proverbios 13.3.
16. Filipenses 4.19.
17. Jueces 14.6.
18. Isaías 55.8-9.
19. Juan 14.23.
20. Juan 2.5.
21. Salmo 32.8.
22. Génesis 4.1–16.
23. 1 Samuel 18–31.
24. Santiago 3.16.
25. Hebreos 6.12.
26. Gálatas 6.9.
27. 2 Corintios 1.4.

5. Cómo hallar más cuando estás afligido

1. Filipenses 1.6; Salmo 138.8.
2. Filipenses 1.6.
3. Génesis 37.
4. Génesis 39.
5. Génesis 39.19–41.49.
6. Génesis 41.
7. Hebreos 13.5–6; Romanos 8.31–39; 2 Corintios 4.7–11.
8. Salmo 103.4.
9. Gálatas 6.9.
10. Pastor Tommy Barnett, de First Assembly of God, Phoenix.
11. Ibid.
12. Ibid.
13. Isaías 55.8–9.
14. Jeremías 29.11.
15. Salmo 68.19.
16. Proverbios 3.5–6.

6. Cómo hallar más cuando estás asustado

1. Isaías 41.10.
2. Proverbios 23.7 RVR60.

3. Robert Yehling, "El poder del razonamiento del cuerpo", *Ciencia de la mente* (diciembre 2004).
4. Romanos 12.2 TLA.
5. 1 Juan 4.18.
6. Josué 1.9.
7. Proverbios 15.15.
8. Salmo 34.4.
9. Salmo 23.6.
10. Salmo 91.9–12.
11. Isaías 41.13.
12. Hebreos 13.20.
13. Juan 14.16.
14. Isaías 43.5.
15. Salmo 34.5.
16. Efesios 5.15–16.
17. Filipenses 4.13.
18. Juan 14.1.
19. Mateo 28.20; Hebreos 13.5–6.
20. Mateo 6.25–34.
21. Salmo 46.10.
22. Proverbios 3.5.
23. Isaías 43.1–3; Jeremías 29.11–13.

7. Cómo hallar más cuando estás desilusionado

1. Juan 16.33.
2. Ibid.
3. Juan 10.10.
4. Hebreos 6.19.
5. Salmo 33.18.
6. 1 Tesalonicenses 5.23.
7. Colosenses 1.9.
8. 1 Corintios 10.13.
9. Salmo 121.1–2.
10. Jeremías 29.11.
11. Santiago 4.8.
12. Deuteronomio 29.29.
13. 2 Corintios 1.4.

14. Salmo 73.16.
15. Isaías 26.3.
16. Marcos 10.27.
17. Salmo 127.3.
18. Recomiendo en gran manera los libros, la asesoría práctica, y el consejo espiritual del Dr. Reginald Cherry para superar los asuntos emocionales que experimenté. Puedes aprender más acerca de él y de su obra en el sitio Web «Senda hacia la sanidad»: www.thepathwaytohealing.com.
19. Salmo 40.2; Isaías 61.3.
20. 2 Corintios 4.17–18.
21. Salmo 18.30 RVR60.
22. Salmo 25.3.

8. Cómo hallar más cuando no puedes olvidar

1. Isaías 43.18–19.
2. Filipenses 3.12–15 RVR60.
3. Romanos 8.35–39.
4. Isaías 43.25.
5. Born to Shop, I Am Woman, I Am Invincible, I Am Tired… (White Plains, NY, Peter Pauper Press, 2006). Encontrado en línea en http://www.peterpauper.com/advanced_search_result.php?keywords=born+to+shop&search_in_description=1 http://www.peterpauper.com/advanced_search_result.php?keywords=born+to+shop&search_in_description=1 y en amazon.com en http://www.amazon.com/Woman-Invincible_Tired-Keepsake-Humor/dp/1593599331/ref=sr_1_1?ie=UTF8&s=book&qid=1301517238&sr=8-1.
6. Génesis 4.1–16.
7. Génesis 27.1–17.
8. Números 12.1.
9. 2 Samuel 13.1–22.
10. 1 Corintios 13.7–8.
11. Proverbios 11.17.

12. Guideposts ©1972 (Carmel, NY 10512), www.guide-posts.com.
13. Ibid.
14. Mateo 10.8 NVI; 5.7 RVR60.
15. Salmo 147.3.
16. Isaías 61.1–3.

9. Cómo hallar más cuando te han etiquetado

1. Marcos 10.46–52.
2. Jeremías 1.5.
3. Jeremías 1.7
4. 1 Crónicas 4.9–10.
5. Ibid.
6. Ibid.
7. Santiago 4.3 y Juan 5.14.
8. 1 Crónicas 4.9–10.
9. Isaías 41.10; Romanos 8.38–39.
10. Romanos 12.1.
11. Joel 3.10b RVR60.
12. Juan 1.12; Romanos 8.17; Efesios 1.3.
13. Efesios 2.10; Colosenses 2.10.
14. 1 Samuel 16.7.
15. Efesios 1.3–4; 1 Tesalonicenses 1.4
16. Romanos 12.6; 1 Pedro 4.10; 1 Timoteo 4.12–13.
17. 1 Timoteo 4.14.
18. Efesios 1.3–8.
19. Isaías 43.4.
20. Salmo 139.14.
21. Salmo 17.8.
22. Salmo 5.12.
23. Deuteronomio 28.1–14.
24. Salmo 1.3.
25. Hechos 17.26–27.

10. Cómo hallar más cuando fracasas

1. Hebreos 4.15.

2. Hebreos 4.16.
3. Paul J. Meyer, *Unlocking Your Legacy: 25 Keys for Success* (Chicago, Moody Publishers, 2003).
4. Lucas 22.32.
5. Hebreos 7.25.
6. Salmo 103.8.
7. Génesis 3.
8. Mateo 7.20.
9. Santiago 2.13; 1 Corintios 13.8; y 1 Pedro 4.8.
10. Juan 8.3–11.
11. Mateo 7.12.
12. Obispo Dale Bronner, de Word of Faith Family Worship Cathedral en Austell, Georgia.
13. Proverbios 24.16.
14. Efesios 2.10.

11. Cómo hallar más cuando te sientes incapaz

1. Hebreos 12.1; 13.20–21.
2. Romanos 8.28.
3. Éxodo 4.10.
4. Lucas 19.1–4.
5. Efesios 2.1–7 RVR60.
6. Juan 14.16–18 NTV.
7. Juan 14.16, 14.26, 16.7.
8. 1 Corintios 2.9–16; 1 Juan 2.27.
9. Juan 7.37–39; 1 Juan 2.1 RVR60.
10. Juan 14.16–18; 1 Corintios 2.1–5.
11. Romanos 8.26.
12. Juan 14.26, 16.7–8; 1 Juan 2.1.
13. Juan 14.16 DHH.
14. Juan 15.16.
15. 2 Corintios 5.20.
16. Colosenses 3.17.
17. Salmo 139.13–16; Romanos 12.4–6; y Efesios 1.3.
18. 1 Corintios 6.19.
19. 1 Juan 2.27.
20. Efesios 6.10–20.

21. Lucas 4.1–3.
22. Lucas 4.17–19.
23. 2 Corintios 1.21–22.
24. 1 Tesalonicenses 2.4.
25. 2 Corintios 12.10.
26. 2 Corintios 3.1–5.
27. 2 Corintios 10.12.

12. Cómo hallar más cuando estás listo a renunciar

1. Salmo 3.5.
2. 1 Corintios 10.13.
3. Hebreos 12.1–2.
4. Hebreos 10.35–37.
5. 1 Corintios 1.9; Malaquías 3.6.
6. Hechos 2.25–28.
7. 1 Juan 5.14-15.
8. 1 Samuel 17.20–54.
9. 2 Crónicas 20.
10. Hebreos 10.35–37.
11. Mateo 11.28–30.
12. 1 Corintios 15.58.
13. Job 1–2.
14. Santiago 5.11.
15. Hebreos 6.11–14.
16. 1 Corintios 10.13.
17. Proverbios 3.5–6; 2 Corintios 5.7.
18. Hebreos 12.1.
19. Salmosz 139.5.
20. Isaías 60.1, 5; Deuteronomio 31.6; Hebreos 13.5.
21. 2 Corintios 12.9.
22. Hebreos 13.5–6.
23. 1 Tesalonicenses 5.16–18.
24. Proverbios 2.7–21 RVR60.
25. Daniel 9.1–3.
26. Ibid.
27. Daniel 10.5–6.
28. 2 Timoteo 4.7.

29. Hebreos 10.35–39.
30. Jeremías 31.3.
31. Juan 14.21; 15.9–10.
32. Juan 3.16.

Reconocimientos

Escribir este libro ha sido un viaje llevado a cabo con la ayuda de muchos amigos, seres queridos y miembros de la familia. Estoy eternamente agradecida por quienes contribuyeron a hacer de este proyecto algo agradable y memorable.

Muchas gracias a Rolf Zettersten y Jana Burson, nuestros amigos en FaithWords, por ayudar a hacer realidad mi sueño.

Estoy agradecida a nuestros amigos Jan Miller y Shannon Marven de Dupree/Miller por creer en este proyecto, por creer en mí, y por su gran esfuerzo en hacerlo posible.

Soy bendecida por haber trabajado con Jeanette Thomason, quien tiene dones increíbles y me ayudó a que este libro fuera lo que es.

Agradezco inmensamente a mi esposo, Kevin, y a nuestros tres hijos, Catherine, Caroline y Christopher, por su incesante apoyo. No lo habría logrado sin el amor, el ánimo brindado y la paciencia de ustedes. Los amo y atesoro a cada uno de ustedes con todo mi corazón.

Gracias a mi padre terrenal, quien siempre vio lo mejor en mí y me inspiró a vivir con valor y denuedo. Gracias a mi madre, Dodie Osteen, por tu ejemplo como esposa, madre y abuela. Eres una mujer extraordinaria.

Un agradecimiento sincero a mi hermano, Joel Osteen, por brindarme sabiduría y dirección para escribir este libro. Sigues inspirándome, enseñándome y animándome, y te admiro y respeto en gran manera. También estoy muy orgullosa de Victoria y tú.

Gracias a mis hermanos: El Dr. Paul Osteen, Tamara Graff, y April Simons junto con sus familias. Cada uno de ustedes es increíble y muy talentoso. Me siento honrada de ser su hermana.

Una gratitud especial a mi «Equipo EUA»: Emily Dávila, Irene Franco, Elizabeth Ortega, Gabriela Ferrel, Conchi Revelo y Ana Díaz por darme ánimo, por su apoyo en oración, y por su trabajo hecho con amor. Sé que siempre cuento con su apoyo.

Gracias a Bebe Hackney por estar siempre allí para mí en los últimos treinta años. Aprecio tu amistad.

Estoy agradecida por amigos y mentores que han influenciado mi vida en gran manera. Gracias, Billy y Marilyn Morrison, por su liderazgo, amistad y compañía durante mi adolescencia. Gracias, Kathleen Taylor, por ser amiga, alentadora y compañera de oración cuando quedé devastada por el divorcio. Gracias, Phyllis Sitton, Lois Godwin y Renee Branson por estar allí para mí durante la explosión del correo bomba, y por su amor y su ejemplo en toda mi vida.

Un agradecimiento especial a Debra George por su sabiduría, amor, oración y amistad durante los últimos veinticinco años. Estoy muy agradecida por tu apoyo y ayuda en la redacción y preparación de este libro.

Gracias a nuestro personal y familia Lakewood por su lealtad al Señor y a nuestra familia. Son un maravilloso regalo que me ha apoyado, y cuyo compañerismo a su vez apoya a otros. Espero que juntos sigamos haciendo la obra del Señor.

Cómo hallarte tú mismo en este libro

Dios me está haciendo más

Esta sección está diseñada para ayudarte a encontrar, capítulo por capítulo, lo más que el Señor tiene en mente para ti. Úsalo para tomar notas, para confiar anhelos, esperanzas y temores, o para registrar oraciones acerca de lo que el Señor te está diciendo específicamente a medida que lees. Pasa tiempo hablando o llevando un diario para Dios acerca de lo que aprendes, o discute estas cosas con alguien de tu confianza. A medida que el Señor actúa en tu vida para llevarte hacia el propósito que tiene para ti, revisa estas notas y analiza cómo él ha estado utilizando todo acontecimiento y circunstancia para hacerte hoy día más de lo que fuiste ayer… y cómo te está llevando a tu destino.

1. Cómo hallar más cuando la situación explota

Acontecimientos explosivos en mi vida:

_____

_____

Qué más necesito o quiero en estas situaciones:

_____

_____

_____

Cosas que Dios está haciendo hoy para recoger los pedazos:

_____

_____

En dónde necesito Señor que me ayudes a alcanzar mi destino:

_____

_____

Mis esperanzas son…

_____

_____

_____

2. Cómo hallar más cuando te sientes defectuoso

Veo mis defectos como:

_____

_____

Me estoy atascando de este modo por medio de este defecto:

_____

_____

Cómo creo que Dios me ve, lo que él ama respecto a mí:

_____

_____

_____

Dónde necesito Señor que me recuerdes lo que has creado en mí, conmigo y para mí:

_____

_____

_____

Describiría la obra maestra que deseo ser en cuanto a cómo me veo, actúo y soy…

_____

_____

_____

3. Cómo hallar más cuando las personas te fallan

Esta persona me ha ofendido en gran manera, y siento que me ha fallado de este modo:

_____

_____

Esta relación me cambió en esta forma (de qué a qué):

_____

_____

En esta relación aprendí:

_____

_____

Dónde necesito Dios que me sanes de las heridas de esta relación:

_____

_____

Mis deseos en cuanto a relaciones son…

_____

_____

4. Cómo hallar más cuando estás distraído

Estos acontecimientos me paralizaron emocionalmente y me dejaron en el limbo en una ocasión (y cuándo fue eso):

_____

_____

Si ciertas cosas no me han sucedido, quisiera poder:

_____

_____

Podría moverme hacia el deseo de mi corazón si Dios (hiciera, dijera, mostrara):

_____

_____

_____

Te necesito Señor para enfocar mi corazón y mi energía en estos asuntos:

_____

_____

Mi sentir en cuanto a lo que tú Señor me estás llamando a que haga y sea es...

_____

_____

Puedo hacer estas cosas ahora, esta semana, este mes, a fin de acercarme al propósito que tienes para mí:

_____

_____

5. Cómo hallar más cuando estás destrozado

Mi sueño ha sido:

_____

_____

He retenido (o abandonado) este sueño porque:

_____

_____

Puedo tomar estos pasos para acercarme más a mi sueño:

_____

_____

Dónde necesito, Dios, que me ayudes para aferrarme a mi sueño:

_____

_____

Mi palacio (lugar donde mora el deseo de mi corazón) se parece a...

_____

_____

_____

6. Cómo hallar más cuando estás asustado

Los temores y las preocupaciones con que estoy luchando ahora incluyen:

_____

_____

La razón de mi temor, ansiedad o preocupación es:

_____

_____

Qué sucedería si me abriera paso a través de mi temor y cada vez que sintiera ansiedad decidiera entregarle eso a Dios y zambullirme hacia adelante:

_____

_____

Dónde necesito Señor que me ayudes a entregarte mis temores:

_____

_____

Mi vida sin ningún tipo de temor sería así:

_____

_____

7. Cómo hallar más cuando estás desilusionado

Las desilusiones con que estoy tratando ahora son…

_____

_____

Mis expectativas serían:

_____

_____

Anhelo hacer, ser o tener esto, Dios, porque:

_____

_____

_____

_____

Dónde necesito Señor que me ayudes a ver tu propósito en esto:

_____

_____

Mi desilusión puede ayudarme (designarme) para ayudar a otros en esta manera...

_____

_____

Gracias, Dios, por darme esta asignación debido a...

_____

_____

9. Cómo hallar más cuando te han etiquetado

Así me han etiquetado antes:

_____

_____

Esta etiqueta me molesta más debido a:

_____

_____

Cómo creo que Dios me etiquetaría ahora:

_____

_____

Cómo deseo que el Señor me etiquete cuando yo llegue a donde él quiere que esté:

_____

_____

Dónde necesito Dios que me ayudes a ver hacia qué lugar me estás llevando, y la manera en que quieres etiquetarme:

_____

_____

Cuando reciba un nuevo nombre como Dios ha prometido (Apocalipsis 2.12), me gustaría que este fuera (y debido a)...

_____

---

10. Cómo hallar más cuando fracasas

He fallado en esta área:

Veo mis otras fallas como…

Qué me angustia más en cuanto a mis fracasos:

En dónde necesito Señor que me liberes de mis fracasos es…

Hoy puedo ser un vencedor, en vez de vencido, en estas maneras (enumera aquí tres pasos que puedes dar):

---

11. Cómo hallar más cuando te sientes incapaz

Me han hecho sentir incapaz en esta área:

Quisiera Señor que me hubieras equipado mejor para…

Me estoy atascando en esta manera por pensar para qué estoy equipado o no:

_____

En dónde necesito Señor que me muestres mi asignación en la vida es:

_____

Sé que estoy aprobado por ti Señor porque…

_____

Me gustaría que me escogieras, Dios, en esta área:

_____

Como tu escogido me gustaría hacer esto más que cualquier otra cosa:

_____

_____

12. Cómo hallar más cuando estás listo a renunciar

He querido darme por vencido o desistir en esta área debido a:

_____

Esto podría ocurrir si renuncio:

_____

Puedo hacer esto hoy día para aumentar mi fe, sabiendo que tienes en mente el tiempo perfecto para mí:

_____

En dónde necesito Dios que me ayudes a permanecer firme y seguir adelante es…

_____

_____

_____

_____

La carrera en que estoy participando se parece a:

_____

_____

Lo que deseo oírte decir y cómo te imagino en mi línea de llegada
es...

_____

_____

_____

Guía de discusión para grupos de lectores

1. ¿En quién y en qué tiendes a centrarte en primera instancia durante el caos? ¿Cómo sientes que Dios está (o no) junto a ti? ¿Qué te acerca a él cuando las cosas implosionan en tu vida?

2. Las personas hablan de la sonrisa misteriosa de la *Mona Lisa*. ¿Cómo te gustaría aparecer en la obra maestra que Dios pinta de ti? ¿Qué quisieras que otros vieran acerca de ti que sabes que al Señor le gusta en gran manera?

3. ¿Qué cosas te han ayudado más a superar el dolor de que alguien te falle? ¿Qué te duele más cuando le fallas a alguien?

4. ¿Cómo ha podido (o puede) una pena en tu vida prepararte para servir a otros? ¿Qué hace más (o menos) eficaz al sanador que ha sido herido?

5. ¿Qué has hecho con un sueño roto o persistente? ¿Cómo lo atiendes? ¿Qué puedes hacer hoy para alimentar ese sueño y cumplirlo… cómo lo avivas?

6. Lisa señala cuán agresivamente el temor te puede agarrar. ¿En qué formas agresivas puedes combatir tus temores particulares? ¿Qué significaría rechazar el temor en tus áreas de mayor ansiedad? Describe tres situaciones y qué acciones podrías tomar para rechazar el temor.

7. ¿Cómo corres hacia Dios (en vez de huir de él) en medio de tus propias desilusiones? ¿A qué se asemeja esto en tu vida? ¿Qué haces? ¿Cómo te afecta esto?

8. ¿Con qué estás luchando por dejar estos días: una relación,

una situación laboral, un asunto emocional? ¿Qué podrías obtener al renunciar a ofensas, desilusiones y frustraciones del pasado? ¿Qué te impide renunciar a eso? ¿Qué te podría ayudar?

9. ¿Qué etiqueta te gustaría usar más y por qué? ¿Cómo puedes ponerte hoy día esa etiqueta... qué tendrías que hacer o llegar a ser para obtenerla?

10. ¿Cómo reaccionas ante el fracaso de los demás? ¿Cómo te gustaría que otros reaccionaran ante tu fracaso? ¿Qué bien puede salir de un área en la que has fallado? ¿O de un área en que otros han fallado? Piensa en tres cosas que Dios puede hacer para redimir la situación o la persona.

11. ¿Cuándo te ha sorprendido la realidad de que estás hecho para más de lo que te has creído capaz... de que pudieras hacer algo que antes no creías posible? ¿Cómo te cambió aquello? ¿En qué momento has tenido la sensación de ser específicamente escogido para llevar a cabo una misión particular?

12. ¿Qué te hace querer darte por vencido? ¿Qué te hace querer seguir adelante? ¿Cómo puedes aplacar aquellas cosas que te impiden perseverar la próxima vez que sientas deseos de abandonar algo?

Acerca de Lisa Osteen Comes

Lisa Osteen Comes es pastora asociada de la Iglesia Lakewood en Houston, Texas, la congregación más grande en los Estados Unidos.

Conocida por sus mensajes prácticos y fáciles de entender, Lisa no es ajena a lo extraordinario. Ha sobrevivido tanto a un defecto de nacimiento como a la explosión de una bomba que fue noticia en todo el mundo, y ha vencido muchos otros desafíos con esperanza y optimismo. Ella predica en Lakewood y a miles en todo el mundo que miran sus reuniones cristianas a través de transmisiones televisivas.

Lisa y su esposo Kevin viven en Houston con sus tres hijos: Catherine, Caroline y Christopher.

Para conocer más detalles de las últimas actividades de Lisa, para leer su diario personal en la Red, y para registrarse y recibir semanalmente sus inspiradores correos gratis, visita su página Web: www.lisacomes.com. También puedes encontrarla en Facebook y Twitter como Lisa Osteen Comes.